KB201804

긍정적 예언의 힘

이 책의 성경 구절들은 대한성서공회의 성경전서 개역개정판을 참고했으며,
'토비트'와 '지혜서'는 공동번역 성서(가톨릭용)를 참고했습니다.

The Power of Positive Prophecy

긍정적 예언의 힘

로리 베스 존스 지음 | 송경근 · 조용만 옮김

한언

당신도 좋은 예언자가 될 수 있습니다.
여기, 당신의 소중한 사람에게 예언의 말을 건네세요.
당신과 그분의 인생이 달라집니다.

목차

내가《기적의 사명선언문(The Path)》(한언, 2007)을 쓰기 위해 연구하고 있을 때였다. 자신의 삶에 사명감을 느끼는 사람들은, 다른 사람이 전하는 예언에 대해서도 그런 사명감을 느낀다는 것을 알게 되었다. 이런 생각을 하면서 성경을 반복해서 읽는 동안, 예수님이 행하신 행동은 당신에게 예언된 것에서 비롯되었다는 사실을 분명히 알 수 있었다. 예수님은 "내가 이것을 행함은 곧 예언을 이루기 위함이니라"라고 거듭 말씀하고 계신다.

성경학자들은 신구약 성경의 40%가 예언으로 이루어져 있다는 사실을 알고 있다. 하지만 나는 성경뿐만 아니라 우리 삶도 그렇다고 생각한다. 지금까지 연구와 세미나 그리고 상담을 해오면서, 최소한 우리 삶의 40% 이상은 다른 사람들에게 듣거나 우리가 스스로에게 한 예언에 기초하고 있다는 사실을 확신할 수 있었다.

우리는 지금도 마력과 같은 예언의 힘에 의해 미래로 이끌려가고 있다. 그리고 미래에 대해 우리가 믿고 있는 것들(그것이 개인적인 것이든, 사회 혹은 세계에 관한 것이든)은 그대로 실현되는 경우가 많다.

우리에게는 다른 사람들이 더 나은 삶을 살 수 있도록 가르치고, 격려하고, 의욕을 심어주는 말(예언)을 해주어야 할 책임이 있다. 나는 사람들이 그런 자신의 책임을 깨닫고 잘 수행할 수 있도록 돕기 위해 이 책을 썼다.

예언이란 하나님의 마음만 안다고 되는 것이 아니다. 우리의 마음도 알아야 올바른 예언을 할 수 있고 얻을 수 있다. 그러므로 올바른 예언을 하기 위해서는 우리의 마음이 어떻게 작용하는지, 무엇을 믿고 있는지 알아야 한다. 또 우리의 마음이 의식적으로나 무의식적으로 우리를 어디로 이끌어가는지에 대해서도 알아야 한다.

나는 '예언'이라는 주제를 가지고 연구하면서, 평범한 사람들 속에도 어디에나 예언자가 있다는 아주 중요한 사실을 발견했다. 그들은 자녀나 부모, 고객이나 동료, 친구나 적, 스승이나 학생, 환자나 의사 등 다양한 모습으로 우리의 장래에 결정적인 영향을 미친다. 그리고 다양한 방법으로 우리에게 예언을 하고 있다. 예를 들어, 증권중개인은 회사의 경영상태와 내부사정을 검사한다. 그리고 고대의 예언자들이 했던 것처럼 성장할 회사와 도산할 회사를 예측한다. 그런가 하면 의사는 환자의 진료카드를 보면서 환자가 앞으로 어떻게 해야 병이 호전되는지를 예측한다.

전화 정보서비스 중에서 가장 인기 있는 것 중에 하나는 바로 '운세'를 알아보는 것이다. 대부분의 일간지와 잡지에는 빠짐없이 '이달의 운세'나 '오늘의 운세'가 실려 있다. 캔자스주(州)의 한 고급 호텔에는 운세 정보서비스를 제공하는 전화가 별도로 설치되어 있다. 뿐만 아니라 차를 마시면 전문 상담가가 운세를 점쳐주는 카페도 많다. 우리가 이토록 미래의 예언에 대해 궁금해하는 이유는 무엇일까? 지구상의 피조물 가운데 미래에 대해 염려하는 종(種)은 인간밖에 없다고 한다.

《웹스터 대학사전(Webster's College Dictionary)》에는 예언이란 '(1) 장차 찾아올 것에 대한 예고나 예측, (2) 예언자를 통해 선포되는 것으로 특별히 신적 영감을 받은 예보나 훈계 또는 권고, (3) 어떠한 예측이나 예견, (4) 예언자의 활동이나 작용 또는 기능'이라고 나와 있다. 이를 바탕으로 많은 연구와 고민 끝에 나는 예언에 대해 광범위한 정의를 내렸다. 예언이란, '결과에 영향을 주는 모든 말이나 행동'이다. 말과 행동은 예언자의 진정한 도구이며, 이것들은 누구나 사용할 수 있다.

세상에는 사건을 예언하거나, 예언된 사건들을 중점적으로 다루는 사람들이 많다. 하지만 나는 사건을 만들어가는 것은 결국 인간이라는 점에서 '사람에게 영향을 주는 예언'을 중심으로 이야기를 풀었다. 오랜 시간과 노력을 들여 노스트라다무스의 말이나 계시록을 해석하려는 사람들도 있지만, 나는 예수님의 마음에 바탕을 두고 예언을 설명하고자 했다. 예수님의 마음은 꿈을 잃은 코흘리개 어린아이나 절망에 휩싸여 있는 사람에게 더 많은 관심을 기울인다고 믿기 때문이다. 또한 사회에 큰 영향을 끼치는 강렬하고 무시무시한 사건을 예고하는 것만이 참다운 예언은 아니다. 예수님도 세상의 종말이 언제 올 것인지에 대해서는 아무도 알지 못한다고 말씀하셨다. 하늘의 징조와 기이한 사건들을 정확히 해석하거나 예언하는 사람들도 있지만, 그들 또한 우리처럼 모르고 지나치는 것이 많다. 예언의 참다운 정신은 사람들에게 하나님께서 우리들을 보고 계신 것과 똑같이, 빛과 사랑과 능력의 관점에서 세상을 보도록 권하는 것이다.

'c'가 들어 있는 영어 단어 'prophecy'는 '예언'이란 뜻의 명사형이며, 's'가 들어 있는 'prophesy'는 '예언하다'라는 의미의 동사형이다. 예언이란 말은 아무것도 확고한 것이 없다는 점에서 두 가지 형태를 모두 필요로 하고 있다.

하나님께서는 예언자 요나를 통해 니느웨성(城)의 멸망을 예언하셨지만, 그것은 실현되지 않았다. 그렇다면 요나는 참된 예언자가 아니었던 것일까? 아니다. 요나는 니느웨 사람들이 태도를 바꾸지 않을 경우 그들에게 일어날 일에 대해 예언한 것이었다. 그러나 니느웨 사람들은 그들의 태도를 바꾸었고, 결국 예언은 실현되지 않았다. 니느웨성의 멸망에 대한 것은 절대로 바뀔 수 없는 예언이 아니었다. 비록 무서운 예언을 듣긴 했지만 그들에게는 중요한 '선택의 기회'가 있었다. 누구를 믿을 것이며, 그리고 누구를 의지할 것인지 말이다.

우리도 마찬가지이다. 우리가 긍정적인 예언을 들었든, 악의에 찬 부정적인 예언을 들었든 간에 예언을 들은 후 어떤 선택을 하느냐가 중요하다. 우리는 각자 자신의 삶의 방향에 대한 선택권을 가지고 있으며, 우리의 신념과 행동은 삶의 결과를 결정한다.

나는 사람들에게 묻는다. "당신에게 커다란 영향을 미친 긍정적인 예언을 준 사람들은 누굽니까?" 나의 이런 질문에 많은 사람들이 의미심장한 대답을 하곤 한다. 그 가운데 기억에 남는 대답이 있다.

"저는 알코올 중독자였던 부모님 밑에서 자랐습니다. 그래서 부모님께 긍정적인 말은 들어보지 못했어요. 제 유일한 낙은 학교가 끝나고 집에 갈 때 동네에 있는 세탁소에 들르는 것이었습니다. 왜냐하면 세탁소의 계산대에 공짜 사탕이 있었기 때문이지요. 세탁소 주인인 지미 아저씨는 저를 다정하게 대해주셨습니다. 어느 날 오후, 아저씨가 제게 이런 말을 하시더군요. '마이클, 너는 매우 똑똑한 아이란다. 분명히 커서 아주 큰 회사의 사장님이 될 거야.' 하지만 제게는 전혀 실감 나지 않는 말이었어요. 집으로 돌아가면 부모님께 욕이나 듣고 매를 맞는데, 제가 그런 생각을 할 수 있었겠어요? 그런데 지금의 저를 보십시오."

마이클은 갑자기 감회에 젖은 듯 눈물을 흘렸다. 그러고는 속으로 잠시 생각을 정리하더니 이야기를 계속했다.

"저는 지금 지미 아저씨가 예언한 대로 대규모 건강관리센터를 운영하고 있습니다. 저는 여러분에게 분명하게 말할 수 있습니다. 변두리 동네의 세탁소 주인이 제 인생의 예언자였다고 말이죠. 지미 아저씨는 저를 믿어주신 유일한 분입니다."

한 중년 여성은 이런 이야기를 들려주었다.

"저 역시 불행한 가정에서 자랐습니다. 저는 주말이면 집에만 있는 것이 싫어서 시내로 나갔지요. 하지만 돈도 없고 딱히 할 일도 없었기 때문에 하루 종일 근사한 빌딩에 들어가서 엘리베이터를 타고 꼭대기 층까지 올라갔다 내려갔다 하곤 했습니다. 그 당시 대부분의 엘리베이터에는 안내원이 있었는데, 그중 한 분이 저를 귀여워해주셨답니다. 그래서 전 자주 그분이 일하는 빌딩에 가서 엘리베이터를 탔어요. 한번은 엘리베이터가 14층에서 멈추어 문이 열렸는데, 그분이 문을 열어놓고 저를 쳐다보시며 이렇게 말씀을 하시는 거예요. '로제, 고개를 들고 여기에 있는 멋진 사무실들을 좀 봐. 정말 근사하지?' 저는 고개를 들고 사무실을 보았습니다. 분명 근사한 사무실이었지만, 저와는 아무런 상관없는 곳이었어요. 그런데 그분은 얼굴에 미소를 띠며, '로제는 커서 이 빌딩, 바로 이층에 개인 사무실들을 갖게 될 거야'라고 말해주셨어요. 저는 지금 변호사가 되었고, 정말로 큰 건물 14층에 몇 개의 사무실을 가지고 법률회사를 운영하고 있습니다. 그렇게 우연히 만난 엘리베이터 안내원이 바로 저의 예언자가 된 거죠."

마이클과 로제는 어린 시절에 긍정적인 메시지를 전해준 예언
자를 만났으며, 그들의 예언을 그대로 받아들였다. 당신은 혹시 예
언자는 긴 하얀색 옷을 입은 노인일 것이라고 생각하고 있지 않은
가? 우리 주변의 그 어느 누구라도 예언자가 될 수 있다. 그리고 우
리도 다른 누군가의 예언자가 될 수 있다.

하나님께서 당신에게 혹은 당신을 통해 다른 사람에게 전달될
메시지를 매일 보내고 계신다는 것을 알고 있는가? 느낄 수 있는
가? 나는 당신이 그것을 인식하여 하나님께서 마련하신 새로운 의
식 세계를 접하기 바라며 이 책을 썼다. 아마 당신이 다니엘이나 이
사야 같은 수준의 예언자가 된다는 것은 불가능할지도 모른다. 당
신이 격변적인 중요한 사건을 정확하게 예언하는 것도 아마 불가
능할 것이다. 그러나 당신의 말(예언)이 단 한 사람의 앞길이라도
밝혀주는 등불이 되거나, 장애물을 제거하는 도구가 된다면 아마
도 하나님은 당신에게 '예언자 상(賞)'을 주실 것이다.

혹시 날 때부터 선택된 몇 사람만이 예언자가 된다거나, 앞으로
일어날 무시무시한 사건을 예고해야만 예언을 하는 것이라고 생
각하는가? 그렇다면 당신은 하나님이 그리고 계신 세상 전체를 보
지 못하고 있는 것이다. 만약 예수님께서 '심판의 날'에 대한 예언
을 집중적으로 연구하길 원하셨다면, 당신이 살아 계시는 동안 예
언자 다니엘의 환상을 자세히 설교하시거나 에스겔이 꾼 꿈을 해

석하는 일만 하셨을 것이다.

그러나 예수님은 그러지 않으셨다. 선행과 동정심에 대해 가르치셨고, 그것을 몸소 행하셨다. 예수님은 제자들에게 그들 앞에 모이는 사람들을 보살피는 방법을 가르치셨다. 예수님은 강도를 당해 길가에 쓰러진 이방인을 도운 사마리아 사람에 대한 이야기를 들려주셨고, 당신을 보기 위해 뽕나무 위에 올라간 키 작은 사람을 격려하셨다. 예수님은 간음하다 붙잡혀 돌팔매질을 당하는 여인에게 구원의 손을 내밀어 그녀를 일으켜 세우셨다. 당신을 두려워하며 헤치려 하는 사람들에게는 백합화의 은혜를 생각하라 이르셨다. 예수님은 사람들을 향해, "나를 본 자는 하나님을 보았느니라. 내가 온 것은 하나님께서 너희를 극진히 사랑하시며 너희를 위해 선한 것들을 계획하고 계시니, 너희는 그것을 받아들이고 믿기만 하면 된다는 것을 알게 하려 함이니라"라고 말씀하셨다.

이 책을 통해 내가 전하고자 하는 예언의 본질이 바로 이것이다.

이 책은 모두 3개의 주제로 구성되어 있다.

제1부는 '예언의 유형'에 대해 상세히 다루고 있으며, 읽는 이가 다양하고 흥미로운 예언의 형태를 이해하는 데 도움을 주고자 했다. 시작하는 첫 장에서 나는 '선언을 통한 예언'에 대해 이야기를 했는데, 여기에서는 우리 삶 곳곳에 숨겨져 있는 예언에 대한 당신의 인식을 환기시키고자 했다. 마지막 장에는 우리 사회에 만연해 있는 부정적인 예언에 관한 이야기를 실었다. 그리고 더불어 그것

을 극복하는 방법에 대해서도 다루었다.

제2부에서는 예언을 전달하는 자와 전달받는 자에 대해 이야기
했다. 우리들은 하나님께서 우리에게 보낸 사자(使者)를 알아차릴
수 있어야 한다. 부모님, 친구, 할머니와 할아버지, 직장 상사, 고모
나 삼촌, 선생님 심지어 우연히 만나는 사람들까지 모두가 다 말
로써 당신의 미래에 영향을 주는 예언자이다. 짤막하게나마 천사
와 동물이 전해주는 예언에 대해서도 이야기했다. 왜냐하면 그들
도 하나님의 사자로 쓰임을 받아왔기 때문이다.

제3부에서는 좋은 예언자가 되는 방법에 대해 이야기했다. 이
책을 읽는 동안 당신은 예언의 다양한 형태와 예언의 막강한 힘을
알게 될 것이다. 그리고 그런 사실을 알게 된 후에는 분명 예언자
가 되어 예언의 긍정적인 효과를 다른 사람들과 함께 나누고 싶을
것이다. 그래서 훌륭한 예언자가 되고자 하는 당신에게 도움이 되
는 몇 가지 방법을 제시했다. 또, 예언이 나쁘게도 쓰일 수 있다는
점에서 예언의 악용에 대한 경고도 포함했다. 오늘날 우리가 사는
세상에 예언의 절대적인 필요성을 강조하고자 '이루어지지 못한
예언'에 대한 이야기도 짧게 언급했다.

그리고 마지막으로 예언에 대한 생각을 정리할 당신만의 공간
을 마련해두었다. 당신이 살아오면서 들었던 예언들과, 좋은 예언
자가 되기 위한 당신의 서약을 기록해두길 바란다.

모세는 광야에서 굶주리고 지친 백성들이 불평하고 원망을 늘

어놓자, 하늘을 향해 "여호와께서 그의 영을 그의 모든 백성에게 주사 다 선지자 되게 하시기를 원하노라(민수기 11:29)"라고 기도했다. 당신 역시 이러한 예언의 은혜로움을 추구하라. 그것이 나의 간절한 바람이며, 이를 돕고자 이 책을 썼다.

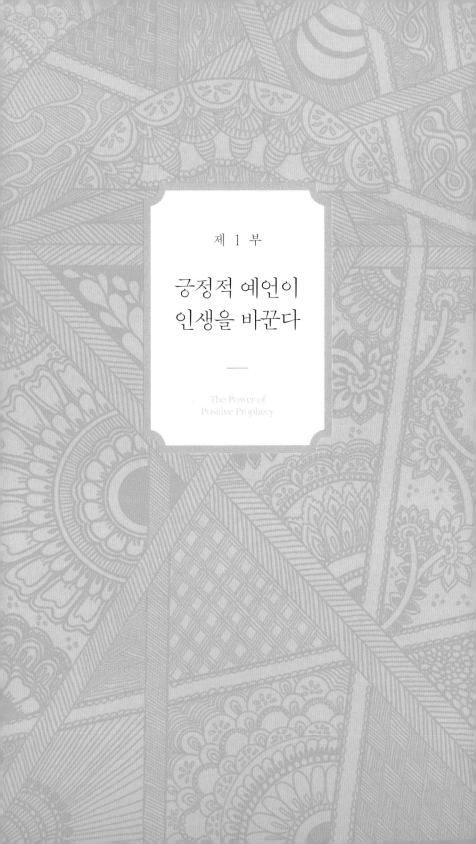

제 1 부

긍정적 예언이
인생을 바꾼다

———

The Power of
Positive Prophecy

파란 플라스틱 통 속의 거위

"그가 말씀하시매 이루어졌으며 명령하시매 견고히 섰도다."
시편 33:9

얼마 전, 앨버커키에 있는 친구를 만나러 갔을 때의 일이다. 친구와 내가 부엌에서 모닝커피를 마시고 있는데 친구의 8살배기 아들인 안토니오가 잠이 덜 깬 표정으로 비틀거리며 다가왔다. 그런데 평소 쾌활하고 다정다감하던 녀석이 웬일인지 나를 본 척도 않고, 부루퉁한 표정으로 식탁에 앉더니 말없이 오트밀만 꾸역꾸역 먹는 것이 아닌가.

내 친구가 보다 못해 "안토니오, 로리 아줌마한테 아침 인사 안 할 거니?" 하고 말했다. 안토니오가 "싫어요"라고 대답하자, 친구는 당황하여 "대체 왜 그러니?!"라고 물었다. 안토니오는 얼굴을 들고 엄마를 바라보더니 신경질적으로 소리쳤다. "못 한다니까요, 엄마!

왜냐하면 내 혀는 아직도 아침이 아니기 때문이에요."

얼마나 웃었던지. 하지만 나는 안토니오의 말이 우리 가운데 많은 사람들의 모습을 대변해주고 있다고 생각한다. 우리는 자신의 혀가 아직도 아침이 아니라고 느끼기 때문에 서로 즐거운 인사를 나누지 못한다.

그렇다면 이것은 하나의 비극이 아닌가? 왜냐하면 모든 피조물은 말에 의해 창조되었기 때문이다.

"하나님이 이르시되 빛이 있으라 하시니 빛이 있었고(창세기 1:3)."

'말'은 문명이라는 건물을 세우는 벽돌과도 같다. 우리는 말로 사람의 마음을 매료시키고(enchant) 유혹하고(entice) 사로잡고 (enthrall) 즐겁게 하며(entertain) 훈육한다(educate). 그리고 보니 이 단어들의 첫 글자가 모두 영어 철자의 'e'로 시작하고 있지 않은가!

예수님은 우리가 우리의 말에 의해 심판을 받게 될 것이라고 말씀하셨다. 우리는 말을 할 때 신중하고 주의해야 할 필요가 있다. "내가 너희에게 이르노니 사람이 무슨 무익한 말을 하든지 심판 날에 이에 대하여 심문을 받으리니(마태복음 12:36)."

그러나 우리는 아무런 생각 없이 내뱉고, 지껄여대며, 마구 흘려보내고, 토해내며 말의 홍수 속에 살고 있다. 그리고 이러한 말의 홍수 중 대부분은 '저주'나 '불평'들이다. 우리들은 이러한 사실을 의식하고 있기는 한 것일까? 나는 그렇지 않다고 생각한다.

J. 로데일(J. Rodale)의 《동의어 찾기(The Synonym Finder)》라는 책에는 '말'이란 전문용어, 이름, 표현, 상형문자, 상징, 기호 등을 의미한다고 나와 있다. 말은 또한 확신, 약속, 맹세, 보증, 약정, 서약, 서원을 의미한다. 그리고 뉴스, 통지, 보고, 고지, 정보, 첩보, 명령, 지령, 신이 정한 운명, 규칙, 위임명령, 지시, 분부를 의미하기도 한다. 그래서 '말 한 마디 한 마디(word and word)'라는 어구 속에는 '꼭 맞는, 정확한, 정밀한, 근접한, 믿을 만한, 정직한, 엄격한, 벗어나지 않은, 명확한, 분명한, 의심할 여지가 없는, 모호하지 않은'이란 의미가 내포되어 있다.

그런데 어떤가? 오늘날 '그 사람은 말과 행동이 일치되는 사람이다(He is as good as his words)'라는 칭찬은 참으로 듣기가 힘들다. 모름지기 말에는 '구속력'이 있으며, '맹세'와 '명령'의 의미가 있다는 것을 안다면, 우리는 말을 보다 신중히 사용하게 될 것이다.

이 책을 쓰고 있는 동안 나에게 '말'에 관한 이 장의 중요성을 각성시켜 주려는 듯, 놀라운 사건이 일어났다.

나는 텍사스에 있는 집에서 우리 회사의 경영자인 디 존스와 회사의 경영 방침에 대해 전화로 이야기하고 있었다. 나는 디에게 '우리 회사가 꿀을 따오는 벌들로 우글거리는 벌집처럼 분주하게 움직였으면 좋겠다'고 했다. 디는 그 이야기가 매우 인상적이라고 말했다. 우리는 몇 가지 문제에 대해 이야기를 더 나눈 다음 전화를 끊었다. 그리고 나서 잠깐 자리를 떠났다가 거실로 돌아왔을 때,

전등갓 주위에 벌들이 몇 마리 앉아 있는 것을 보았다. 이상한 일이라고 생각하며 벌들을 조심스럽게 병 속에 잡아넣은 후 다시 날려 보냈다.

다음 날 아침, 거실에서 윙윙거리는 소리가 들렸다. 잠이 덜 깬 상태에서 '정원사가 일찍 왔구나'라고 생각하며 주방 쪽으로 걸어가는데, 거실에 전혀 예상하지 못한 일이 벌어져 있었다. 수천 마리나 되는 벌 떼가 날아와 있었던 것이다. 벌들은 창문이며 소파, 테이블, 벽난로 할 것 없이 온 집 안 구석구석을 뒤덮고 있었다. 나는 허둥지둥 밖으로 달려 나가 해충구제업자에게 전화를 걸었지만, 그들은 다음날에나 올 수 있다고 했다. 이번에는 어머니에게 전화를 걸었다. 어머니는 내게 그 벌들이 살인벌이 아닌지를 먼저 확인해보라고 하셨다.

"허니(honey), 먼저 살인벌인지 아닌지 확인해보렴."

"엄마, 그런데 그걸 어떻게 알죠?"

"잠깐 기다려봐. 내가 사전을 찾아볼게."

어머니는 백과사전을 보시면서 말씀하셨다.

"여기에 살인벌과 보통벌을 구분하는 방법이, 그러니까 살인벌은 보통벌에 비해 날개에 조직막이 더 많다고 써 있구나. 조직막이 많은 벌이 있니?"

"어느 정도나 더 많대요?"

"이러한 차이점은 일반적으로 현미경을 통해서만 식별이 가능하다…"

우리 둘 사이에 한참 동안 침묵이 흐른 후, 어머니는 조용히 말씀하셨다.

"허니, 빨리 달아나거라."

"엄마! 저를 '허니'라고 부르지 마세요('honey'가 벌꿀을 의미하기 때문 – 역자 주)!!"

결국 나는 친구네 집에서 해충구제업자가 올 때까지 기다릴 수밖에 없었다.

다음 날 찾아온 해충구제업자는 고개를 설레설레 흔들었다.

"이런 건 난생 처음 봅니다. 아마도 여왕벌이 이곳으로 왔다고 착각했나 보군요. 우와, 벽난로 속까지 들어가 앉아 있는 것 좀 봐."

나는 속으로 '재미있는 일이네'라고 생각하며 조용히 사태가 진정되기를 기다렸다.

어쩌면 당신은 내가 이 이야기를 통해 '말'의 마력적이고 창조적인 힘을 지나치게 과장했다고 생각할지도 모른다. 그러나 나는 그렇게 생각하지 않는다. '말'이야말로 세상에서 가장 무서운 도구 중 하나이다. 내가 사람들에게 내 앞에서 불경스러운 말을 하지 못하게 하는 이유가 바로 여기에 있다. 예수님도 그렇게 생각하셨다.

우리는 자기가 하는 말을 통해 항상 미래를 예언한다. 그렇게 볼 때, 우리는 긍정적인 미래를 예언하고 있는지 아니면 부정적인 미래를 예언하고 있는지 한번 생각해볼 필요가 있지 않을까?

'예언자'를 뜻하는 영어 'prophet'의 접두사인 'pro'는 그리스어와 라틴어에서 유래된 것으로 '전진, 앞으로, 이동'이라는 의미가 있다. 그리고 'phet'은 'phetes'에서 유래된 것인데, 이 단어에는 '말하는 자'란 의미가 있다. 그러므로 '예언자(prophet)'라는 단어에서 '사람들 앞에 선다'거나, '사람들을 전진시키기 위해 움직임을 이끌어내려고 그들 앞으로 나아가 말하는 사람의 모습'을 연상할 수 있다.

예언의 가장 중요한 특징 중 하나는 '말을 통해 표현된다'는 것이다. 예언이 사람들에게 받아들여지기 위해서는 먼저 그것을 들려줘야 한다. 이것이 왜 중요한지 한 사례를 들어보겠다.

자기 음역 내에서 노래를 부르는데도, 무슨 이유에서인지 그 음역 안의 특정한 음을 내지 못하는 오페라가수들이 있었다. 그들은 문제를 해결하기 위해 저명한 음악 트레이너에게 자문을 구했다. 하지만 오페라가수들의 성대를 다방면에 걸쳐 테스트해보아도 문제의 원인을 알 수가 없었다. 마지막으로 트레이너는 그들의 청력을 검사해보았다. 그런데 놀랍게도, 청력검사를 통해 오페라가수들이 특정한 음을 내지 못하는 이유가 바로 그 음을 '듣지 못하기' 때문이라는 사실을 발견할 수 있었다.

이러한 원리는 가수뿐 아니라 우리의 삶에 있어서도 마찬가지이다. 교도소에 갇혀 있는 사람들 가운데 많은 사람들(대부분은 아니라 할지라도)이 삶에 대해 긍정적인 표현을 하지 못하는 것은 긍정적인 말을 전혀 들어보지 못했기 때문이다. 우리는 이제야 겨우 창조적이고, 동기를 유발하며, 파괴적인 말의 위력에 대해 알기 시작했을 뿐이다.

오늘날 군대는 어마어마한 파괴력을 가진 고주파를 방출하는 무기를 만들어내기 위해 수백만 달러를 쏟아붓고 있다. 소리를 이용한 무기라고 하면 조금 이상하게 들릴지 모르지만, 이러한 방법은 역사적인 전례도 갖고 있다. 하나님의 명령에 따라 사제들이 여리고성 주변을 일곱 바퀴 돌면서 숫양 뿔 나팔을 불고 백성들이 소리를 지르자, 그 순간 성벽이 무너졌다. 이에 대해 일부 전문가와 고고학자들은 그 성벽이 어떠한 불가사의한 진동에 의해 무너져내렸다는 과학적인 증거를 발견했다고 주장하고 있다.

요한복음은 우리에게 다음과 같이 말하고 있다. "말씀이 육신이 되어 우리 가운데 거하시매(요한복음 1:14)."

우리가 매일 눈으로 보는 이곳저곳을 걸어 다니고 있는 사람들도 역시 '말씀이 사람이 되어 우리와 함께 있는 것'이라고 나는 확신한다. 중요한 점은 그것이 누구의 말이냐는 것이다. 당신의 말 혹은 나의 말인가? 아니면 하나님이나 부모님? 그것도 아니면 그 밖의 다른 어떤 사람의 말인가? 우리의 행동과 행위는 누구에 의한 것인가? 그리고 그러한 말들은 앞으로 우리에게 어떠한 결과를 가져다줄 것인가?

어떤 면에서, 예언은 하늘색 플라스틱 통과 같다. 엉뚱한 비유라고 생각할 수도 있겠지만, 다음에 소개하는 이야기로 나의 이 엉뚱한 비유의 의미를 설명하려 한다.

내가 처음 텍사스로 이사를 왔을 때의 일이다. 차를 몰고 지나다가 이웃집 뒷마당에 흰색 플라스틱 거위 한 마리가 서 있는 재미있는 광경을 목격했다. 그러던 어느 날 나는 이웃집 사람이 플라스틱 거위를 위해서 조그만 하늘색 플라스틱 통에 물을 담아둔 것을 보았다. 나는 속으로 '점점 재미있어지는군'이라고 생각하며, 플라스틱 거위를 가까이서 보기 위해 차를 몰고 담 쪽으로 다가갔다. 그런데 그때 플라스틱이라고만 생각했던 그 거위가 갑자기 '슈슈슛' 소리를 내면서 날개를 퍼덕이며 내게 잽싸게 달려드는 것이 아닌가! 그 거위는 플라스틱이 아니라 실제 살아 있는 거위였던 것이다. 나는 깜짝 놀라 뒤로 물러섰다. 그런데 나를 더 놀라게 한 것은, 그 작은 통에 들어가 앉아 있기에는 거위가 너무 크다는 사실이었다.

그 뒤로 그곳을 지날 때마다, 그 플라스틱 통이 어디에 놓여 있든 상관없이 항상 그 안에 들어가 앉아 있는 거위를 보았다. 얼마든지 마음껏 돌아다닐 수 있는 넓은 공간이 있는데도 거위는 항상 그 속에 있었다. 거위에게는 그 작은 하늘색 플라스틱 통이 집이었던 것이다. 나는 거위의 주인이 작은 플라스틱 통 속에서만 시간을 보내는 거위에게 왜 좀더 큰 통을 마련해주지 않을까 궁금했다. 그리고 뜰에 충분한 공간이 있는데도, 거위를 위해 뜰 안에 연못이나 수영장을 만들지 않는 이유가 무엇인지 궁금했다. 거위를 보며 지나갈 때마다, 저렇게 넓은 뒷마당이 있는데 작은 하늘색 플라스틱 통 안에 갇혀 있어야 하는 거위가 가엽다는 생각이 들었다.

나는 모든 예언이 바로 작은 하늘색 플라스틱 물동이와 같으며, 우리 모두 그 속의 큰 흰색 거위와 같다고 생각한다. 사람은 누구나 자기가 집처럼 느끼는 것(그것이 아무리 비좁고, 활동하기에 불편하다 할지라도)에 마음이 끌리게 되어 있다. 예언자의 말은 우리에게 하늘색의 플라스틱 통(어떤 때는 크지만, 때로는 너무도 작은)을 놓아주는 것이다.

"너는 절대 쓸 만한 인물이 되지 못할 거다. 네 애비처럼 결국에는 감방에나 들어가게 될 거야." 이런 말은 거위의 비좁은 플라스틱 통과 같다. 반면, "너는 장차 위대한 지도자가 될 거야. 너는 위대한 자들 가운데 네 보금자리를 갖게 될 거야"라는 말은, 거위가 커다란 날개를 마음껏 펼치고 편안하게 수영을 즐길 수 있는 수영장을 만들어주는 것이다. '이 공간이 실로 나의 보금자리로구나!'라고 느낄 수 있도록 말이다.

예언은 우리가 앞으로 살아가며 채우게 될 이력서 양식을 만드는 것이다. 그리고 말은 이력서를 쓰는 펜이라고 할 수 있다.

꼭 부정적인 것이 아니라도 부주의한 말이나 사람의 마음을 압도하는 말 역시 우리를 따라다니면서 괴롭히는 예언이 될 수 있다.

최근에 내가 진행하는 세미나에 참석했던 한 여인은 부모에게

"너는 마음만 먹으면 무엇이든 할 수 있어"라는 말을 들으며 자랐다고 했다. 그래서 그녀는 자기에게 적합한 직업을 찾아 헤매는 일에 온갖 노력을 기울이다가 자신의 삶을 다 보냈다고 말했다. 세미나에 참석한 사람들에게 부모로부터 들은 부정적인 예언이 무엇이냐고 물었을 때, 굉장히 많은 사람들이 의외로 '너는 무엇이든 할 수 있다'라는 말이라고 했다. 얼핏 들으면 긍정적인 예언처럼 보이지만 이 말은 듣는 사람에게 위로보다는 불안이 되었고, 실제로 그들은 그 말에 과중한 압박감을 받았다.

찰스 먼로 슐츠(Charles Monroe Schulz)의 애니메이션 〈피너츠(Peanuts)〉에서 찰리 브라운이 고개를 숙인 채 걸어가고 있는 모습이 생각난다. 슈로더가 무슨 일이 있냐고 묻자, 찰리 브라운은 한숨을 쉬며 "잠재력을 갖고 있다는 것보다 더 무거운 짐은 없어"라고 대답한다.

좋은 의도에서 하는 평범한 말이나 보편화된 위로는 그 속에 아무리 좋은 뜻이 담겨 있다 할지라도 듣는 사람에게 독이 될 수 있다. 그 뒤에 지도와 후원이 뒤따르지 않는다면 듣는 사람에게 나침반 없이 가능성의 바다만을 떠다니게 하는 것과 같기 때문이다. 그것은 결코 참다운 예언이 될 수 없다.

한편 아무 말도 하지 않는 것, 즉 예언하지 않는 것도 예언이 될 수 있다. 오히려 직접 말하는 것보다 더 큰 외침일 수도 있다.

지금까지 세미나를 진행하면서 들었던 인상 깊은 이야기 중에 자신의 인생 대부분을 아무런 확신 없이 살아온 한 남자에 대한 것이 있다.

어린 시절 그의 침실은 주방 바로 옆에 있었다고 한다. 그의 부모님은 저녁이면 식탁에 앉아서 선생님이나 코치가 그에 대해 이야기한 내용을 말씀하시곤 했다. 그럴 때면 그는 자신에 대해 어떤 이야기가 오고 갔는지 너무 궁금해서 벽에 귀를 바짝 갖다 대곤 했지만, 한마디도 들을 수 없었다.

"저는 부모님이나 선생님이 저에 대해 무슨 말을 하는지 정확히 듣고 싶어서 벽에다 귀를 바짝 갖다 대곤 했습니다. 하지만 아무것도 들을 수가 없었어요. 벽이 너무 두꺼운데다 부모님이 작은 소리로 속삭였기 때문이죠. 그래서 저는 부모님이 저에 대해 좋은 말을 하는지 나쁜 말을 하는지 전혀 알 수가 없었습니다. 그리고 아직도 저는 그때 부모님이 저에 대해 무슨 말씀을 하셨는지 너무 궁금합니다."

아마 그의 부모는 '애들을 칭찬해서는 안 된다, 애들은 그런 칭찬에 쉽게 도취될 수 있다'고 가르치는 '신중의 학교'를 졸업했는지 모른다. 아! 가장 가까운 사람에게 칭찬 한마디 듣지 못하고 자랐다는 것은 얼마나 비극적인 일인가!

내가 진행하는 '사명선언 훈련 세미나(Path Training Seminar)'에서는 종종 참석자들에게 부모들이 그들에게 거는 기대나 꿈 중 실현되지 않은 것에 대해 써보라고 한다. 이때 대개 참석자의 절반

이상은 부모님이 이야기한 꿈과 미래에 대해 구체적으로 쓰지 못한다. 자신의 개인적인 꿈을 자녀들과 공유하지 않는 부모들은 은연중에 '꿈은 중요하지 않아!'라는 무언의 메시지를 자녀들에게 보내고 있는 셈이다. 말하지 않는 것은 외치는 것과 같다.

무심코 던지는 말도 듣는 사람에 따라 그의 미래를 좌우하는 예언이 될 수 있다. 자신의 어머니에게 "우리는 좋은 가문이 아니란다. 너도 알지?"라는 말을 습관적으로 들었던 세미나 참석자가 있었다. "자라면서 늘 우리 집이 좋은 가문이 아니라는 말을 들어왔어요. 그래서 전 집안 배경이 드러나는 게 두려웠습니다. 그런데 제가 만약 어떤 위대한 업적을 남긴다면 그게 다 밝혀지잖아요. 그래서 전 스스로를 비천하다고 여기기고, 남들에게 저를 드러내지 않으려고 했습니다."

우리는 의식적이든 무의식적이든 자신에게 선언된 말에 의하여 살아간다. 말은 우리를 끌어당기고, 인도하여 우리가 어떠한 사람이 되도록 만든다.

우리가 자신에게 혹은 남들에게 선언하는 말은 곧 예언이 된다.

1. 예언자에게 가장 핵심적이고 중요한 도구는 무엇입니까? 그리고 그 이유는 무엇입니까?
2. 당신의 '하늘색 플라스틱 통'에 대해 기술해보십시오. 그것의 크기와 모양은 어떻습니까? 어떤 물이 그 통을 채우고 있습니까?
3. 말하지 않는 것이 실제로는 의미심장하게 말하는 것과 같은 이유는 무엇입니까?
4. 왜 말을 신중하게 골라서 해야 합니까? 특히 어린아이들 주위에서는 더 그렇게 해야만 하는 이유는 무엇입니까?

사랑하는 주님,

우리가 살고 있는 이 세상은 당신이 선포하신 말씀에 의하여 창조되었습니다. 아무것도 없는 황량한 곳이나 시내가 흐르고 과실이 풍성한 정원이나, 저와 주변 사람들을 위한 세상을 창조하는 말씀을 지금까지 계속 해주셨음을 제가 깨닫도록 도와주십시오. 다윗왕이 언젠가 당신께 기도했던 것처럼, 저 또한 당신께 기도합니다. 주님, 저의 입에서 나오는 모든 말들이 당신께 너그러이 받아들여지기를 간절히 기도합니다. 아멘.

당신의 이름은 무슨 뜻입니까?

"좋은 이름이 좋은 기름보다 낫고."
전도서 7:1

에덴동산에 살던 인간에게 주어진 최초의 과업이자 특권은 모든 동물들에게 이름을 지어주는 것이었다.

"여호와 하나님이 흙으로 각종 들짐승과 공중의 각종 새를 지으시고, 아담이 무엇이라고 부르나 보시려고 그것들을 그에게로 이끌어 가시니. 아담이 각 생물을 부르는 것이 곧 그 이름이 되었더라(창세기 2:19)."

신구약 성경을 통틀어 이름은 대단히 신중하게 다루어진다. "너는 네 하나님 여호와의 이름을 망령되게 부르지 말라. 여호와는 그의 이름을 망령되게 부르는 자를 죄 없다 하지 아니하리라(출애굽기 20:7)." 성경에서는 사람의 인격이나 신분의 변화를 나타내기 위하여 이름이 자주 바뀐다. 아브람은 그가 하나님을 믿은 후 이름이 아브라함(많은 무리의 아버지)으로 바뀌었다. 그리고 그는 그가 알고 있는 곳을 떠나 알지 못하는 곳으로 나아갔다. "이제 후로는 네 이름을 아브람이라 하지 아니하고 아브라함이라 하리니, 이는 내가 너를 여러 민족의 아버지가 되게 함이니라(창세기 17:5)."

어떤 사람은 꿈속에서 자신의 새로운 이름을 받기도 했다. "하나님이 그에게 이르시되, 네 이름이 야곱이지마는 네 이름을 다시는 야곱이라 부르지 않겠고 이스라엘이 네 이름이 되리라 하시고, 그가 그의 이름을 이스라엘이라 부르시고(창세기 35:10)."

사가랴는 헤롯 시대의 제사장이었다. 그와 그의 아내 엘리사벳은 아이가 없었다. 그런데 어느 날 천사 가브리엘이 그에게 나타나 말했다.

"사가랴여, 무서워하지 말라. 너의 간구함이 들린지라. 네 아내 엘리사벳이 네게 아들을 낳아주리니, 그 이름을 요한이라 하라."

사가랴가 가브리엘 천사에게 물었다.

"내가 이것을 어떻게 알리요. 내가 늙었고 아내도 나이 많으니이다."

"나는 하나님 앞에 서 있는 가브리엘이라. 이 좋은 소식을 전하여 네게 말하라고 보내심을 받았노라. 보라. 이 일이 되는 날까지 네가 말 못하는 자가 되어 능히 말을 못하리니…."

가브리엘은 사가랴 부부에게 아기가 태어날 때까지 그가 벙어리가 될 것이라고 말했다. 그리고 정말로 그들에게 아들이 태어났다. 8일이 되어 사람들이 아이에게 할례를 하러 왔다. 그러면서 그 아버지의 이름을 따라 아기의 이름을 '사가랴'라 하고자 했더니 엘리사벳이 "아니라. 요한이라 할 것이라" 하였다. 이 말을 들은 그들은 "네 친족 중에 이 이름으로 이름 지은 이가 없다"면서 아기의 아버지인 사가랴에게 무엇으로 이름을 지으려 하는가 물었다. 벙어리가 된 그가 서판에다가 아기의 이름을 '요한'이라고 쓰자, 다 기이하게 여겼다.

"이에 그 입이 곧 열리고 혀가 풀리며 말을 하여 하나님을 찬송하니(누가복음 1장 중에서)."

분명 천사는 무슨 이유가 있어서, 아이의 이름을 '요한'으로 불러야 한다고 주장했다. 아마도 천국의 성원들은 '세례자 사가랴'라는 이름보다 '세례자 요한'이라는 이름이 적절하게 잘 울리는 소리(the proper ring)라고 생각했던 것 같다.

셰익스피어는 이렇게 말했다. "이름에 도대체 무슨 의미가 있단 말인가? 장미꽃을 다른 이름으로 부른다 해도 여전히 향기로운 냄새가 날 것이다." 그러나 분명히 말하건대, 바나나의 경우에는 그렇지 않다. 한 식료품상에서 일하고 있는 직원이 껍질이 검게 변한 바나나들을 반 가격인 파운드당 49센트에 팔라는 지시를 받았다. 그러나 그 직원은 바나나들이 겉은 검게 변했지만 속은 아직도 싱싱했으므로 반값에 팔기보다는 다른 쪽에 진열하고 싶었다.

기업가정신을 가진 이 직원은 좋은 아이디어를 떠올렸다. 그는 '아르헨티나산(産) 바나나 – 1파운드에 1.19달러'라고 쓴 팻말을 내걸었고, 바나나는 한 시간도 채 안 되어서 다 팔렸다. 아마도 손님들은 껍질이 검게 변한 이 '아르헨티나산 바나나'를 특이하다고 생각했을 것이다. 이처럼 우리들의 인식은 그것을 어떻게 부르는가에 영향을 받는다.

어린아이에게 이름을 지어주는 것보다 중요한 예언적인 사건은 없다. 어느 철학자는 '당신은 당신이 이름 붙이는 것을 지배한다'고 말했다.

확실히 자녀들에게 지어주는 이름 속에는 자녀들에 대한 부모의 기대와 소망 그리고 두려움과 꿈이 담겨 있다. 그래서 아이들에게 붙이는 이름은 종종 그들에 대한 예언이 된다. 그리고 어린아이들에게 이름을 지어주는 일은 부모들이 신중하게 떠맡아야만 할 책임이다.

《제니퍼와 제이슨, 메디슨과 몬타나보다 더 좋은 이름(Beyond Jennifer & Jason, Madison & Montana)》이라는 책에서 저자인 린다 로젠크란츠(Linda Rosenkrantz)는 이름이 갖는 강력한 능력을 보여주는 많은 연구 결과를 알려준다. 그중 몇 가지 결과를 소개하고자 한다.

어느 대학교의 한 연구에서 젊은 여성들의 사진에 수잔, 베르타, 에이프릴, 해리엇, 에이미 그리고 에델이라는 이름을 무작위로 붙였다. 그런 다음 이들 중 누가 가장 매력적인지 투표를 실시했다. 그 결과 수잔이나 에이프릴, 에이미와 같이 친숙한 이름을 붙인 사진이, 베르타와 해리엇 그리고 에델이라고 이름 붙인 사진들보다 60%나 높은 득표율을 보였다. 그리고 똑같은 사진에다 이름들을 바꾸어 다시 투표했을 때, 수잔이라는 이름의 득표율이 베르타라는 이름을 붙였을 때보다 높아졌다.

그리고 또 다른 실험에서는, 1학년 학생들의 영어 작문에 지은 이의 이름으로 '로버트, 빌헬름, 빌, 에드가'와 같은 이름을 임의로 부여했다. 그런데 로버트나 빌과 같이 보다 널리 알려진 작가의 이름을 붙인 작문이 그렇지 않은 이름을 작가의 이름으로 붙인 작품보다 높은 점수를 받았다. 심지어 익숙한 작가의 이름이 붙는 경우에 30% 이상 점수가 높았다.

한편, 교도소 수감자들에 대한 한 연구 보고서는 리덜(Lethal, 죽음을 가져오는), 오우더(Odour, 악취) 그리고 메너스(Menace, 공갈·협박)와 같은 이름을 가진 수형자들이 평범한 이름을 가진 사람들보다 상습적으로 범행을 저지르는 경우나 수감되는 횟수가 더 많다는 사실을 보여준다. 이 결과는 그런 이름의 아이들이 자신의 이름값을 하기 위해 자동적으로 싸움을 거는 경우가 많다는 것을 보여준다.

이름만으로 그 사람의 미래가 결정되는 것은 아니다. 그렇지만 어쨌든 이름이 그 사람의 행동과 반응의 방향을 정하는 것만은 확실하다.

한 특수교육 교사가 '치료 훈련'이라는 이름으로 다운증후군 아이들을 위한 수업을 실시했지만 효과가 크지 않았다. 그런데 새로 부임한 교장이 그 수업시간을 '리더십 개발훈련'이라는 이름으로 바꾸자 아이들의 성적과 수업에 대한 참여도가 크게 향상되었다고 한다.

우리 회사의 디 존스는 자신의 직함에 다른 명칭을 사용하기로 했다. 그녀의 직책은 전문적인 용어로 말하면 모든 시스템을 제대로 가동시켜야만 하는 '최고운영책임자(Chief Operating Officer)'였다. 어느 날, 그녀는 자신의 직함이 기계의 가동과 점검만을 취급하는 듯한 인상을 풍기기 때문에 마음에 들지 않는다고 했다. 디 존스가 새로 채택한 자신의 직함은 '기회흐름경영자(Manager of the Flow of Opportunities)'로 그녀의 역할과 잘 맞는 것이었다. 디 존스는 자기에게 주어지는 모든 업무를 다른 사람들을 위해 봉사할 수 있는 기회로 여기고, 회사 내의 모든 업무가 원활하게 진행되도록 조정하고 감독하는 자신의 일에 아주 열심이다. 그녀의 직함에 있어서 이 사소한 변화는 그녀는 물론이고 우리들 모두에게 그녀의 재능을 새로운 시각에서 볼 수 있도록 만드는 계기가 되었다.

그러나 때로는 이름이 사람들에게 무거운 짐이 될 수도 있다.

하루는 어떤 독자로부터 한 통의 편지를 받았는데, 그는 자신의 삶에 대한 책임들 때문에 정신적인 압박감에 시달리고 있으며 자신이 과연 그런 책임들을 감당할 수 있을지 확신이 없다는 내용이었다. 나는 그가 자기의 이름으로 서명한 편지의 마지막을 우연찮게 보게 되었는데, 그의 이름은 '로버트 존슨 4세'였다. 그는 위로 3대에 걸쳐 자기와 똑같은 이름을 가진 사람들이 있는 가정에서 자랐던 것이다. 그러니 그가 부담을 느꼈다는 것은 전혀 놀라운 일이 아니었다.

내 친구 중 한 명도 이름 때문에 지금까지 살아오면서 누군가의 대리인 같은 느낌을 갖고 살아야 했다며 고충을 털어놓았다. 그의 이름은 자기 할아버지와 똑같은 윌리엄이었다. 그런데 문제는 자신의 이름이 할아버지와 똑같다는 것이 아니라, 그가 세상에 태어나기 전에 그의 부모님에게 윌리엄이라는 이름의 아들이 있었다는 것이다. 그의 형인 윌리엄은 태어난 지 불과 나흘 만에 죽어 가족 묘지에 묻혔다.

"저는 가족과 함께 묘지에 가서 얼굴도 모르는 형의 무덤 주위를 둘러보다가 묘비에 새겨진 내 이름을 볼 때마다 그것이 바로 나일 수 있었다는, 다시 말해 부모님이 형이 살아 있고 내가 죽기를 원하셨을지 모른다는 생각을 하고는 합니다."

이름은 어린아이들에게 위로와 기쁨을 가져다줄 수도 있다.

가수 겸 작곡가이자 지휘자인 바비 맥퍼린(Bobby McFerrin)은 한 텔레비전 프로그램에서 자신의 이름이 무슨 뜻인지 알게 된 날을 생생하게 기억하고 있다고 했다. 그는 웃으면서 유쾌하게 말했다.

"로버트(Robert, 바비는 로버트의 애칭 – 역자 주), 그것은 하나님으로부터 축복 받은 자라는 뜻이지요. 그리고 맥퍼린은 '철의 사나이'란 뜻입니다. 저는 8살 때 하나님의 축복으로 철과 같이 강한 사람이 될 것이라는 말을 들었습니다. 그리고 저는 자신에게 나는 절대 두려워하지 않으리라 다짐했던 것을 기억합니다. 그리고 지금까지 한 번도 두려워한 적이 없습니다."

자신의 이름의 의미를 아는 사람은 매우 쓸모 있는 예언을 가지고 다니는 셈이다.

레지니어 클락은 자신의 이름이 의미하는 것을 우연히 알게 되었다. 레지니어의 부모는 그녀를 돌볼 수 없었기 때문에 레지니어를 고아원에 맡겼다. 레지니어는 자신이 버림받았으며, 누구에게도 필요 없는 존재라고 생각했다. 하루는 그녀가 인도를 따라 걸어가고 있는데, 학교의 교장선생님과 마주쳤다. 교장선생님은 걸음을 멈추고 그녀를 유심히 쳐다보았다. "레지니어, 이름이 굉장히 예쁘구나." 레지니어는 그렇게 지체가 높은 분이 자신을 유심히 바라보는 것이 몹시 당혹스러우면서도 동시에 매우 흥분 되었다. 교장선생님이 그녀에게, "네 이름의 의미가 무엇인지 아니?" 하고 물었다. 레지니어는 "모릅니다"라고 공손히 대답했다. 교장선생님은 그녀의 눈을 정면으로 들여다보면서 말했다.

"레지니어(Reginia)는 '여왕'이라는 뜻이란다. 그리고 그 이름은 네가 바로 여왕 같은 존재라는 의미이며, 앞으로 네가 여왕이 될 것이라 예언해주는 것이지."

그동안 소외감 속에서 살아온 그 어린 소녀에게 있어 그 순간은 일대 전환점이 되었다. 마침내, 레지니어는 사회적으로도 성공했으며 행복한 결혼을 하게 되었다. 레지니어와 남편은 그녀에게 많은 은혜를 베풀어준 고아원에 자기들의 재산을 자선기금으로 내놓았다. "여기는 하나님이 저를 마음에 두고 계셨다는 것을 알게 해준 곳입니다. 저는 제가 버려진 고아라고 느꼈지만, 로버트 헤이스 교장선생님께서는 제가 여왕과 같은 인물이라는 것을 알려주셨지요."

나는 이 책 원고를 위해 수고해주었던 헤더라는 임산부와 함께 점심을 먹으며 이름을 주제로 이야기를 나눈 적이 있다. 헤더는 아이를 낳으면 이름을 '공주'와 '사람들의 친구'라는 뜻의 사라 니콜(Sarah Nicole)이라고 짓고 싶다고 했다. 그런데 그녀의 할머니는 아기의 이름을 자신(할머니)과 똑같이 지으라고 했다며 아쉬워했다.

"저와 남편은 할 수 없이 할머니 말씀을 따르기로 했어요. 할머니의 이름은 아델린이지요."

다행히도, 후에 그녀의 할머니가 양보해서 아기의 가운데 이름을 사라로 짓는 것을 허락했다고 한다.

만약 당신이 눈부시게 빛나는 나의 친구 캐서린을 본다면, 핵이 용해되듯 녹아내리게 될지도 모른다. 그녀는 우아하고 기품 있는 어머니와 매우 큰 농장을 운영하는 아버지 사이에서 성장했다. 그리고 지금은 자신의 힘으로 성공하여 빨간 재규어를 몰고 롤렉스시계를 차며, 자연보호 구역과 명승지가 복합된 지역에 있는 저택에서 살고 있다. 캐서린이 지니고 있는 것은 모두 가장 아름다우며 최고이다. 그런 캐서린을 보고 친구 한 명이 놀라워하며 내게 물었다.

"무엇이 캐서린으로 하여금 항상 최고의 것만을 추구하고 찾게 하는 거지?"

"글쎄. 그녀의 이름에 담겨 있는 역사적 의미를 생각해봐. 캐서린 여왕과 이름이 똑같잖아? 캐서린은 자신을 여왕이라고 믿으면서 성장했고, 그렇게 대접받기를 원하고 있지."

내 대답을 듣고 친구는, "그럼 폴리(Polly, Mary의 애칭으로 성모 마리아를 의미함 - 역자 주)라고 불리는 나도 행운아네"라고 말하며 웃었다.

다이애나 왕세자비의 장례식에서, 그녀의 오빠인 켄트 백작은 가슴이 미어지는 추도사를 남겼다. 그는 다이애나 왕세자비가 그녀의 이름 때문에 기억에 남을 것이라고 말했다. "참으로 얄궂게도"라고 운을 떼면서 그는 이렇게 말했다.

"다이애나(Diana)라는 이름은 사냥의 수호신(the goddess of hunt)에서 따온 이름입니다. 공교롭게도 다이애나는 이 시대에 가장 많이 쫓기는 여성(the most hunted woman)이 되었습니다."

나는 치리코와 셀린이라는 두 마리 새를 키우고 있다. 셀린은 최근 병에 걸려서 깃털이 빠지고 왼쪽의 갈고리 발톱도 상해버리고 말았다. 셀린은 치리코의 지속적인 관심과 애정에도 불구하고 병에 걸린 후로는 노래를 부르지 않았다. 그러던 어느 날이었다. 일을 하면서 셀린 디온(Celine Dion)이 부른 영화 〈타이타닉(Titanic)〉의 주제가를 듣고 있었는데, 갑자기 일광욕실에서 두 마리의 새가 함께 노래 부르는 소리가 들려왔다. 아래층으로 뛰어 내려가 보니 셀린이 횃대에 앉아 큰 소리로 지저귀고 있는 것이 아닌가.

"어머나, 셀린. 너와 이름이 똑같은 사람의 목소리를 굉장히 좋아하는 모양이구나, 그렇지?"

셀린은 그렇다는 듯이 셀린 디온의 노래에 박자를 맞춰 고개를 까딱까딱 아래위로 움직였다.

이름에는 도대체 어떠한 의미가 담겨 있는 것일까? 아마 우리가 생각하는 것보다 훨씬 큰 의미가 있을 것이다. 사람들이 자신의 이름에 담긴 의미를 안다면 아마도 자신의 이름을 노래로 표현하길 원하지 않을까.

나는 지금, 그릭 식당에 앉아 이 글을 쓰고 있다. 나는 이 식당의 분위기가 마음에 든다. 주위 사람들의 이야기 소리를 듣는 것이 좋아 이곳에 자주 온다. 이 식당 여주인은 나를 위해 벽난로 가까운 곳에 조그만 책상을 놓아주었고, 내가 글을 쓰는 동안 계속 차를 가져다 준다. 이 그릭 식당 여주인의 성은 키친(Kitchen, 주방)이다.

참으로 신기하고 재미있는 일이 아닌가! 식당 여주인의 이름이 키친이라니. 이런 기묘한 예는 도처에 널려 있다.

샌디에이고에는 몇 대째 계속 내려오고 있는 가족 장례식장이 있다. 그곳의 이름은 건강신체안치회사(Goodbody Mortuary Company)이다.

나는 지난주 전화번호부에서 드리프티 약국(Thrifty's drugstore)의 전화번호를 찾다가 우연히 R. K. 사이폴트(R. K. Thyfault, thy-fault, 당신의 죄) 변호사 사무실이라는 이름의 상호를 발견했다.

앤 랜더스(Ann Landers)는 술집 의자에서 떨어져 치명적인 부상을 입었다. 랜더스의 가족은 지금 그 술집을 상대로 손해 배상을 청구 중이다. 이 소송 사건이 진행되고 있는 도시의 이름이 바로 수펄스(Sioux Falls, 수족-인디언의 한 종족-사람이 떨어지다)이다.

내 친구가 치료를 받고 있는 치과 의사의 이름은 플로시(Flossy, dental floss, 치실)이다. 나는 메인주에 사는 니본(Kneebone, 무릎뼈)이라는 이름을 가진 정골요법(整骨療法) 의사를 알고 있다.

엘레나(Elena)가 〈월스트리트 저널(Wall Street Journal)〉지에 쓴 '드 리쎄(De Lisser)'라는 제목의 사설에는 음악 교사인 다니엘 하프(Harp, 악기 하프)와 주방장인 수잔 스파이서(Spicer, 양념치는 사람), 해충박멸업자인 크리스 로취(Roach, 바퀴벌레), 그리고 요식업 전문 상담가인 존 햄버거(Hamberger)의 이름이 열거되어 있다. 최초로 인간복제를 하려고 생각한 사람의 이름은 리처드 시드 (Seed, 종자 · 정액)이다.

신문 1면에 학교 내에서 총기사고를 막은 어느 소년의 이야기가 실린 적이 있다. 그 어린 학생은 총을 들고 있는 사람에게 다가가서 침착하게 "총을 내려놓으세요"라고 말해 사고를 막았다. 그런 용기가 어디에서 나왔냐는 질문에 그 학생은 "용기요? 저는 그렇게 하는 것이 제가 해야 할 의무라고 믿었어요"라고 답변했다. 그 소년의 이름이 벤 스트롱(Strong, 강한)이었다.

매우 뛰어난 경주마인 전투인간(Man of War)은 20회의 경주에서 딱 한 번 승리를 놓쳤다. 전투인간에게 유일한 패배를 안겨준 말의 이름은 전복(Upset)이었다.

메인가(街)에는 끊임없는 경영혁신에도 불구하고 계속 실패하는 식당이 하나 있다. 그 식당의 이름은 파울 플레이스(Fowl Place, 닭장)이다. 안타깝게도 투자자들은 그곳에 손님이 없는 이유를 규명하느라 애쓰고 있다.

〈USA 투데이(USA Today)〉지는 여행 계획이 무산되어 화를 낸 항공사 승객들에 대한 기사를 게재한 적이 있다. 이 기사에 나온 어떤 부부는 두 곳의 항공사로부터 여행을 취소당한(bumped) 것에 몹시 분개했다. 그 부부의 성은 범퍼스(Bumpus, bump-us, 취소당한 우리)였다.

승용차 체비노바(Chevy Nova)의 이름은 막대한 돈을 투자한 공모를 통해 채택된 이름이다. 하지만 이 차는 멕시코 시장에서 쓰라린 실패를 맛보았다. 차를 팔게 될 여러 나라의 말로 차 이름을 번역하는 데 실패를 했던 것이다. 스페인어(멕시코의 공용어는 스페인어이다 – 역자 주)로 '노-바(no va)'는 '가지 않음'이란 뜻이다. 내 멕시코인 친구는 마쓰다 미아타(Mazda Miata)라는 차 역시 스페인어를 사용하는 나라에서는 별로 신통치 않을 것이라고 했다. 이유를 묻자, 미아다(miada)는 스페인어로 젖은 기저귀를 뜻하기 때문이란다.

다행히도, 듣기에 좋거나 평범한 이름이 아니라고 해서 반드시 극복할 수 없는 저주가 되는 것은 아니다.

유명한 토크쇼 진행자인 오프라 윈프리(Oprah Winfrey, winfrey, 북유럽의 풍요, 작물, 번영의 신인 프로이르를 이긴다는 의미 – 역자 주)는 자신의 유별난 이름 때문에 상처를 받지는 않았다. 그리고 영화배우 우피 골드버그(Whoopi Goldberg, whoopee는 탄성 혹은 야단법석을, gold-berg는 금으로 된 산을 의미 – 역자 주) 역시 이름 때문에 경력에 흠집이 생기지 않았다.

내 친구 수잔은 동물구조협회에서 검정색의 래브라도 리트리버와 달마시안의 교배종 한 마리를 구입하면서, 그 개가 영리하고 사랑스러운 친구가 되어주기를 기대했다. 그리고 바우저(Bowser)라는 이름을 지어주었다. 바우저는 1.6m 높이의 담을 단숨에 뛰어넘고, 앞다리를 든 채 뒷다리만으로도 한참 동안 서 있을 수 있으며, 심지어 나무를 타고 다니기까지 하는 요란스러운 개였다. 바우저는 주인에게는 물론이고 찾아오는 사람들에게 뒷발로 서서 껑충껑충 뛰며 인사했다. 바우저의 이런 기괴한 행동들 때문에 수잔은 마음이 심란했다. 그래서 8살짜리 이웃집 꼬마가 바우저와 함께 놀기 시작하자 바우저를 그 꼬마에게 주려고까지 생각했다.

수잔이 '골치덩어리 바우저'를 어떻게 처리해야 할 것인지 고민하며 장미넝쿨 가지를 치고 있을 때였다. 이웃집 꼬마가 바우저를 보더니 "서커스 개야!" 하고 부르는 것을 들었다. 수잔은 깜짝 놀라 외쳤다.

"꼬마야, 그 개가 뒷다리만으로 뒤뜰로 건너갈 수 있다는 걸 아니? 어제는 내가 던진 원반이 나무에 걸렸는데 바우저가 사다리를 타고 나무 위에 있는 오두막집까지 올라가 그것을 가지고 왔단다!"

이웃집 꼬마가 바우저를 '서커스 개'라고 부른 것은 바우저의 운명을 바꾸어놓았다. 그 말 한마디가 요란스러운 개 때문에 시름에 잠겨 있던 주인이 자신의 개를 완전히 새로운 시각으로 바라볼 수 있도록 해준 것이다. 지금 수잔은 바우저를 전문적으로 훈련시키고 있으며, 바우저의 조련사는 바우저가 그동안 훈련시켜 온 개들 중에서 가장 영리하다며 칭찬을 아끼지 않는다고 한다.

이름은 다른 것들을 알아내고 그것을 구체화시키거나 조종하는 강력한 도구가 된다.

메리 버지니아 미카(Marry Virginia Micka)는 《인사말(Greeting)》이라는 자신의 책에서 다음과 같이 기술하고 있다.

'내가 누구인가를 말하고, 우리의 두 불꽃이 솟구치게 만들어라(Say who I am, Set our two fires climbing).'

우리의 이름에는 자신이 누구인지를 나타내주는 의미가 담겨 있다. 그러므로 우리는 이름을 신중하게 짓고 보호해야 하며 그 이름에 걸맞게 행동해야 한다.

1. 당신의 이름에 의미가 담겨 있다면 그것은 어떤 뜻입니까?
2. 당신의 배우자나 또는 그 밖의 다른 중요한 관계에 있는 사람들의 이름에는 어떤 의미가 있습니까?
3. 당신의 이름은 당신과 잘 어울립니까? 만약 그렇지 않다면, 이름을 바꿀 용의가 있습니까?
4. 사람과 사물에게 '이름을 지어주는 것'이 중요한 이유는 무엇입니까?

사랑하는 주님,

우리는 지금까지 당신께서 이름을 대단히 중요하게 여기고 계시다는 사실에 대해 살펴보았습니다. 저로 하여금 저를 포함한 다른 사람에게 이름을 지어 주거나 그것을 적용시키는 것이 얼마나 중요한 일인지 깨달을 수 있도록 도와주옵소서. 저로 하여금 제게 어울리지 않는 이름을 과감히 바꿀 수 있는 용기를 주시고, 이름이 사람의 미래를 형성하는 데 얼마나 중요한 역할을 하는지 깊이 인식할 수 있게 하옵소서. 아멘.

나뭇가지가 아름다운 것은
굴곡이 있기 때문이다

'신은 너무 일찍 성공의 왕좌를 차지한 자를 파멸시킬 것이다'라는 속담이 있다. 성공을 숭배하는 오늘날과 같은 세상에서는 이 말을 이해하기 힘들 것이다. 하지만 하나님께서 우리가 부자가 되길 원하신다고 가르치는 자들은 하나님이 우리가 검소해지길 요구하고 계시다는 사실을 간과하고 있다.

"심령이 가난한 자는 복이 있나니 천국이 그들의 것임이요(마태복음 5:3)."

행복은 좌절이나 시련을 통해서 온다.

짐은 유태인 이민자의 후손으로 가정주부인 어머니와 내과의사인 아버지 사이에서 외아들이자 맏이로 태어났다.

"저는 아버지 때문에 이 세상에 진정으로 성공한 사람은 오직 두 부류뿐이라고 생각하게 되었습니다. 하나는 뉴욕의 뇌전문 외과의사이고, 또 하나는 세계적인 바이올린 연주가였어요. 하지만 저는 뇌전문 외과의사도, 바이올린 연주가도 되고 싶지 않았습니다. 그렇기 때문에 저는 아버지의 기대에 전혀 미치지 못했죠."

짐은 어머니의 권유에 따라 법학을 공부하고, 남캘리포니아에 변호사 사무실을 개업하여 성업을 이루었다. 하지만 음악이나 의료 활동을 통한 재산증식에 대해서만 이야기하는 짐의 아버지는 변호사라는 짐의 직업을 탐탁지 않게 여겼다. 이런 아버지의 태도는 두 사람 사이를 더욱 멀어지게 했으며, 마침내 짐과 아버지 사이에는 대화가 거의 단절되다시피 했다.

그러던 중 짐의 아버지는 건강이 급속히 악화되어 두 달밖에 살수 없다는 진단을 받았다. 맏아들인 짐에게는 아버지의 침대 곁에서 함께 시간을 보내야 하는 막중한 책임이 주어졌다.

"아버지는 허약해진 상태에서도 차갑고 완고하셨습니다. 아버지는 간호사와 의사, 간병인의 말에 귀를 기울이지 않으셨고 모든 사람들의 관심과 충고를 무시하셨어요. 결국 저는 모든 것을 포기한 채 아버지께 '알았습니다, 아버지. 혼자서 그렇게 돌아가시겠다고 하시니 저는 집으로 가겠습니다'라고 했습니다."

집으로 돌아온 짐은 충격적인 소식을 들었다. 오랫동안 알고 지낸 한 친구가 자신과 250명의 투자자들이 평생 동안 함께 저축해온 돈을 횡령해 달아난 것이었다. 그동안 한 번도 병에 걸린 적 없이 건강했던 짐은 갑자기 체중이 줄어들기 시작했다.

"미래를 위해, 건강 유지와 경제적 안정을 위해 저축해두었던 모든 것이 순식간에 사라져버렸습니다. 황폐해진 제 인생을 쳐다보며 멍하니 서 있을 수밖에 없었지요. 그리고 내가 갈 곳은 한 곳밖에 없다는 것을 알게 되었습니다. 결국 굴욕적인 실패와 좌절을 안고서 아버지께 돌아가야 했지요."

짐은 아버지 곁으로 돌아가 자신이 그동안 쉴 틈도 없이 열심히 모았던 모든 재산을 사기로 잃었다는 사실을 울면서 털어놓았다.

"전 아버지께서 저의 어리석은 행동에 대해 몹시 나무라실 줄 알았습니다. 머리를 푹 숙인 채 그것을 받아들일 준비를 하고 있었어요."

하지만 짐의 아버지는 뜻밖에 그의 어깨를 토닥이며 "얼마가 필요한지 얘기만 하거라"라고 말했다. 짐이 액수를 말하자, 아버지는 말 한마디 없이 수표에 서명한 다음 그것을 짐에게 주었다. "아버지, 저를 꾸짖지 않으세요? 이건 굉장한 액수의 돈이에요"라는 짐의 말에 아버지가 대답했다.

"괜찮다, 아들아. 사람은 누구나 실수를 하는 법이니까. 애비가 돈을 모았다가 자식들을 위해 쓰지 않는다면 어디에 쓰겠니?"

그 후 짐에게만이 아니라 두 딸들을 대하는 아버지의 태도도 즉각적으로 바뀌었다. 짐의 아버지는 자식들에게 매일 안부 전화를 걸었다. 그리고 당신은 의사가 말하는 것보다 더 오래 살 것 같다고 했다. 짐 역시 건강이 회복되기 시작했다. 부자간의 화해가 있은 지 석 달 후, 짐의 아버지는 주무시는 중에 평온히 돌아가셨다. 짐은 이 이야기를 들려주면서 눈물을 글썽였다.

"우리들 사이의 모든 문제가 치유되었습니다. 저도 아버지께서 저를 사랑하신다는 사실을 깨닫게 되었지요. 아버지는 가족들과 함께, 저와 저의 성공에 대해 자랑스럽게 생각하고 있다고 말씀해주셨습니다. 그러고는 돌아가셨어요."

짐은 자신이 경제적으로 완전히 빈털터리가 된 것이 아버지와의 관계를 치유해주었다고 굳게 믿었다.

작가인 G. K. 체스터턴(G. K. Chesterton)은 이런 이야기를 했다. "품위 있게 휘어지는 모든 것에는 그 안에 반드시 저항이 있다. 활이라는 악기는 자신이 휘어지지 않으려고 애를 쓰기 때문에 오히려 휘어질 때 아름다운 소리를 낸다. 나뭇가지가 아름다운 것은 반듯하게 자라기를 원하지만 굴곡을 이루기 때문이다. 세상의 모든 아름다운 것들은 곧으면서도 약간의 굽은 모습을 지니고 있다. 모든 것은 꺾이지 않고 곧게 자라기를 추구하지만, 다행스럽게도 그렇게 되는 것은 아무것도 없다. 아무런 실패 없이 승승장구 성공만을 위해 노력하라. 하지만 삶은 당신에게 그것을 용납하지 않을 것이다."

내가 아는 한 와인감정가는 '최상품의 포도는 사토(沙土)에서 자라는 것'이라고 했다.

"사토에서 자라는 포도나무들은 자신들에게 필요한 자양분을 섭취하기 위하여 더욱더 깊이 모래 속을 파고들어 가야만 하는 시련을 겪습니다. 때문에 그 와인은 더욱더 영양과 맛이 깊어지는 겁니다."

어느 날 캐서린과 함께 묘목장에서 팔려고 내놓은 관목들을 따라 걷고 있었다. 캐서린은 갑자기 허리를 굽히고 내게 말했다.

"여기 좀 봐. 이 서양배나무가 튼튼히 자란 것은 이렇게 가지치기를 해줬기 때문이야. 사람이 계속해서 가지치기를 해주지 않으면 마음대로 자랄 뿐더러 열매도 거의 맺지 않거든."

관목들을 잘 키우는 비법이 가지치기라니, 나는 이 말을 듣고 매우 놀랐다.

좌절을 통한 예언은 가지치기나 쟁기질과 같다고 할 수 있다.

나는 리오그란데강(江) 유역의 비옥한 농지에서 지내는 것이 좋다. 피로한 일과에서 벗어나 쉬기 위해 농장의 길을 따라 차를 몰고 드라이브를 하기도 한다. 진흙으로 된 길이라 울퉁불퉁한데다 물이 고인 곳들이 있기 때문에 음악을 들으며 픽업트럭을 운전하기 힘들긴 하지만 말이다. 드라이브를 하다보면 이제 막 갈아서 평평하게 골라놓은 채 아무것도 심지 않은 밭들이, 메마른 옥수수 잎으로 덮여 있는 모습을 보곤 한다. 이른 봄이 되면 농부들이 쟁기질을 해서 우리가 두 손으로도 거의 들어올릴 수 없을 만큼 큰 뭉치씩 땅을 갈아엎어 놓기 때문이다. 나는 땅들이 갈아엎어져 있는 것을 보고, 이제 파종할 시기가 다가왔다는 것을 안다. 마치 좌절한 것처럼 보이는 속까지 딱딱하게 굳은 토양이 실은 긍정적 예언인 것이다.

미국 공영방송인 PBS에서 마련한 특집 프로그램인 〈자유: 미국독립전쟁〉을 보고 나는 큰 감동을 받았다. 평소에 나는 미국독립전쟁에서 미국이 결정적인 전투에서 영국을 물리쳤을 것이라고 생각하고 있었는데 그것은 잘못된 생각이었다.

나는 미국독립전쟁에 관해 대충 이렇게 생각하고 있었다. '과중한 세금징수에 격분한 미국인들이 마침내 마땅히 해야 할 일에 대해 진정으로 열광하게 되었다. 그들은 수입되던 영국 홍차 다발을 보스턴 항구에다 내팽개쳤다. 그리고 폴 리비어(Paul Revere)는 밤에 랜턴을 흔들면서 군인들에게 영국군들이 오고 있다고 외쳐대면서 거리를 질주했다. 사람들은 일어나 옷을 챙겨 입었다. 조지 워싱턴(George Washington)이 혹독한 추위 속에 트랜턴강(江)을 건너오자 미국군은 일제히 영국군을 향해 구식 소총(머스킷총)을 발사했고 영국군은 항복했다.'

미국독립전쟁은 단순히 극초단파(極超短波)를 이용해 순식간에 승리를 거둔 전쟁이라고 생각했다. 그런데 조지 워싱턴이 두 번의 전투를 제외한 다른 전투에서 모두 패했다는 것과 남부의 미국군 장군이 자신의 부하들에게 일러준 전략이 고작 '총을 쏘고 달려라!'였다는 것을 알고 나자, 미국독립전쟁 이야기에 더욱 매혹되었다. 워싱턴은 "나는 우리가 명예를 중요하게 여겨 전쟁을 하는 것이 아니라는 사실을 영국군이 알기를 원했다"고 말했다. 단정하게 차려 입은 영국군들을 자기 진영에서 멀어지도록 유인하기 위하여, 미국군들은 겁에 질린 토끼 떼처럼 수풀 속으로 황급히 도망치는 척했다. 작전에 유인되어 그들을 추격하던 영국군들은 이윽고 군수품이 떨어지기 시작했다. 그래서 그들은 전쟁이 선포된 뒤에도 여전히 영국 왕실에 충성한다고 맹세한 호의적인 미국인들에게 필요한 것들을 조달해야만 했다. 군수품 조달이 심해지자 미국시민들은 점점 영국의 부당한 세금징수에 분노하기 시작했고, 미군 사상자들이 발생하게 되자 영국에 대한 반감은 더욱 격해졌다. 미국의 계속된 패배는 미국인들로 하여금 영국의 통치에서 벗어나 자신들의 운명을 스스로 다스리겠다는 굳은 각오 아래 하나의 국가로 뭉치게 했다. 만약 미군이 초기에 승리를 거두었다면, 아마 그들은 독립이라는 꿈을 이루지 못했을 것이다. 그들이 하나로 뭉쳐 새로운 미국을 형성하기까지는 이렇게 많은 시간과 좌절이 있었다.

한 영국 병사는 마지막 전쟁에서 패한 후, 무기를 내려놓고 포로로 끌려갈 때의 상황을 일기에 상세히 적어놓았다.

'그렇다면 세상에서 가장 위대한 군대를 물리친 자들은 어떤 사람들인가? 그것은 좋은 군복을 입고 고도의 훈련을 받은 병력이 아니었다. 자신들이 갖고 있던 것을 무기 삼아 휘두른 농부와 인쇄공, 그리고 귀족 집단이었다. 언덕 위에서 우리를 체포하기 위해 쇠스랑과 구식 소총으로 무장하고 우리를 내려다보며 서 있는 그들의 모습을 보았을 때, 나는 마치 별난 사람들의 집단을 보고 있는 것 같았다.'

그때 미국인들의 얼굴과 새로운 국가를 생각하는 정신에는 그동안의 패배한 전쟁의 아픔이 하나하나 깊이 새겨져 있었다. 초기의 연속된 좌절은 장차 미국의 운명에 대한 긍정적인 예언이 된 것이다.

앨라배마주의 버밍햄에 있는 16번가 침례교회는 미국을 잠에서 깨운 자명종 역할을 한 끔찍스러운 사건이 일어난 현장이다. 1963년 9월 15일 햇살 좋은 일요일 아침이었다. 주일학교에 참석하고 있던 4명의 어린 흑인 소녀의 목숨을 앗아간 폭발사고가 일어났다. 그때의 사건에 대해 월터 크론카이트(Walter Cronkite)는 "미국인들은 그때서야 비로소 미국 전역에 확산되어 있던(특히 남부지역에) 인종차별의 철폐를 방해하는 적개심이 어떤 것인지를 이해하기 시작했다"라고 했다. 순진한 네 명의 어린아이들의 목숨을 빼앗아간 폭발사건은 자연스럽게 평등권 운동의 도화선이 되었으며, 미국인의 양심을 되돌려놓았다.

국가의 본래 정신으로 돌아가게 된 계기는 바로 이와 같은 불행에서 비롯되었다.

〈피플(People)〉지는 좌절을 통해서 진정한 승리를 발견한 돈 J. 스나이더(Don J. Snyder)라는 사람에 대한 이야기를 실었다. 돈 J. 스나이더는 연구생활에만 전념했었다. 그는 3만 6,000달러라는 연봉을 받고 있었으며 정해진 강의 이외의 대부분 시간을 저술활동에 쓰며 아무런 어려움 없는 생활을 영위하고 있었다. 종신교수직을 기대하고 있던 그는, 어느 날 갑자기 날라온 해고통지서를 받고 심한 충격을 받는다. 그리고 그의 삶은 변하기 시작했다. 스나이더는 《절벽 산책(The Cliff Walk)》이란 자신의 책에서, 어쩔 수 없이 택한 목수라는 직업으로 인해 뜻밖에 마음의 여유가 생겼다고 말한다. 게다가 오랫동안 마음속에 품어왔던 소설을 쓸 수 있게 되었으며, 또 육체적인 노동 역시 매우 가치가 있다는 사실을 발견하게 되었다고 전했다. 그는 자신의 책에서 '누군가 당신을 사무실로 불러서 당신의 일이 훌륭하다고 칭찬해주기를 기대하지 마라. 당신 스스로 그 일을 고찰해보면 그 일을 훌륭하게 하고 있는지를 스스로 깨닫게 될 것이다'라고 했다. 디즈니(Disney)사에서 그의 책을 영화로 만들기 위해 판권을 샀기 때문에 스나이더는 이제 돈에 대해 걱정할 필요가 없게 되었다. 하지만 그는 부업으로 목수일을 계속하고 있다. 그는 "지금 손으로 일하는 것에서만 누릴 수 있는 평화를 발견했다"고 말한다.

화가인 톰은 미국 남서부에 큰 농장을 소유하고 있는 어떤 여성에게 농장에서 소 떼를 몰고 있는 목동의 모습을 그려달라는 부탁을 받았다. 이에 톰은 매우 고무되었고 상당한 대가가 주어질 것이라고 기대했다. 그는 뒷다리를 껑충거리며 뛰어다니는 말 위에 앉아 소 떼에게 방향을 지시하는 목동의 모습을 담은 그림을 열심히 그려나가기 시작했다. 그는 작품이 완성되자 그녀에게 전화를 걸어 그림을 보러 오라고 했고, 그녀는 금요일에 찾아가겠다고 했다. 하지만 금요일이 되어도 연락이 없었다. 그가 다시 전화를 하자 그녀는 사과하며 곧 찾아가겠다고 말하고는 전화를 끊었다. 그로부터 몇 주, 몇 개월이 지났다. 톰은 자신의 수고가 물거품이 되었다는 것을 깨닫고 풀이 죽었다.

슬픈 감정과 포기하는 심정이 뒤섞인 마음으로 그림을 바라보고 있던 톰은 자기가 그린 말이 그가 어린 시절 타고 놀았던 흔들 목마와 흡사하게 보인다는 생각을 했다. 그는 재미삼아 그림의 말발굽 밑에다 흔들 목마의 레일을 아주 희미하게 덧칠했다. 그런데 손님 한 명이 우연히 들렀다가 그 그림에 반해버렸다.

"이 그림을 보니 장차 카우보이가 되겠다고 백일몽을 꾸고 있는 제 아들이 생각나는군요. 화가 양반, 그 그림의 이름을 '백일몽'이라고 지으면 어떻겠습니까?"

'백일몽(Daydreams)'이 오늘날 카우보이 미술세계에서 가장 많이 찾는 그림 가운데 하나가 된 배경에는 바로 이러한 과정이 있었다. 톰은 실패를 받아들이고 팔리지 않은 화폭 위에 자신의 마음을 그렸고 그 결과, 실패는 성공으로 바뀌었다.

베티 안 버드는 자신의 직업에 만족하지 못했다. 고객들의 높은 평가와 그녀의 통장잔고를 통해 판단해보건대, 그녀가 훌륭한 직장에서 자신의 일을 잘 수행하고 있었다는 것은 명백한 사실이었다. 하지만 그녀는 자신의 재능을 다른 방면에 사용하길 원했다. 간호사와 경영관리자라는 두 가지 직업교육을 받은 베티 안은 병원 내의 두 개 이상의 부서에서 사람들의 업무가 중복되지 않도록 인력을 배치하는 법을 알고 있었다. 게다가 기업 합병과 인수가 끊이지 않는 요즘 세상에서 안 버드와 그녀가 다니는 회사인 '퀘스트리더십컨설팅(Quest Leadership Consulting)'을 찾는 사람들은 많았다. 그러나 그녀는 사람들을 직장에서 내쫓는 데 쓰이는 보고서를 작성하는 자신의 일이 너무 싫었다.

그녀는 '직무와 영성(靈性)에 대한 국제회의'에 참석하기도 하고, 그녀 자신의 새로운 진로를 개발하는 것에 대해서 친구들과 아이디어를 나누기도 하면서, 자신의 영적인 비전에 관해 계속 고민하고 탐구했다.

마침내, 베티 안은 '건강 업계의 중역들을 위한 가치 있는 회합에의 초대'를 개최하기로 했다. 이 행사를 통해 그 업계에서 정상을 차지하고 있는 경영자들에게 '다운사이징과 수익성에 초점이 맞추어진 세상에서, 기업 가치를 유지하기 위해 가장 시급하게 해야 할 것이 무엇인가'와 같은 민감한 주제들에 대한 그들의 관심과 꿈을 공유하는 기회를 주고자 했다.

베티 안과 그녀의 사업 파트너인 리사 달버그는 광고를 내고, 전단지를 우편으로 보내 연사를 초청했다. 그러나 300명으로 예상한 참석 인원이 30명으로 줄자 베티 안과 리사는 몹시 당황했다. 베티 안은 행사를 취소할 수밖에 없다고 체념했다. 실망한 그들은 초청연사와 등록자들에게 전화를 걸어 모임이 무산될 것이라는 사실을 전했다.

그때 한 초청연사가 "아니, 그러실 필요 전혀 없습니다. 제가 가서 무료로 강연을 해드리겠습니다. 이런 행사가 무산된다니 너무나 안타깝습니다"라고 말했다. 그 연사 외에도 중요한 건강 관련 업체의 최고경영자들 역시 이번 행사는 반드시 개최되어야 한다고 했다. 그리고 나중에라도, 그 해가 지나가기 전에 계획을 조정해 반드시 행사를 열 것을 촉구하며 그녀를 지원했다. 자산 규모가 50억 달러인 서비스마스터사의 사장인 빌 폴라드는 비행기를 타고 와서라도 무료로 강연을 해주겠다고 했다.

텍사스헬스리소스사의 회장 겸 최고경영자인 다우 호돈 역시 전화를 걸어 강연을 해주기로 약속했을 뿐만 아니라, 귀중한 조언을 주기도 했다. 베일러 대학교의 프레드 로취 교수와 여러 유명인사들도 전화를 걸어, "이번 행사는 꼭 개최되어야 합니다. 우리가 도와드리겠습니다"라고 뜻을 전했다. 용기를 얻은 베티 안은 마음을 정리한 다음 다시 계획을 세워 전단지를 돌리고 광고를 냈다. 이렇게 해서 건강 문화의 중요성에 대한 집중적인 토론을 위해 '제

1회 건강보호연대 - 가치 있는 회합에의 초대'가 그로부터 3개월 후, 65명의 참석자와 건강관련 업계의 취재진이 모인 가운데 개최 되었다. 그리고 매년 이 행사를 개최할 것을 결의할 정도로 참석자 들의 반응은 무척 좋았다.

베티 안은 이 모임을 위해 많은 돈을 써야 했다. 하지만 긴급한 대책이 필요한 산업을 위해 자구책을 마련하는 계기를 만들었고, 이 행사를 통해 자신의 회사의 새로운 미래와 운영 방침에 큰 이 익을 얻을 수 있었다. 그녀의 웹사이트에는 평소보다 3배나 많은 문의가 들어왔으며, 그녀는 지금 그런 일을 하지 않았다면 결코 알 수 없었던 사람들과 매우 절친한 사이가 되었다.

행사를 거의 취소해야 할 뻔했던 '좌절'이 다른 사람들로 하여금 그녀를 도와야 한다는 필요성을 깨닫게 했음은 물론이고, 궁극적 으로는 그 행사가 성공할 수 있는 기회가 되었다.

"만약에 모든 것이 아무런 어려움 없이 진행되었거나 내가 절망 적인 마음과 어려움을 말하지 않았다면 지금 알고 지내는 이 업 계의 유명한 인사들과 유대 관계를 갖는다는 것이 결코 불가능했 을 것입니다."

베티 안은 이렇게 털어놓았다. 베티 안과 리사는 지금까지의 자 신들의 경영 방침을 바꾸어 퀘스트리더십컨설팅사를 다른 방법으 로 운영하고 있다.

몇 년 전, 내가 하던 광고대행사업과 부동산사업이 도산의 위기에 처했을 때였다. 친구 캐서린과 함께 강변을 산책하면서 나는 깊은 한숨을 쉬며 두 가지 사업이 모두 실패할 것만 같다는 이야기를 하다가 급기야 울음을 터뜨리고 말았다. 캐서린은 몇 분 동안을 아무 말 없이 걷다가 이렇게 말했다.

"로리, 이 일은 지금까지 너에게 있었던 것들 가운데 가장 좋은 일이야. 나는 지금 거기에 하나님의 손길이 함께하고 있는 것이라고 생각하거든."

"뭐?! 하나님께서는 실패를 좋아하지 않으셔!"

내가 소리를 지르자 캐서린은 웃으면서 말했다.

"아니, 이것은 결코 실패가 아니라니까. 하나님께서는 네가 실패하기를 원하시는 것이 아니라, 네 꿈의 기초가 되는 새로운 사업을 시작하기 위한 길을 닦아놓고 계신 거야."

그녀의 격려 어린 예언의 말은 내가 절망의 늪에 빠지지 않도록 지켜주었다. 나는 한때 사업에 실패하느니 차라리 죽겠다고 생각했던 적이 있다. 일련의 시련을 '실패'로 간주한 나는 돌이킬 수 없는 커다란 실수를 할 뻔한 것이다. 존 오도노휴(Jhon O'Donohue)는 《영혼의 동반자(Anam Cara)》(이끌리오, 2005)라는 그의 책에서 '레이스를 아름답게 해주는 것은 거기에 난 구멍이다'라고 했다.

이처럼 시련은 성공을 더욱 빛나게 만드는 장치이다.

1. 당신에게 성공에 대한 예언이 되었던 좌절이나 실패는 어떤 것이 있습니까?

2. 지금 당신 주변에 시련은 더 큰 성공으로 향하는 예언임을 일깨워주어야 할, 좌절감에 빠져 있는 사람은 누구입니까?

3. 좌절에 대해 당신은 어떻게 정의하겠습니까? 좌절이나 실패는 당신에게 어떠한 의미입니까?

4. 당신은 지금 무엇 때문에 좌절하고 있습니까? 또 그것을 통해 얻게 될 유익한 결과는 무엇인지 써보십시오.

사랑하는 주님,

당신 안에서는 저의 모든 약한 것들이 강해집니다. 저는 당신께서 제게 실패를 원하시는 것이 아니라, 늘 잘되기를 원하신다는 것을 알고 있습니다. 주님은 제가 결국에 승리하기를 원하시며 성공하였을 때 기뻐하시지만, 저를 보다 강하게 만드시기 위해 시험하는 분이십니다. 제가 지금의 실패를 궁극적인 축복과 진정한 기쁨의 씨가 담긴 그릇으로 보게 하시고, 영원히 패배의 삶을 살아갈 것이라는 좌절 속에 있는 이들에게 희망의 메시지를 전달할 수 있도록 도와주옵소서. 아멘.

소원, 인간의 영혼이 간직한
가장 강한 자석

"또 여호와를 기뻐하라. 그가 네 마음의 소원을 네게 이루어주시리로다."
시편 37:4

세미나를 진행하면서 만난 어떤 여성은 자라면서 '무엇인가를 너무나도 원한다면 그것은 죄임에 틀림없다'는 격언을 들은 적이 있다고 했다. 그러나 나는 불법이거나 비도덕적인 것이 아니라면 소원을 비는 게 나쁘지 않다고 생각한다. 하나님께서는 우리의 소원(desire)을 통해 자주 당신의 뜻을 전하신다고 믿기 때문이다. 소원은 우리에게 어떠한 결과를 가져다주는 긍정적인 동기 요인이 될수 있다. 내가 어떤 약국에 복사하러 가서 배웠던 것처럼 말이다.

우리 동네에 있는 약국에서 복사 서비스를 시작했는지, 약국 입구에 '복사는 이곳에서 하십시오'라고 쓴 현수막이 걸려 있었다.

어느 날, 나는 복사할 서류를 갖고 약국 안으로 들어가 커다란 복사기가 있는 쪽으로 걸어갔다. 서류를 올려놓고 복사를 하려고 봤더니 전원이 꺼져 있었다. 주위를 둘러보니 유니폼을 입은 점원 한 사람이 한가하게 왔다 갔다 하고 있었기에 도움을 청했다.

"복사기가 안 되는군요. 사용할 수 있게 해주시겠어요?"

"코드가 빠져서 그래요."

그녀의 대답에 나는 점원이 복사기의 전원코드를 끼워줄 것이라 생각했다. 그러나 아무리 기다리고 있어도 그녀는 계산대 위에 놓여 있던 영수증을 만지작거리면서 계속 서 있기만 할 뿐이었다. 내가 전원코드 좀 끼워달라고 하자 그 점원은 나를 쳐다보지도 않고 말했다.

"콘센트가 어디에 있는지 몰라요."

"아마 복사기하고 가까운 곳에 있을 것 같은데요. 그렇지 않으면 복사기를 여기에 설치해놓지 않았겠지요."

내가 말하자 점원은 다음과 같이 대답했다.

"그렇지 않아요. 가게 주인이 지난주에 복사기를 들여다 놓고, 복사기 옆에 이 계산대를 설치했어요. 아마도 콘센트는 이 계산대 밑에 있을 텐데, 아마도 거기에 내 손이 닿지 않을 것 같은데요."

나는 자제력을 잃지 않고자 노력하며 그래도 한번 해봐 달라고 했지만, 그 점원은 "보나마나 안 된다"고 말하며 조금도 미안하지 않은 표정으로 나를 빤히 쳐다보며 그 자리에 계속 서 있었다.

나는 그 당시 자제력 훈련을 하고 있었으므로, 도발적이고 공격적인 행동을 취하지 않기 위해 정신을 바짝 차렸다. 내가 그럼 주인은 어디 있느냐고 물었더니 종업원은 비꼬는 투로, "왜요? 주인의 팔이라고 해서 제 팔보다 더 길지는 않을 텐데요"라는 것이 아닌가. 그 순간 조금 떨어진 진열대 건너편에서 비누를 세고 있는 주인의 모습이 보였다. 내가 주인에게 가 사정을 이야기하자 그녀는 알았다면서 해결해주겠다고 했다. 나는 돌아다니면서 필요한 것들을 구입한 다음 마지막에 복사기가 있는 곳으로 다시 갔다. 잠시 후 복사기가 돌아가는 소리가 들렸다. 나는 아까 그 점원이 서 있는 계산대 앞으로 가까이 다가가, 일부러 복사기를 보면서 고개를 끄덕였다. 그리고 "주인 팔이 길긴 길구나!"라고 중얼거렸다.

나는 나의 이 경험이 소원에 담긴 예언에 대해서 잘 설명해주고 있다고 생각한다. 우리가 소원하는 것은 바로 자신에게 하는 예언이 된다.

줄자로 재어보지 않는 한, 약국 주인의 팔 길이가 어느 정도였는지 확실히 알 수가 없다. 하지만 나는 주인의 팔과 점원의 팔 길이는 거의 차이가 없을 것이라고 생각한다. 차이가 있었다면 그것은 이루고자 하는 바람, 즉 '소원(desire)'의 유무였다.

그날 오후 늦게 공원을 산책하면서, 나는 내 손을 위로 높이 들어올려 보았다. 이 손은 아마 에밀리 디킨슨이나 메리 카사트, 플로렌스 나이팅게일 또는 테레사 수녀님의 손과 그 크기는 비슷할 것이다. 또, 내 손은 미켈란젤로나 조지아 오키프 또는 지난주에 한 노파를 구한 소방대원의 손과도 비슷하지 않을까. 그리고 알베르트 슈바이처나 마르티나 힝기스, 오프라 윈프리, 에이브러햄 링컨의 손 크기와도 별 차이가 없을 것이다.

우리의 손과 발은 모두가 크기에 있어 기본적으로 커다란 차이가 없다. 그런데도 우리가 손들을 통해 하는 일에 커다란 차이가 나는 이유는 무엇일까? 그것은 아마도 하고자 하는 강한 '소원'의 차이 때문일 것이다.

사실 대부분의 사람들에게는 아주 절망적인 삶을 살다가 인생을 마칠 만큼 거의 소원이 없다. '소원(desire)'이란 말에는 성적인 욕망으로부터 영적인 욕망에 이르기까지 다양한 의미가 함축되어 있다. 언젠가 나는 《스트롱 성구사전(Strong's Bible Concordance)》에서 '소원'이란 단어를 찾다가 그것이 매우 많은 성경 구절에 있다는 사실을 발견했다. 다윗은 몇 편의 시 가운데 하나님께 "하나님이 나의 원수가 보응받는 것을 내가 보게 하시리이다(The Lord allow him to see my desire upon my enemies, 시편 59:10)"라고 간구하고 있다. 그리고 잠언에는 "소원을 성취하면 마음에 달아도(Desire accomplished is sweet to the soul, 잠언 13:19)", "게으른 자의 욕망이 자기를 죽이나니(Desire of the slothful killeth him, 잠언 21:25)"라는 구절들이 나온다.

'소원'이란 말은 매우 함축적인 의미의 단어임이 분명하다. 그러나 내가 여기서 말하는 소원은 예수님이 말씀하신, "그러므로 내가 너희에게 말하노니 무엇이든지 기도하고 구하는 것은 받을 줄로 믿으라. 그리하면 너희에게 그대로 되리라(Whatsoever things ye desire when ye pray, believe that you have received them and you shall have them, 마가복음 11:24)"에서의 '구하는(desire)'과 같은 의미이다.

얼마 전 나는 결혼한 지 1년 정도 된 한 젊은 부부의 이야기를 듣고 놀라지 않을 수 없었다. 남편이 아침에 조깅하던 중 트럭에 치였다. 아내는 의사에게 남편이 더 이상 살 수 없을 것이라는 절망적인 말을 들었다. 그녀는 의료진에게 생명유지장치를 써서라도 남편의 생명을 연장시켜 줄 것을 호소하며, 남편 곁에서 하염없이 눈물을 흘리고 있었다. 조깅을 하러 나가기 전, 얼굴을 사랑스럽게 쓰다듬으며 인사를 나누던 남편의 손을 연신 자기의 얼굴에 비벼대면서 말이다. 아내는 자신의 모든 친구들에게 전화를 걸어 기도해주길 바란다는 말과 함께 그들의 성경책을 병원에 있는 자신에게 가져다 달라고 했다. 친구들은 그녀의 부탁대로 성경을 가져다주었다. 성경을 받고 나자 아내는 친구들에게 남편과 단둘이 있게 해달라고 했다. 남편의 몸에는 의료장비가 연결되어 있었고, 그는 곧 죽을 것 같았다. 하지만 아내의 사랑이 기적을 만들어냈다.

그녀는 기도에 대한 응답을 약속하는 내용이 담긴 성경 구절을 모두 펼쳐놓고, 그 성경책들을 남편의 머리와 발과 손에다 각각 놓았다. 그리고 남편 위에 올라가 그와 똑같은 자세로 엎드려 하나님께 자신과 다른 사람들의 기도에 응답해달라고 기도했다. 그리고 하나님께서는 남편을 살릴 수 있는 능력이 있는 분이라는 것을 믿는다고 말하며, 예수님이 어린 소녀를 죽음에서 살리신 일이 적힌 성경 내용을 큰 소리로 읽었다. 그녀는 엘리사가 죽은 아기의 몸 위에 자신의 몸을 펴서 아기의 혼이 돌아오게 한 내용이 기록되어 있는 성경(열왕기하 4:34)을 되새기며 남편 위에 포개어 엎드려 몇 시간을 기도했다.

지나가던 의사와 간호사들은 그녀가 홀로 비통해하는 모습을 보고 함께 슬퍼했다. 다음 날 아침 해가 떠오르고 있을 때였다. 곧 죽을 것 같던 남편이 갑자기 손을 움직이기 시작했다. 그녀는 남편에게 뛰어가 그의 손가락에 입맞춤을 했다. 남편은 두 눈을 천천히 뜨면서 고개를 들고 말했다.

"여보, 여기에서 뭐 하고 있어? 우리 집으로 갑시다."

남편은 살아났다. 그녀의 완전한 믿음과 소원이 남편의 목숨을 회복시키는 데 얼마나 커다란 역할을 하였는가!

소원은 인간의 영혼에 있는 가장 강한 자석 가운데 하나이다.

강아지를 키우자고 엄마에게 조르던 한 소년에 대한 이야기를 들은 적이 있다. 그 집은 엄마 혼자서 집안을 꾸려가야 하는 편모 가정으로, 빚을 지지 않고 살아가는 것만으로 벅찼다. 아들이 졸라대는 통에 엄마는 언젠가 강아지를 키우자고 대답했지만, 강아지를 사주는 것은 불가능한 일이었다. 그런데 어느 날 아침, 아들이 신이 나서 잠옷 바람으로 뛰어왔다.

"우와, 엄마 말이 맞았어요. 우리도 이제 강아지를 키울 수 있어요! 어젯밤 꿈속에서 그 개를 보았거든요. 그 개는 연붉은색의 아이리시산 사냥개였는데 이름이 패트였어요."

아이가 신이 나서 외치는 모습을 보고 엄마는 싱긋 웃었다. 그러나 아이리시 사냥개는 고사하고 강아지 한 마리 살 형편도 안 된다는 말을 차마 아들에게 할 수 없었다. 아이가 그렇게 좋아하는 모습을 보면서 그녀는 온몸의 기운이 쭉 빠지는 듯한 기분이 들었다.

그로부터 2주 후였다. 아이가 타고 오는 스쿨버스를 뒤에, 웬 아이리시 사냥개 한 마리가 따라오는 것이 아닌가. 그리고 아들이 버스에서 내려 집으로 들어오자, 그 개도 따라 들어왔다. 소년은 기쁨으로 눈을 빛내며 말했다.

"엄마, 우리가 이 개를 키워도 될까요? 우리가 키워요!"

"그러고 싶지만, 이 개한테는 주인이 있을 거야. 주인이 와서 찾아가도록 신문에 광고를 내야 한단다."

소년을 달랜 엄마는 신문에 주인을 찾는 광고를 냈고, 아니나 다를까 이틀 후 개 주인이 왜건을 몰고 와 집 앞에 세웠다. 차에서 내린 개 주인은 개를 찾아준 것에 대해 매우 고마워했다.

"그런데 유감스럽게도 제가 다른 곳으로 이사를 가서 도저히 집에서 개를 키울 수 없게 되었습니다. 이사 가는 곳에는 개를 키울 만한 장소가 없거든요. 혹시 개를 키우실 생각은 없으신지요? 개가 아드님을 무척 따르는 것 같던데요."

아이의 엄마는 개 주인의 호의를 기꺼이 받아들였다. 근사한 개를 준 것에 대해 극진한 감사를 표시하며 개를 위해서 좋은 집을 마련해주겠다고 했다. 잠시 후 개 주인은 차를 타고 떠나면서 얼굴을 차창 밖으로 내놓더니 이렇게 외쳤다.

"참, 개의 이름은 패트예요!"

완다라는 내가 아는 한 여성은 오랫동안 독신으로 살았다. 그녀는 사랑하는 사람을 만나기를 원했지만 결국 인생의 반쪽을 만나는 것을 체념하고 그냥 독신으로 살기로 작정했다. 하루는 장난감 가게에 구경하러 들어갔다가 '상자 속의 남자친구'라고 쓰인 재미있는 선물세트를 보았다. 그 안에는 남자의 반명함판 사진과 지갑 속에 들어가는 크기의 사진, 남자의 신체 사이즈가 기록되어 있는 신상명세서와 남자가 '미안해요'라고 쓴 메모지, '당신을 사랑합니다'라고 쓰고 서명한 카드와 절대 여자의 생일을 잊거나 바람을 피우지 않겠다는 내용의 각서까지 들어 있었다. 완다는 이 기발한 아이디어의 선물세트를 만든 사람은 애인이 없어 외로워하는 친구를 둔 여성임에 분명하다고 생각했다.

어쨌든 그녀는 그중에서 '의사 데이브'라고 쓰여 있는 세트를 샀다. 그녀는 그것을 사무실로 가져가 재미삼아 책상 위에다 올려놓았다. 그리고 매일 남자친구인 데이브에게 웃으며 인사를 하곤 했다. 그러던 어느 주말, 그녀는 자기계발 훈련을 위한 세미나에 참석하게 되었다. 그런데 어떤 남자가 오전 내내 자기를 쳐다보고 있는 것이 아닌가. 휴식 시간에 그녀는 그에게 다가가 자신을 소개하고는 이름을 물었다. 남자는 자신을 마이클이라고 소개하면서 그녀에게 다음 날 점심을 함께 하자며 초대했다. 완다는 그의 직업이 의사라는 사실과 그녀가 골랐던 '의사 데이브' 선물세트에 든 사진에 비해 나이가 몇 살 적어 보이는 것을 제외하고는 무척 비슷하다는 사실에 깜짝 놀랐다. 그들이 서로의 이메일 주소를 교환할 때였다. 마이클의 이메일 주소가 'mds@compuserve.com'인 것을 보고 가운데 'd'는 무엇이냐고 물었다. 놀랍게도 마이클은 "제 중간 이름이 '데이브'라서요"라고 대답했다. 완다와 마이클은 지금 매우 사랑하는 사이로 발전했으며 미래를 약속했다. 완다가 마음에 자기의 이상적인 남자친구에 대한 소원을 가진 것이 그러한 소원을 실현하는 데 도움이 되었을까? 물론 그렇다!

여호와를 의뢰하고 선을 행하라.
땅에 머무는 동안 그의 성실을 먹을거리로 삼을지어다.
또 여호와를 기뻐하라.
그가 네 마음의 소원을 네게 이루어 주시리로다.

(시편 37:3-4)

1. 당신이 이루고자 하는 소원 중, 당신의 팔이 다른 사람들의 팔보다 짧은 것처럼 행동하는 것이 있다면 무엇입니까?

2. 당신이 소원을 이루기 위해 노력하는 데 방해가 되는 것은 무엇입니까?

3. 당신의 소원들이 무엇인지 아주 진솔하게 써보십시오. 그런 다음 1점에서 10점까지 점수를 매겨 각 항목에 있어 당신의 소원에 대한 열정이 얼마나 강한지를 평가해보세요.

4. 소원(desire)과 소망(wish)의 차이점은 무엇입니까?

5. 당신의 기도 소리를 높이십시오. 당신은 하나님께서 당신이 진정으로 소원하는 것이 무엇인지 알고 있다고 믿고 있습니까?

사랑하는 주님,

다윗왕이 시편 38장 9절에서 "주여 나의 모든 소원이 주 앞에 있사오며"라고 기도한 것처럼 저도 기도합니다. 당신의 선하심과 당신이 주시는 즐거움을 받는 것을 가로막고 있는, 마음을 괴롭히는 거짓들과 정신적인 혼란과 반만 진리인 것들을 일소할 수 있도록 도와주십시오. 오로지 당신만을, 그리고 당신께서 저를 위하여 준비하신 것을 소원하고 찾을 수 있도록 저의 마음을 정결하게 하여주시옵소서. 저의 온 마음과 목숨을 다하고 힘과 뜻을 다하여, 준비하신 것을 소원할 수 있는 용기를 주시옵소서. 저의 팔이 날마다 전날보다 더욱더 길어지게 하시옵소서. 아멘.

빛나는 눈빛이 운명을 움직인다

'기대(expectation)'와 '소원(drsire)'은 언뜻 비슷한 것 같으면서도 약간의 차이가 있다. 소원이 겉으로 표출되지 않은 욕망을 암시한다면, 기대는 겉으로 드러난 적극적인 확신을 의미한다. 따라서 기대는 자신의 목적을 실현할 수 있는 하나의 방법이 되기도 한다. 즉, 기대는 우리가 자신의 미래를 창조하는 데 중요한 역할을 하며 궁극적으로 하나의 예언이 되는 것이다.

예를 들어, 당신이 음식을 먹고 있는데 강아지가 당신 앞에 쪼그리고 앉아서 '나도 한 입 줄 거죠? 당신은 나를 사랑하는 주인이니까!'라고 기대에 가득 찬 표정으로 당신을 쳐다본다면 강아지에게 먹을 것을 주고 싶은 마음이 더 강렬해질 것이다. 결국 강아지의 이런 기대는 앞으로 일어날 일(주인이 자기에게도 음식을 조금 떼어주는 것)을 예언적으로 보여주는 증거가 된다. 생각해보자. 우리가 기대를 하고 있을 때는 막상 좋은 일이 일어나도 놀라지 않는다. 왜냐하면 그러한 결과는 이미 예견된 것이기 때문이다.

어린아이들은 특히 이런 기술에 능통하다.

내가 말을 사려고 시장에 간다는 것을 들은 내 8살짜리 아들 안토니오는 공책에다 편지를 써서 내게 보냈다.

친애하는 로리,

저는 당신을 무척 사랑합니다!

그런데 제 조랑말의 이름을 뭐라고 지을까요?

― 안토니오가

그리고 편지와 함께 나를 그린 듯한 키가 큰 사람과 자신을 그린 키가 좀 작은 사람, 그리고 흰 이빨을 드러내며 함박웃음을 짓고 있는 조랑말의 모습을 크레용으로 그려 함께 보냈다. 내가 조랑말에 관심이 없다는 것은 꼬마 안토니오와는 전혀 상관이 없었다. 다음 날 나는 다 자란 말이 아닌 조랑말을 사러 갔다.

《예루살렘 성경(Jerusalem Bible)》에 있는 내가 좋아하는 구절 가운데 하나는 '지혜는 하느님의 지식을 배워서 하느님께서 하실 일을 함께 결정한다(지혜서 8:4, 이 구절은 공동번역 성경을 인용한 것임을 밝혀둠 - 역자 주)'라는 구절이다. 나는 이 구절을 수년 동안 깊이 묵상해오고 있다. 지혜나 이성을 가진 인격체가 간절히 원하는 바를, 하나님께서 아시고 행동하도록 만든다는 이 말씀은 협동과 공동 사역을 보여 주는 예이다. 예수님은 우리가 마음속으로 의심하지 않고 기대와 소망을 가지고 원하는 것을 구할 때, 그것을 받게 될 것이라고 말씀하셨다(마태복음 21:21).

구약 성경에 기록되어 있는 것으로, '기대'에 대해 보여주는 가장 훌륭한 예언 가운데 하나는 노아의 이야기이다. 노아는 장차 홍수가 임하리라는 예언의 말을 들었을 때, 그것을 의심하지 않았다. 그는 "홍수가 나도 하나님께서 저와 우리 가족은 틀림없이 구해주실 것입니다"라고 말하지 않았다. 노아는 홍수의 예언을 듣고, 곧장 고향으로 가서 자신이 구입할 수 있는 목재를 모두 사들이기 시작했다. 그리고 예언대로 비가 올 것에 대비하여 배를 만들기 시작했다. 따라서 실제로 홍수가 닥쳤을 때, 홍수를 예상하지 못한 사람들은 물에 떠내려갔지만 노아는 안전하게 살아남을 수 있었다.

나는 지금 커다란 목장에 자리 잡고 있는 우리 집 거실에 앉아서 이 책을 쓰고 있다. 6m가 넘는 높이의 창문으로 밝은 햇빛이 들어오고 있으며, 바닥에는 바깥의 나무가 그림자를 드리워 그늘을 만들고 있다. 그리고 고개를 왼쪽으로 돌리면 창밖으로 아라비아산 흰색 종마가 뒤뜰에서 풀을 뜯어먹고 있는 모습이 보인다.

이곳을 구입하기 전 나는 언젠가는 이런 곳을 갖게 되기를 바랐다. 그래서 목장 스타일 집이 나온 사진을 오려서 나의 꿈을 기록하는 책 속에 끼워놓았고, 기회가 있을 때마다 산타페에 가서 드넓은 거리를 돌아다니며 그곳 분위기를 마음껏 즐기곤 했다. 비록 그당시 내가 갖고 있던 물건은 전부 남부 캘리포니아의 베이비붐 시대에 태어난 사람들이 갖고 있는 것들이었지만 말이다. 안뜰을 중심으로 산타페 주택양식의 갈색 벽토로 지어진 이 집에서 생활하는 지금이 특히 만족스러운 이유는 바로 기대하던 것을 얻었기 때문이다. 지금 내 머리 위에 있는 조명은 디딤대 사이에 점토 항아리들이 부착된 오래된 마차의 수레바퀴로 만든 것이다. 그것은 거대한 목재 대들보 사이에 3m 정도 늘어진 쇠사슬로 연결되어 매달려 있다. 우리 집과 아주 잘 어울리는 이 전등은 산타페에서 내가 가장 좋아하는 호텔의 전등 장치를 고안한 장인이 설계한 것이다. 이 얼마나 놀라운 우연의 일치인가!

경제적인 관점에서 볼 때, 내가 이 집을 소유하는 것은 축복이요 기적이었지만, 나는 이 집을 샀을 때 조금도 놀라지 않았다. 왜냐하면 나는 마음속으로 언젠가는 이러한 곳에서 살기를 기대했으며, 그러한 기대가 내 꿈을 실현하는 데 커다란 역할을 했다는 것을 알고 있기 때문이다.

우리 어머니는 70대에 접어들면서, 앞으로 5년만 더 건강하게 살 수 있기를 기대한다며 여생을 세도나에서 보내시길 원하셨다. 5년이 지나고, 우리 형제들은 어머니께서 당신의 다음 여생을 어떻게 계획하셨는지 궁금해하고 있었다. 그러던 어느 날 아침, 어머니 집에서 어머니와 함께 베란다에 앉아 신문을 보고 있었을 때 어머니는 내게 이렇게 말씀하셨다.

"나는 이곳에서 5년 정도만 살겠다고 말했던 것을 기억하고 있단다. 그런데 나는 이 지방신문의 부고란을 읽으면서 한 가지 놀라운 사실을 발견했어. 세도나에는 장수를 하는 사람이 많다는 거야. 대부분의 사람들은 90살 정도까지 살더구나. 그래서 나는 지금 계획을 바꿨단다. 이곳에서 앞으로 10년을 더 살겠다는 게 내 계획이지. 나는 내가 생각했던 것보다도 훨씬 더 건강하게 여생을 보낼 수 있을 것 같구나!"

어떤 것이 일어날 것을 소망하는 태도와 그것을 기대하는 태도는 구별하기 힘들지만 대단히 커다란 차이가 있다.

다소 낭만적인 면이 있는 나는 매우 감동적이고 예언적인 성격이 짙은 이야기를 알게 되었다. 그 이야기는 바브라 스트라이샌드와 제임스 브롤린의 만남과 결혼생활에 얽힌 것이다. 당시 20년 이상을 이혼한 상태로 혼자 살아온 바브라는, 진정 사랑하는 사람을 만나는 여인에 관한 영화를 감독하고 제작하고 있었다. 그녀는 영화의 제목을 '마침내 나는 누군가를 찾았네(I Finally Found Someone)'로 짓고 직접 노래까지 불렀다. 터놓고 말하자면 노래는 기도와 다를 바가 없지 않은가. 그런데 그 영화가 완성되던 날 밤에 바브라는 지금의 남편 제임스 브롤린을 만났다. 영화를 제작하는 데 쏟은 그녀의 열정이 그녀를 행복의 문으로 인도하는 '선한 길'을 개척하는 데 도움이 된 것이 분명하다. 그녀는 자신의 기대와 의지를 만천하에 공포했고, 하나님은 그녀의 기도를 듣고 응답하셨다.

예수님은 신랑을 맞으러 간 열 명의 처녀에 대해 말씀하셨다.

"그때에 천국은 마치 등을 들고 신랑을 맞으러 나간 열 처녀와 같다 하리니, 그중의 다섯은 미련하고 다섯은 슬기 있는 자라."

미련한 다섯 처녀들은 신랑이 언제 올지 모른다며 참지 못하고 등에 불을 붙였지만, 지혜로운 다섯 처녀는 불을 붙이지 않았다. 마침내 신랑이 나타났을 때 미련한 다섯 처녀들은 등불에 기름이 떨어져 기름을 사러갔다. 그러는 동안 기대하며 준비하고 있던 다섯 처녀만 혼인잔치에 들어가고 문이 닫혔다. 신랑이 올 것을 기대하지 않고 기름을 다 써버린 다섯 처녀는 남겨졌다(마태복음 25:1-13에서).

나는 동물구조협회에서 만난 개 네 마리를 농장에서 기르고 있는데, 누런색 래브라도 리트리버는 '출라', 검정색 래브라도 리트리버와 포인터 사이에 태어난 교배종은 '조슈아', 코커스패니얼은 '나쉬', 그리고 누런색의 작은 리트리버 잡종은 '뷰티'이다. 이 개들이 가장 기다리는 시간은 아마 내가 말에게 밥을 주러 나가는 때일 것이다. 개들은 나의 환심을 사고 귀여움을 받기 위해 서로가 뛰고 부딪치며 내 발 주위에 모여드는 등 온갖 수단을 다해 나를 그냥 지나가지 못하게 한다.

하지만 나의 주된 관심은 말들을 먹이는 것이다. 그것을 제일 먼저 알아차리는 것은 조슈아다. 다른 개들이 나의 귀여움을 사기 위해 낑낑거리며 애교를 떨고 있을 때, 조슈아는 앞으로 달려가 건초 더미 위로 올라가 정확히 내 손이 닿는 자리에 앉는다. 그러고는 내가 다가가기를 열심히 기다린다. 조슈아는 다른 개들보다 나의 관심을 얻길 더 원하면서도 짖거나 낑낑거리지도 않고 다른 개들과 경쟁을 벌이지도 않는다. 조슈아는 앉는 곳과 방법을 적절히 선택하여 네 마리의 개들 중에서 제일 먼저 나의 포옹과 입맞춤을 받는다. 조슈아는 나의 사랑을 굳게 믿고 기대했으며, 나는 그 기대에 부응하는 것이다.

예수님은 우리에게 기대를 갖고 구할 것을 반복해서 가르치셨다.

어느 명문 대학교에서 전액 장학금을 받으며 공부하고 있는 빈민가의 한 청년을 만난 적이 있다. 그 청년은 대학에 면접을 보러 갈 때 입고 갈 옷도 없고, 점심 값은커녕 교통비조차 없었다. 하지만 그는 지인들에게 도움을 청하기 시작했고, 마침내 자신의 목표를 이루고야 말았다. 그는 면접이 있는 날 아침에 자신이 알고 있는 모든 사람들의 명단을 작성했다. 그리고 "내가 그들한테 부탁을 하면 그들이 뭐라고 대답할까? 보나마나 '알았어'지 뭐!"라고 혼잣말을 했다.

예수님은 "너희 중에 누가 아들이 떡을 달라 하는데 돌을 주며, 생선을 달라 하는데 뱀을 줄 사람이 있겠느냐(마태복음 7:9-10)?"

고 말씀하셨다.

이 성경 구절을 읽을 때마다 나는 우리 어머니의 성경공부반에서 일어났던 사건이 생각난다. 주일날 성경공부를 지도했던 아만다는 연극을 매우 좋아했던 것 같다. 아만다는 성경공부에 참석한 사람들에게 이 구절을 읽어주면서, 퍼포먼스를 보여주려고 미리 준비해두었다. 그녀는 가방을 하나 든 채 자리에서 일어났다. 연극에 뛰어난 재주가 있던 그녀는 마치 성우가 시를 낭송하는 듯한 목소리로, "너희 중에 누가 하나님 아버지께 생선을 달라고 청하는데, 그분께서 '이것'을 주시겠느냐?!"라고 말하면서 갑자기 가방에서 고무로 만든 파란색 뱀을 꺼내 성경공부에 참석하고 있던 사람들에게 던졌다. 우리 어머니는 그때의 상황이 긴급구조대를 불러야 할 정도였다면서 이 구절을 '마태복음 119'라고 부르고 있다. 뱀이 나올 것을 전혀 예상치 못했던 학생들 가운데 하나는 의자에 앉은 채 뒤로 넘어졌고, 왼쪽으로 나가고 있던 사람은 그 의자에 걸려 팔에 상처를 입었다. 아마 성경공부반의 학생들은 아만다와 달리 시청각교육의 중요성을 인식하지 못했던 것 같다. 그 후로 그녀는 사전에 안전점검을 하고 나서야 교실에 들어간다.

아마도 이 사건은 우리가 자신에게 자기의 기도가 응답될 것을 진정으로 기대하고 있는지, 아니면 응답해주시겠거니 막연하게 생각하는지의 여부를 자문할 수 있는 좋은 기회가 되었을 것이다.

하나님께서 마법의 가방에서 기적을 꺼내실 때 당신은 의자에 앉은 채 뒤로 넘어지고 싶은가? 만약에 우리가 위와 같은 상황을 예상한다면 우리는 대부분이 '뱀'에 대해 보다 철저한 준비를 할 것이라고 나는 생각한다.

우리는 나쁜 일이 일어날 것을 예상했다가 좋은 일이 일어나면 기뻐서 어쩔 줄을 모른다. 나는 지금도 기적과 같은 일이 일어날 때 "믿을 수 없는 일이군!"이라는 말을 종종 쓴다. 아마 이것은 내가 아직도 성숙한 예언자적인 태도를 갖추고 있지 못하다는 것을 보여주는 증거일 것이다.

《청바지를 입은 예수(Jesus in Blue Jeans)》(좋은생각, 2002)라는 책을 한창 쓰고 있을 때였다. 한 텔레비전 인터뷰 프로그램에 출연한 적이 있는데, 진행자가 지금 어떤 책을 쓰고 있는지에 대해 물었다. 내가 예언에 관한 책을 쓰고 있다고 말하자, 그는 내게 예언자냐고 물었다. 나는 웃으면서 그렇다고 대답했다. 진행자는 보다 적극적인 태도로 '자신에게 앞으로 어떤 일이 일어날지' 말해달라고 했다. 나는 웃으면서 그에게 되물었다.

"글쎄요, 진행자께서는 앞으로 어떤 일이 일어나리라고 기대하십니까?"

"지금까지 그런 것에 대해 전혀 생각해본 적이 없습니다."

나는 웃으면서 대답했다.

"그렇다면 저로서도 어떻게 도와드릴 수가 없군요. 진행자께서 장차 일어날 일에 대해 아무것도 기대하지 않고 있는 이상 저로서는 어떤 것도 예언할 수가 없습니다."

하나님은 긍정적으로 기대하는 자를 사랑하신다.

얼마 전 수요일에 전국적으로 방송되는 텔레비전 프로그램에 한 청년이 출연해 자신이 이틀 후인 금요일 오전 10시에 결혼할 것이라고 공표했다. 그러나 당시 그에게는 신붓감도 정해져 있지 않았고, 교제 중인 여성도 없었다. 게다가 신붓감을 소개시켜 준 다는 사람도 없었다. 하지만 그는 신부가 반드시 나타날 것이라고 확신했고, 결혼예복과 신혼여행을 위한 열차표를 구입하고 결혼 식 피로연도 준비해놓았다. 이 소식은 방송을 타고 전국에 나갔다. 이윽고 결혼식 바로 전날 붉은 머리의 한 여자가 나타났다. 그녀 는 자기가 바로 그 남자의 신부라는 것을 확신한다고 말했다. 금요 일 오후, 그들의 결혼식 장면이 이틀 전 신부를 나타나게 해준 프 로그램을 통해 방송되었다. 젊은 청년의 기대는 곧 자기의 결혼에 대한 예언이 되었다.

나는 사도행전을 좋아하는데, 그중에서도 특히 19장을 좋아한 다. 이 장에는 예수님이 하늘로 승천하신 후 열렬한 사도들이 귀신 을 쫓아내고 온갖 기적을 행하는 장면이 기록되어 있다.

"하나님이 바울의 손으로 놀라운 능력을 행하게 하시니. 심지어 사 람들이 바울의 몸에서 손수건이나 앞치마를 가져다가 병든 사람에 게 얹으면 그 병이 떠나고 악귀도 나가더라(사도행전 19:11-12)."

일부 떠돌아다니는 유대인 마술사들이 이를 흉내 내서 악귀 들린 자들에게 주 예수의 이름을 부르며 "내가 바울이 전파하는 예수를 의지하여 너희에게 명하노라"고 말했다. 이 일을 행한 자들 중에는 유대의 대제사장인 스게와의 일곱 아들들도 있었다. 그들이 예수의 이름을 팔 때, 악귀 들린 자가 "내가 예수도 알고 바울도 알거니와 너희는 누구냐?"라고 물었다. 악귀들은 스게와의 엉터리 일곱 아들들에게 그들의 이름이 자신들의 명단에는 들어 있지도 않다고 말했다. 심지어 악귀에게조차 인정받지 못하다니, 그 얼마나 모욕적인 기분이었을까?

이 이야기를 '기대(expectation)'와 함께 설명하는 이유는 당신이 어떤 소원, 즉 당신 자신의 참된 기대를 갖지 못한다면 당신의 삶이 무의미해지기 때문이다.

"네가 이같이 미지근하여 뜨겁지도 아니하고 차지도 아니하니 내 입에서 너를 토하여 버리리라(요한계시록 3:16)."

당신이 원하는 것은 무엇인가? 당신은 무엇을 기대하는가? 참된 예언자를 나타내는 표증이 바로 여기에 있다. 진정한 예언자는 자기가 말하는 것이 그대로 실현될 것을 기대한다.

1. 당신은 앞으로의 인생에서 어떤 일이 일어나기를 기대합니까? 그것들에 대해 구체적으로 써보십시오.

2. 당신은 자신의 기도가 응답받으리라는 것을 기대하고 있음을 보여줄 수 있는 실질적인 증거가 있습니까? 있다면 어떤 것입니까? 예를 들어, 강아지를 갖고 싶어 기도하는 어린아이가 개에 관한 책을 읽기 시작한다든가, 혹은 쇼핑용의 손수레에다 개밥용 통조림을 사서 넣는 행동 등이 그 증거가 될 수 있습니다.

3. 당신은 기도 응답이 이루어질 경우 필요한 물리적인 공간을 어떻게 확보할 생각입니까? 예를 들어, 당신이 새 옷을 원한다면 입지 않는 옷들을 정리하는 것으로 새 옷을 걸어놓을 옷장의 공간을 확보할 수 있을 것입니다. 강아지를 원한다면 다용도실에 개집을 준비할 수 있겠지요.

사랑하는 주님,

노아가 당신의 말씀이 그대로 이루어질 것을 믿었던 것처럼, 저는 오늘 방주를 짓기 위해 목재를 사고 있습니다. 저는 이웃 사람들의 조소에 귀를 기울이거나 그들과 모임을 갖거나 쇼핑을 가는 일로, 장차 일어날 놀라운 일들에 대한 저의 기대가 분산되지 않도록 하겠습니다. 저는 지금 당신과 빨리 만날 것을 간절히 기다리고 있습니다. 저는 제 삶 가운데 당신께서 거할 처소를 마련하고 있으며, 당신께서 그곳에서 저를 만나 주실 것을 기대하고 있습니다. 저로 하여금 '기대는 목표에 이르게 하는 통로가 된다'는 사실을 항상 의식하게 도와주옵소서. 아멘.

색안경을 쓰고 살아가는 반쪽 세상

《랜덤하우스 웹스터 대학사전(Random House Webster's College Dictionary)》은 '문화'에 대해 다음과 같이 몇 가지로 정의하고 있다.

'인류 집단에 의해 형성되어 한 세대에서 다음 세대로 전달되는 총체적인 생활 양식, 어느 특정한 민족이나 시대의 문명 형태 내지는 발전 단계, 특정한 사회나 종족 또는 연령 집단이 갖고 있는 행동 방식이나 신념.'

문화적 배경의 이면에는 우리가 믿는 것과 그것에 의한 우리의 행동 양식이 내포되어 있다. 세계를 두루 여행하고 다니는 사람들에게 들을 수 있는 것처럼, 우리가 특별한 문화적 전통이나 가치관에 유의하지 않는다면, 그것은 매우 치명적인 결과를 가져다줄 수 있다.

예를 들어, 나와 친구 멜의 경우처럼 특별한 문화적 전통이나 가치관을 고려하지 않으면 식당에서 쫓겨날 수도 있다.

멜과 함께 샌디에이고에서 어느 소수 민족이 새롭게 개업한 식당에 갔다. 우리는 인공 폭포 옆에 있는 테이블에 앉아 이국의 색다른 음식을 먹는다는 기대에 잔뜩 부풀어 있었다. 하지만 음식의 향이 너무 진해서 도저히 먹을 수가 없었다. 멜은 정중하게 종업원을 불러서 음식의 향이 너무 진하니 다른 것으로 바꾸어달라고 부탁했다. 그때 갑자기 종업원이 문 쪽을 가리키며 우리에게 큰 소리로 호통을 쳤다.

"주인은 나요. 그리고 나는 여자가 우리 음식에 대해 불평하는 것을 용납할 수 없소. 당장 나가주시오. 두 분 모두요. 그리고 절대로 다시는 오지 마시오."

우리는 주인의 갑작스런 호통에 어안이 벙벙한 채 밖으로 쫓겨났다.

하루는 국가여성기업인협회에 소속되어 있는 내 친구들 몇 명과 본인이 겪었던 '최악의 서비스'에 관해 이야기를 나누었다. 의사인 한 친구는 최근 주유소에서 거스름돈을 다시 계산해달라고 했다가 종업원에게 새된 소리를 들었다고 한다. 그녀가 종업원의 무례한 언행에 항의하자, 그는 "아주머니, 당신 같은 사람은 우리 가게에 필요 없습니다. 당장 나가주세요!"라고 언성을 높이며 불쾌하게 말했다고 한다. 그는 나와 멜을 식당에서 내쫓은 종업원과 같은 민족의 사람이었다.

문화적 편견으로 인해 벌어진 비슷한 사례는 또 있다. 내가 뉴욕의 라가디아 공항으로 가는 도중에 있었던 일이다. 그때 만난 택시 운전사는 무척 무뚝뚝하고 불친절했다. 그는 내가 트렁크에 짐을 싣는데도 가만히 서서 지켜보기만 했고, 내가 뉴욕에 있는 어떤 유명한 빌딩을 묻자 라디오 볼륨을 높여 내 질문과 함께 나도 묵살해 버렸다. 그래서 공항에 도착했을 때 나는 그에게 팁을 아주 조금밖에 주지 않았다. 그는 내가 준 돈을 구겨진 상태로 움켜 집더니 차를 몰고 가면서 그것을 세기 시작했다. 그러더니 나를 치다시피 차를 거칠게 후진시키고는 내가 자기를 무시했다고 목이 터져라 소리치면서, 길 위에다 돈을 내동댕이치고는 차를 몰고 가버렸다. 그 역시 앞에서 말한 식당이나 주유소의 종업원과 같은 민족적 배경을 갖고 있는 사람이었다.

나는 이러한 무례한 행동이 어느 특정한 민족에게만 국한되어 있다는 것을 따지려는 게 아니다. 다만 한 가지 분명한 것은, 그와 같이 특정한 문화적 배경을 가진 사회에서는 신분이 무엇이든 상관없이 여자와 남자가 동등한 입장에 선다는 것이 결코 용납되지 않는다는 사실이다. 그들에게 있어서는 남녀 간의 성이 사회적 신분보다 언제나 우위에 있다.

여기에서 한 가지 묻고 싶은 것이 있다. 여자의 인격이 존중되고 남자와 동등한 권리와 기회가 주어지는 미국 같은 나라에서, 그런 절대적 남성우월주의자들이 과연 사회적으로 얼마나 성공할 수 있을까. 우리는 의사와 수억 달러의 자산을 보유하고 있는 보험회사 대리점 사장 그리고 유명한 베스트셀러 작가 등 다른 남성들과 사회적 지위가 다르지 않음에도 불구하고 문화적인 차이 때문에 '부당한 대우'를 받았다. 사례 속 남자들의 문화적 배경은 그들이 달리 행동하는 법을 배우지 않고서는 미국 사회에서 극히 제한된 미래에 직면하게 될 것을 예고해주고 있는 것이다. 문화적으로 깊이 뿌리박힌 편견은 생각을 단편적으로 만든다. 그리고 생각이 좁은 만큼 그들에게 예언되는 미래도 제한될 수밖에 없다.

영화 〈인생은 아름다워(Life is beautiful)〉를 보면 교사 두 사람이 독일의 초등학교에서 가르치는 수학 문제의 장점에 대해 토론을 하는 장면이 있다.

"만약 장애자 한 사람당 하루에 국가 예산의 4마르크가 더 지출되고 독일의 각 학교에는 약 30만 명의 장애자가 있다고 할 때, 학교에서 모든 장애자를 제거한다면 독일 정부는 대략 몇 마르크의 돈을 절약할 수 있을까요?"

영화가 이 문제를 통해 제시하려는 극악한 의도를 모두 간과한 채 그것이 단순한 곱셈 문제냐 또는 뺄셈 문제냐의 여부를 놓고 후식을 먹으며 난상 토론을 벌이고 있는 교사들의 모습에 관객들은 질식할 듯한 답답함을 느꼈을 것이다. 국민들이 장애자와 의사, 작가, 교사, 예술가, 유대인 그리고 그 밖의 다른 '비범한 인물들'을 가스실에 넣고 무참히 처형시키는 것을 무비판적으로 허용한 데는 바로 문화 속에 깊이 뿌리박혀 있는 이런 식의 교육이 있었다. 1930, 40년대의 독일은 문화적으로 민족적인 우월감에 사로잡혀서 대량 학살과 자기 파멸을 예고했던 것이다.

예수님은 강도를 만나 구타당한 채 길가에 버려져 죽어가는 유대인을 도와준 선한 사마리아 사람에 대해 말씀하셨다(누가복음 10:33). 그 사마리아인은 민족 간의 접촉을 금하는 관행을 깨고 유대인의 목숨을 구했을 뿐 아니라, 문화적 편견의 벽을 뛰어넘어 길가에 버려진 유대인의 새로운 미래를 예언한 사람의 대표적인 예가 되었다.

나는 이따금 계절이 좋았던 때와 나빴던 때가 나타나 있는 고목의 나이테를 볼 때나, 산이 만들어져온 세월을 보여주는 여러 가지 색깔과 이질적인 무늬로 이루어진 단층면을 볼 때마다 깊은 생각에 잠기곤 한다. 언젠가 때가 되면 우리는 모두가 죽어 자기가 살던 땅속에 묻히게 될 것이다. 우리의 부모들이 광란의 1920년대와 대공황기나 제2차 세계대전이라는 특징을 가진 시대에 살았던 사람들이라면, 우리는 월남전과 페미니즘의 위기, 동성애의 합법성, 낙태에 대한 합법화와 반대에 의해 특징지어진 세대이다. 우리는 어떠한 형태의 사회적 또는 국가적인 희생도 치르지 않은 채 급속하게 발전된 물질문명 속에 살고 있다. 우리는 집에서 컴퓨터

자판 하나만 두드려도 전 세계의 정보를 얻을 수 있고, 자신의 정보를 전 세계로 보낼 수 있다. 그렇다면 이러한 문화는 우리의 사고 형성에 얼마나 많은 영향을 주었으며, 우리의 미래를 어떻게 예언하고 있는가?

내 친구 중 한 명은, 다윗왕의 죽음에 관한 성경 구절을 매우 좋아한다고 했다.

"다윗왕의 행적은 처음부터 끝까지 선견자 사무엘의 글과 선지자 나단의 글과 선견자 갓의 글에 다 기록되고, 또 그의 왕 된 일과 그의 권세와 그와 이스라엘과 온 세상 모든 나라의 지난날의 역사가 다 기록되어 있느니라(역대상 29:29-30)."

이 구절은 다윗이 자신의 생애 동안 세상을 잘 섬기고 자신에게 주어진 생애를 아름답게 마친 그 시대의 사람이었음을 말해주고 있다.

우리 각자는 문화적 조건, 각종 기회들, 훈련, 그리고 편견들로 얼룩진 시대에 태어났다. 우리 안에 그리고 우리를 둘러싸고 존재하는 그러한 얼룩진 층들이 우리들의 성공과 실패를 예언하는 데 도움이 된다. 중요한 것은 우리들이 그러한 층들의 가치와 도전을 분별하고 적절하게 대응해야 한다는 점이다.

1. 당신이 갖고 있는 특수한 문화적 환경은 무엇입니까? 그것을 이루는 요소들은 어떤 것들이 있습니까?
2. 그러한 요소들 가운데 당신을 구속하는 것이 있다면 무엇입니까?
3. 그러한 요소들 가운데 당신을 자유롭게 하는 것이 있다면 무엇입니까?
4. 우리가 막거나 고치지 않고 그대로 둘 경우 많은 사람들에게 부정적인 결과를 예언할 것으로 생각되는, 현대 사회에 팽배한 위험 인자는 어떤 것들이 있습니까?

사랑하는 주님,
저는 이 시대에 속한 사람이고, 이 시대를 위해서 일해야 할 사람으로 태어났습니다. 이러한 문화 속에서 당신의 소리가 되도록 도와주시고, 저와 다른 사람들을 방해하는 어떠한 편견들도 극복할 수 있도록 도와주십시오. 하나님의 사랑을 알리기 위해 문화적인 제약 조건들을 극복할 수 있는, 착한 사마리아인과 같은 사람이 되도록 저에게도 용기를 주시옵소서. 아멘.

당당한 말이
당신과 세상을 바꿀 것이다

구약시대 예언자들의 활동 가운데 상당 부분은 바로 '저항하는 (protest)일'이었다. 그들은 하나님을 따르겠다는 자신들의 의지를 비난하는 국가의 정책에 저항해야 했다. 예언자들의 이러한 저항에 귀를 기울일 때 그 나라는 구원되었다. 예를 들어, 니느웨성은 요나의 경고와 항변에 귀를 기울여 운명이 바뀌었다. 그러나 대부분은 이러한 항변들이 무시된 채 지나갔으며, 예언자들은 무시 이상의 모욕을 당하기도 했다. 이러한 사실들은 예수님도 자주 말씀하실 정도로 아주 명백했다.

"예루살렘아, 예루살렘아, 선지자들을 죽이고 네게 파송된 자들을 돌로 치는 자여(마태복음 23:37)."

예수님은 또 마태복음에서 다음과 같이 말씀하고 계시다.

"나로 말미암아 너희를 욕하고 박해하고 거짓으로 너희를 거슬러 모든 악한 말을 할 때에는 너희에게 복이 있나니. 기뻐하고 즐거워하라. 하늘에서 너희의 상이 큼이라. 너희 전에 있던 선지자들도 이같이 박해하였느니라(마태복음 5:11-12)."

예언자들의 중요한 의무는 어떠한 희생을 치르더라도 항상 진리를 말하는 것이다. 그리고 그들은 그에 대한 대가로 핍박을 당하곤 한다. 우리는 그동안 국가의 새로운 정책 방향을 제시한 저항자들이 핍박을 당하는 모습을 보아왔고, 그들이 국가에 일으킨 극적인 변화도 보아왔다. 넬슨 만델라(Nelson Mandela)는 인종차별 정책에 반대했기 때문에 27년 동안 옥고를 치렀다. 그러나 마침내 그의 조국인 남아프리카공화국은 그의 항의에 귀를 기울이고 유념하면서 변화했다.

당신이 중국 천안문사태 때 한 젊은 대학생이 탱크를 정면으로 바라보며 걸어가던 모습을 봤다면, 그 장면을 잊을 수 없을 것이다. 천안문 광장을 지나가던 그 청년은 자신의 앞에서 벌어지고 있는 불의한 상황에 너무도 화가 나 있었다. 그는 용감하게 탱크 앞을 막고 멈추어 섰다. 탱크가 청년을 피해 가려 하자 청년도 방향을 바꾸어 탱크가 가는 길을 다시 정면으로 막았다. 이 청년의 미약하지만 용기 있는 항의와 중국인들의 의지로, 중국은 지금 서서히 문을 열고 민주화를 향해 아주 느린 속도로 나아가고 있다. 그리고 나는 중국이 민주주의를 이루어낼 것이라고 믿는다. 그리고 이러한 일들은 예언자들의 저항이 없었다면 불가능했을 것이며 앞으로도 결코 일어날 수 없으리라고 믿는다.

예수님은 종종 우리를 양이라고 칭하시는데 이것은 정확한 관찰에 입각한 비유라고 생각한다. 우리는 무척 수동적으로 초원의 풀잎만 보면서 고개를 들지 않고 묵묵히 무리를 뒤따라간다. 하지만 우리가 만약 머리를 들어 무리들이 어디를 향해 가고 있는지 살펴보고, 그 방향이 위험해 보일 때 항의를 한다면 보다 많은 것을 얻게 될 것이다.

피켓을 들고 시위하거나 감옥에 투옥되는 것만이 저항이 아니다. 그것은 타인이 자신을 이해할 수 있도록 자기의 입장을 분명하고 명확하게 밝힌다는 의미이기도 하다.

공인회계사인 빌은 캘리포니아에 있는 우리 회사의 사무실을 빌려 쓰고 있었다. 그러다 우리 회사에 더 넓은 공간이 필요해져서 빌에게 사무실을 비워달라고 한 적이 있다. 그 전에 빌에게, 가능한 한 사무실을 분할해서 함께 쓰자고 말했다. 하지만 회사가 급격히 신장됨에 따라 모든 공간을 다 써야 할 입장에 놓인 것이다. 나는 그에게 30일 동안의 유예통고를 주었다. 빌의 사무실에는 책상한 개와 의자 두 개, 전화, 팩스 그리고 복사기와 서류 보관용 캐비닛이 전부였다. 게다가 그도 사무실에서 일하는 시간보다 나가 있는 시간이 많았기 때문에 그 정도 기간이면 충분하리라 생각했다.

나는 우리 회사의 경영자인 디에게 부탁해서 빌에게 정중한 사과 편지와 함께 임차해지 통지서를 써서 보내도록 했다.

그런데 뜻밖에도 빌은 엄청난 분노와 항의가 섞인 답신을 보냈다. 그는 자기가 사무실을 월세로 쓰고 있음에도 불구하고 30일밖에 유예기간을 주지 않은 것에 대해 몹시 흥분하면서, 유예기간으로 60일을 달라고 요구했다. 임대차 계약상 상식적으로 납득이 되지 않았지만, 나는 디에게 그의 유예기간을 40일까지 연장해줄 것을 부탁했고 그 정도면 충분하다고 생각했다. 그때 갑자기 문에서 노크 소리가 들리더니 빌이 몹시 상기되고 흥분된 얼굴로 사무실에 들어왔다. 빌이 너무나 흥분해 있었기 때문에 나는 그에게 물한 잔을 건네며 마음을 가라앉히라고 한 후 물었다.

"이 문제로 인해 몹시 화가 나신 모양이군요. 그런데 이유를 알 수가 없네요. 서로 합의된 요구 조건을 들어줄 수 없는 이유를 말씀해주시겠어요?"

빌은 내게 자신의 현재 상황에 대해 늘어놓기 시작했다. 그는 그 달, 4년 만에 처음으로 휴가 계획을 잡아놓았다는 것이다. 그런데 그의 중요한 고객이 갑자기 외국에서 죽었으며, 경쟁자가 네 사람이나 나타났다고 했다. 게다가 그는 자기의 활동 무대를 실제 업무의 대부분이 이루어지고 있는 로스앤젤레스로 옮기는 문제 때문에 고민을 하고 있었다. 또 할리우드에 있는 영화사의 영화 제작과 관련된 예산안의 편성도 한창 작업 중에 있다는 것이었다. 이렇게 복잡하게 얽히고설킨 문제들 위에 사무실 이전 문제까지 보태진다면 그는 곧 심장마비라도 일으킬 것 같았다.

"알겠어요. 빌, 그런데 당신의 사무용 집기는 책상 하나와 의자 두 개, 서류 보관용 캐비닛이 전부인 것으로 알고 있는데, 그것들을 옮기기가 그렇게도 어려운 까닭은 뭐예요? 주위에는 다른 빈 사무실이 얼마든지 있는데요."

나는 그에게 싫은 소리를 좀 했지만, 우리의 계획을 미루고 60일 동안의 유예기간을 주기로 했다. 만약에 그가 내게 찾아오지 않고, 나의 요구를 들어주려 하다가 심장마비라도 일으켰다면 어떻게 되었겠는가? 그의 항의는 마치 돌에 새겨놓은 글씨처럼 바꿀 수 없어 보이는 계약 내용을 바꾸었다.

언젠가 나는 '성공에 이르는 10가지 방법'이라는 제목으로 연설을 한 적이 있다. 그중 가장 중요한 방법을 소개하자면, 크게 소리를 지르고 손을 높이 드는 것이다. 만약 당신이 현재 되어가고 있는 일이 마음에 들지 않는다면 그것에 대해 큰 소리로 말하라. 그리고 그 문제에 대한 해결책을 안다면 손을 높이 들어올려라.

예언자로서 우리에게는 이 두 가지가 모두 필요하다.

어떤 것이 지금까지 계속되어 왔다고 해서 그것이 곧 하나님의 방법이라고 할 수는 없다. 다른 사람들이 모두 무엇인가 하고 있다고 해서, 당신도 똑같이 그것을 해야 하는 것도 아니다. 그리고 항의나 저항의 표현이 양처럼 온순한 행동이 아니라고 해서 하나님께서 항의를 싫어하실 것이라는 생각을 버려라. 하나님도 당신 자신의 목소리가 아닌 또 다른 어떤 목소리를 가지고 계시지 않으신가?

모르드개는 에스더에게 그녀가 왕의 명령에 저항해야 하는 행동에 대한 중요성을 경고했다. 어느 날, 왕은 만취한 상태에서 사악하고 시기심이 많은 하만의 회유에 설득되어 모든 유대인을 죽이라는 명령을 내린다. 왕은 조서에 어인을 찍어주었는데 이는 결정된 내용을 다시 번복할 수 없다는 뜻이었다. 에스더의 임무는 왕 앞에 가서 이러한 정책에 대해 반대하는 것이었다. 그런데 여기에는 두 가지의 어려운 점이 있었다. 하나는 왕이 에스더가 유대인이란 사실을 모른다는 것이요, 다른 하나는 왕의 소환이 없이 그 앞에 나서는 자는 그 자리에서 죽임을 당한다는 것이었다. 여자인 에스더가 이런 영웅적인 일을 해낼 수 있을지 얼마나 고민을 했겠는가? 그러나 에스더의 사촌인 모르드개는 그녀에게 경고한다.

"모르드개가 그를 시켜 에스더에게 회답하되 너는 왕궁에 있으니 모든 유다인 중에 홀로 목숨을 건지리라 생각하지 말라. 이때에 네가 만일 잠잠하여 말이 없으면 유다인은 다른 데로 말미암아 놓임과 구원을 얻으려니와 너와 네 아버지 집은 멸망하리라. 네가 왕후의 자리를 얻은 것이 이때를 위함이 아닌지 누가 알겠느냐(에스더 4:13-14)?"

하나님께서는 당신이 누구이며, 어디에 있는지 정확히 아신다.

하나님께서 당신에게 무엇에 저항하라고 명령하셨는가? 당신은 자신이 방관자의 자리에 앉아 있다고 해서 불의의 탱크가 다른 모든 사람은 깔아뭉개도 당신만은 상처 입히지 않고 그대로 지나갈 것이라고 생각하는가? 만약 당신의 가장 중요한 사명이 어떤 것에 대해 소리 높여 반대하는 것이라면 당신은 어떻게 하겠는가?

당신은 어둠 속에서 누군가가 당신을 해치려고 할 때, 두려워서 소리조차 낼 수 없는 꿈을 꾼 적이 있는가? 심리학자들의 말에 의하면 이러한 꿈은 특히 여성들이 흔히 꾼다고 한다. 이는 여성들이 외진 장소에서 폭행을 당할 위험이 남성들에 비해 많기 때문일지도 모른다. 그러나 여성들에게 자신들이 목소리를 높여야 하는 것이 얼마나 중요한 일인지에 대한 확신이 없어서 그런 것일 수도 있다.

교도관들이 한 여인을 매우 거칠게 다루며 감옥으로 호송해갔다. 교도관은 그녀에게, "들어가! 이 말썽덩어리야"라고 위협조로 말하고는 감방문을 잠가버렸다. 다음 날 그녀는 법정에 서게 되었다. 재판관은 그녀에게 시민적 불복종 행위에 대해 100달러의 벌금에 처한다는 판결을 내렸다. 이에 그녀는 자리에서 일어나 판사를 향해, 그가 부과한 부당한 벌금에 대해 단 1달러도 지불할 수 없다고 말했다. 그녀의 죄목은 여성의 참정권과 관련한 것이었다. 이 여인이 바로 금주 및 노예제도의 폐지 그리고 모든 어린이들에 대한 평등한 교육을 주장한 퀘이커교도인 수잔 B. 앤서니(Susan B.

Anthony)이다. 그녀는 미국 헌법에 여성에게 이미 투표권을 부여하고 있다는 사실을 언급하며, 1871년 15명의 여성들과 함께 투표 담당 공무원에게 자신들에게도 투표권을 줄 것을 요구했다. 그로부터 50년 후, 여성에게도 투표권을 허락하는 19번째의 헌법 수정안이 통과되었고, 그 법안은 '수잔 B. 앤서니 개정안'으로 알려지게 되었다. 수잔 B. 앤서니는 여성의 참정권 차별에 저항했으며 그녀의 저항은 하나의 예언이 되었다.

디트리히 본회퍼(Dietrich Bonhoeffer)는 오스트리아 출신의 열정적인 신학자이다. 히틀러가 권좌에 있을 때 그는 청년이었는데, 히틀러는 금발의 전형적인 미남이었던 그를 준수한 인물의 표준으로 꼽았다. 때문에 본회퍼는 아무런 위협도 받지 않고 편안한 삶을 살 수도 있었다. 그러나 신학 교수였던 그는 자신의 강단에서 오스트리아와 독일의 의식을 타락시키고 오염시키는 히틀러의 악한 정책을 신랄하게 비난했다. 본회퍼는 실제 히틀러를 죽이기 위한 암살 계획을 세울 만큼 그가 권좌에 오르는 것에 질색했다고 한다. 결국 그는 히틀러 암살 모의가 발각되어 수년 동안 옥고를 치러야 했다. 디트리히 본회퍼는 사회의 병폐와 맞서 싸우는 데 매우 적극적이었으며, 그것들을 개선하는 데 수단과 방법을 가리지 않고 온 노력을 기울였다. 이것이야말로 진정한 신학적 실천이 아니고 무엇인가?

많은 목회자와 성직자 그리고 신학자들이 아직도 우리 사회에 팽배해 있는 고질적 악폐인 인종차별과 성차별 그리고 자기와 이질적인 집단에 대한 냉소적인 차별 정책에 대해 침묵을 지키고 있다. 그것에 대해 나는 경악을 금할 수가 없다. 그들은 오늘날 자신들이 진정으로 해야 할 것에 대해서는 아무런 관심을 기울이지 않는 채, 케케묵은 책에만 머리를 파묻고 구태의연한 방식으로 우리를 가르치고 있다.

나 역시도 이러한 면에 있어서는 할 말이 없다. 사회의 잘못된 관행을 보면서도 목소리를 높이지 못하고 있으니 말이다. 변명 같지만, 내가 그러는 이유는 사회의 어두운 면을 탓하기보다 그것을 밝히는 쪽을 택했기 때문이다. 그렇다면 나는 실제 이러한 사명을 온전히 행하고 있는가? 나는 지금 한 사람의 목소리만으로는 그것을 할 수 없다고 체념하고 있지는 않은가?

한 시에서 실시된 시의원 선거에서 한 표 차로 당선이 결정된 일이 있다. 여기서 한 표 차이라는 것은 '31만 3,462 대 31만 3,461'을 의미하는 것이 아니다. 실제 개표 결과는 1대 0이었다. 한 후보가 한 표를 얻고 다른 후보는 한 표도 얻지 못했다는 말이다. 하지만 이 이야기가 사람들에게 더욱 화제가 되는 이유는, 한 표 차로 선거에 승리한 후보가 자신이 후보에 올랐다는 사실조차 모르고 있었고, 그가 대표할 지역에 살고 있지 않았기 때문에 당선이 취소되었다는 사실 때문이다. 선거가 있었던 시는 인구가 76만 5,000명으로 인접 지역까지 포함하면 인구가 거의 200만 명에 이르는 꽤 넓은 지역이고, 해결해야 할 문제들이 산적해 있는 도시였다. 그러나 민주당 지도위원을 뽑기 위한 이 선거에 관심을 가진 사람은 단 한 사람, 자신의 직장과는 정반대 편에 위치한 투표장까지 가기 위해 일찍 퇴근해서 차를 몰고 간 열혈 여성뿐이었다. 상대 후보의 자격 박탈로 선거에 이긴 후보는 투표조차 하지 않았다.

이 이야기는 어떤 면에서 당신에게 자신의 현재 상황(직장이나 가정, 교회 또는 사회에서의)을 떠올리게 하지 않는가? 당신은 싸워보지도 않은 채 자신의 의지와 무관하게, 다른 사람이 당신의 미래를 결정하도록 놔두고 있지는 않은가?

나는 17살 때 여름 한 철 동안 국회의원 사무실에서 일한 적이 있다. 내가 맡은 일은 어떤 사안에 대해 접수되는 의견들을 읽고 그것들을 찬성과 반대로 분류해서 보관하는 것이었다. 그때, 이러한 편지 한 통은 대개 50명에서 200명의 유권자를 대변하는 것으로 간주한다는 사실을 알았다. 또 방송사에 근무하는 한 간부한테 들은 말에 의하면 방송사에서는 편지 한 통이 만 명의 시청자를 대변하는 것으로 간주한다고 한다. 〈USA 투데이〉지의 한 칼럼니스트는 그러한 비율은 신문의 경우에 있어서도 마찬가지라고 했다. 따라서 국가의 정책에 반대하는 사람들은 분명히 그렇게 하지 않는 사람들보다 그것을 바꾸고 입안하는 데 훨씬 더 큰 영향력을 행사할 수 있다.

국제사면위원회에는 생명이 위협당하는 상황에 처해 있는 수감자들을 위해, 해당 정부에 항의 메시지를 보낼 것을 고지하는 긴급행동 연락망이 있다. 그러한 성공적인 저항 가운데 하나는 팔레스타인의 파시 수부스(Fathi Subuth) 박사의 사례이다. 파시 수부스 박사는 수업시간에 비판적 사고(critical thinking)를 가르쳤기 때문에 체포되었다. 체포 기간 동안 그는 아무런 이유 없이 고문과 구금을 당했다. 마침내 사면위원회의 대표가 팔레스타인 예방 안전국의 국장을 만났다. 그때 국장이 말하길 그들은 파시 수부스 박사를 석방해달라는 서한을 벌써 3,500통이나 받았다고 했다. 수부스 박사는 석방되면서 자신을 위해 수고해준 데 대해 국제사면위원회 회원들에게 깊은 감사를 표시했다.

국제사면위원회 회원들의 항의 편지는 수부스 박사를 위한 새로운 미래를 예언해준 것이다. 당국에게 저항하고 있다는 것 때문에 수감되어 있는 수많은 다른 사람들을 위해 해왔던 것처럼 말이다. 하나의 서한에 무슨 특별한 힘이 있단 말인가? 그러나 수부스 박사는 그 편지 한 통의 위력을 직접 체험하고 깨달았다.

〈USA 투데이〉지에 '나무를 살리기 위한 모험 감수하기'란 제목의 기사가 실린 적이 있다. 그것은 줄리아 버터플라이 힐(Julia Butterfly Hill)이라는 여성에 대한 이야기였다. 그녀는 오리건주에 있는 수백 에이커의 미국삼나무 숲이 파괴되고 있는 것에 저항하고 있었다. 그래서 몇 가지의 생필품을 챙겨 60m 높이의 커다란 삼나무 위에다 거처를 만들어 지내고 있다. 그녀는 자동차 사고로 인해 치명적인 뇌손상을 입기 전까지 아무런 소망 없이 하루하루를 살아가는 식당종업원이었다. 하지만 자동차 사고로 그녀는 삶에 대한 새로운 시각을 갖게 되었다. 힐은 세계를 구하는 일에 자신을 불태우겠다는 결심을 갖고 퇴원했다. 그 일은 세상에 있는 사람들을 구하는 것이 아니라 지상에 있는 나무를 살리는 것이었다.

이 기사가 발표되었을 때, 줄리아 버터플라이 힐은 이미 465일 동안을 나무 위에서 생활하고 있었다. 그녀의 목적은 계속 파괴되어 가고 있는 거목들(한때 오리건주에서 빅수르에 이르는 약 200만 에이커의 광활한 지역을 차지했던 숲)에 사람들의 관심을 집중시키는 것이었다.

'급진적 나무 옹호자'로 유명해진 힐과 환경보호단체 '어스퍼스트(Earth First)'의 동료들이 다른 무엇보다도 강력히 항의했던 것은, 휴스턴의 한 금융업자에게 미국삼나무 숲을 에이커당 5만 달러에 구입하는 일이었다. 그들은 휴스턴의 금융업자인 찰스 휴비츠가 퍼시픽럼버사로부터 에이커당 단 3,000달러에 구입한 그 땅을 5만 달러씩이나 주고 구입한다는 것은 터무니없는 일이라고 주장했다. 게다가 찰스 휴비츠는 자기가 그 숲을 인수하는 과정에서 사용한 금리의(실제 액면가격보다 싸게 샀을 것이 뻔한) 대금을 만회하기 위해 적색 목재가 되는 나무 숲을 심하게 벌목하려고까지 했으니, 수년 동안 힐과 그 동료들로부터 엄청난 저항에 부딪히는 것은 당연했다.

루나라고 이름을 지은 나무 위에서 15개월 동안을 혼자 버틴 힐의 항의에 적게나마 자극을 받은 연방정부는 최근 그곳을 보호구역으로 보존하기 위해 휴비츠에게서 7,500에어커의 땅을 매입하기로 결정했다. 힐은 또 자신이 사랑하는 나무인 루나를 남겨둘 것을 요구했지만, 벌목회사는 법을 어기는 사람과는 대화할 수 없다면서 아직까지 그녀의 요구를 들어주지 않고 있다.

한 가지 매우 재미있는 사실은 범법자(?)인 줄리아 버터플라이 힐이 〈굿 하우스키핑(Good Housekeeping)〉지가 선정하는 '이해의 가장 존경받는 여성'으로 뽑힌 적이 있다는 것이다. 내가 아는 흥미로운 여성들은 모두가 조금씩 법을 어긴 범법자(autlow)이다.

작가 해리엇 루빈(Harriet Rubin)은 그녀의 책인 《프린세사: 여인들을 위한 마키아벨리(Princessa: Machiavelli for Woman)》에서 '우리가 다른 사람들을 보조해주기 위해 여기에 온 것은 아니다. 우리가 이곳에 온 것은 세상이 흘러가는 대로 휩쓸려가고 있는 사람들의 편이 되기 위해서가 아니라는 사실을 언젠가는 깨닫게 될 것이다. 우리는 그것을 바로 잡도록 하기 위해 세상에 보내졌다'고 쓰고 있다.

소리에 관한 연구에 의하면 여자의 목소리는 조용한 물 속에서 1,600m를 갈 수 있다고 한다. 하지만 줄리아 버터플라이 힐의 목소리는 약 3,200km나 떨어진 워싱턴까지 갔다.

예수님은 "사람이 등불을 켜서 말 아래 두지 아니하고 등경 위에 두나니, 이러므로 집 안 모든 사람에게 비치느니라(마태복음 5:15)" 고 말씀하셨다.

우리는 실제 행동과 저항을 통해 자기의 목소리를 내야 한다. 미국의 역사는 저항을 통해 시작되었으며, 그것은 앞으로도 계속 되어야 한다. 우리가 저항하지 않는다면 우리는 분명히 방향을 잃게 될 것이다. 우리는 저항하는 예언의 목소리를 통해 미래를 개척해야 한다.

1. 당신이 생각하기에 지금 저항을 통한 변화가 필요하다고 생각되는 곳은 어디입니까?
2. 당신의 목소리가 수천 명의 사람들을 대변한다는 사실을 알게 된다면, 자신의 목소리를 보다 자주 저항의 도구로 사용하겠습니까?
3. 당신이 존경하는 저항자 6명의 이름을 말하고, 그 이유를 써보십시오.
4. 그들이 저항한 대상과 그 결과를 진술해보십시오.
5. 저항이 예언이 될 수 있는 이유는 무엇입니까?

사랑하는 주님,

당신께서는 제게 사용할 수 있는 음성을 주셨습니다. 제가 이 세상 가운데에서 방관자가 되지 않게 하옵소서. 불의한 것에 대해서는 과감히 자리에서 일어나 맞서 싸우게 하옵소서. 저로 하여금 당신의 사랑과 긍휼과 부르심으로 사람들을 당신께 인도하는 일에 쓰이는 음성이 되게 하옵소서. 저로 하여금 당신께서는 이 세상에서 우리의 목소리를 도구로 사용하실 수 있다는 사실을 항상 의식하게 하옵소서. 아멘.

바다는 고래의 놀이터?

"너희는 가만히 있어 내가 하나님 됨을 알지어다."
시편 46:10

많은 사람들은 하나님께선 언제나 신중하고 진지하며 위엄이 있는 분이라고 생각한다. 그러나 하나님께서 창조한 피조물들이 얼마나 쾌활하고 놀기 좋아하는지, 그 모습을 보라. 이는 하나님도 역시 그렇다는 것을 증명하고 있는 것이 아닐까?

《사람보다 아름다운 영혼을 가진 동물 이야기(Chicken Soup for the Pet Lover's Soul)》의 저자는 책에서 자연공원에서 관광안내원으로 일할 때 보았던 장면에 대해 이야기해준다. 물소 한 마리가 언덕 위에서 달려 내려와 독수리가 낙하하는 것처럼 낮은 자세로 엎드리더니 연못의 얼음판 위를 가로질러 미끄러지는 것이었다. 그 뜻밖의 장면을 보고 놀란 저자는 옆에 있던 선배 안내원에게 "멍청한 물소네요"라고 말했다. 그러자 선배 안내원은 웃으면서 그에게 더 지켜보라고 했다. 선배의 말대로 가만히 더 지켜보았더니, 물소는 터벅터벅 걸어서 다시 언덕 위로 올라가는 것이 아닌가. 이번에는 두 마리의 다른 물소가 따라 올라가고 있었다. 세 마리의 물소는 한 마리씩 언덕을 달려 내려와 얼어붙은 연못에 이르면 얼음 위에서 미친 듯이 미끄럼을 탔다. 그 모습은 마치 무질서하게 아이스하키를 하는 것 같아 보였다. 세상에 물소가 놀이를 즐길 줄 안다고 어느 누가 생각인들 했겠는가? 누가 물소에게 그러한 영감을 주었을까?

하나님께서는 구약 성서 전체에 걸쳐 아브라함과 이삭과 야곱의 하나님으로 알려져 있다. 나는 언젠가 이 세 사람이 각자 하나님의 모습을 나타낸다는 요지의 설교를 들은 적이 있다. 아브라함은 하나님께서 우리에게 바라시는 완전하고 전적인 신앙을 보여주고, 야곱은 남의 잘못을 알고도 묵인해주는 사람이 어떻게 하나님의 위대한 사람이 되는가를 보여주며, 이삭은 우리에게 모든 것을 조건 없이 주시는 하나님의 기적적인 은혜를 보여준다고 했다.

이삭은 임신할 수 있는 나이가 훨씬 지난 아브라함과 사라 사이에서 태어난 아들이었다.

"사라가 네게 아들을 낳으리니 너는 그 이름을 이삭('웃음'이라는 의미)이라 하라(창세기 17:19)."

성경에 언급되고 있는 다른 많은 사람들과는 달리 이삭은 비교적 평탄한 생애를 살았다. 그는 들판을 산책하며 명상에 잠기기를 좋아하는 순종적이고 착한 사람이었다. 그에게는 극진히 사랑하고 아끼는 리브가란 아내가 있었다. 하나님께서는 그의 모든 일에 복을 베푸셨다. 이삭은 가는 곳마다 크게 부하고 번성했다. 이삭은 블레셋(지금의 팔레스타인) 사람들로부터 몇 번 위협을 받은 것 외에는 거의 걱정할 것이 없는 삶을 살다가 나이가 들어 행복한 죽음을 맞았다. 이삭은 하나님 안에서 사는 삶이 반드시 어려운 것만은 아니라는 것을 보여주는 증거가 된다. 때로는 인생이 매우 쉽고 진짜 재미있는 것일 수도 있다는 사실을 말이다.

이삭은 하나님께 사랑을 받을 만한 어떤 영웅적인 일을 행하지 않았음에도 불구하고 그분으로부터 사랑을 받았다. 물소도 스스로 즐길 수 있는 게임을 만들 수 있다. 이를 보면 하나님께서 인간에게 때로는 놀이(play)를 통해 메시지를 전달하신다는 것이 결코 불가능한 일은 아니지 않겠는가! 하나님께 어린아이와 같은 장난기가 있을 수도 있다. 나는 내가 깊은 자기연민에 빠져 있을 때 그것을 강하게 느낄 수 있었다.

언젠가 나는 거의 한 달에 걸쳐 계속된 가두연설 때문에 피로가 누적되고, 성대가 부어서 말도 할 수 없는 지경이 된 적이 있었다. 하는 수 없이 나는 의사의 지시에 따라 전혀 말을 하지 않고 일광욕실 안에 있는 침대 위에 누워 있었다. 그렇게 누워 있으니 스스로 매우 측은하단 생각이 들었다. 꽉 짜인 한 주간의 여행 일정을 앞두고 있던 나는, 예레미야처럼 "아아 슬프도다. 여호와여 나를 데려가심으로 내게서 더 이상의 슬픔을 거두어 가소서"라고 탄원 드리기로 작정했다. 나는 장난스런 상상을 하면서 만약 내가 이 침대에서 이대로 죽어 다시는 여행가방을 쌀 일이 없게 된다면 어떨까 하는 생각을 했다. '그렇게 되면 사람들이 와서 내 유품을 꾸리겠지. 그리고 나를 깨끗한 하얀 색 들것에 실어 운반하고…. 내가 쓰던 책상도 닦겠구나' 하는 상상에 빠져들었다. 바로 그때 전화벨이 울렸다.

"존스 여사님 댁이시지요?"

"네, 그렇습니다."

전화를 건 사람이 누군지도 몰랐던데다가, 원치 않는 전화를 받고 싶지 않아서 전화번호 안내 불원신청을 해놓은 상태였기 때문에 나는 몹시 당황했다. 그래서 속삭이듯이 낮은 소리로 물었다.

"그런데 누구신가요?"

"예, 여기는 추모동산 묘지공원입니다. 여사님께서 저희 묘지를 무료로 사용할 수 있는 기회에 당첨이 되셨어요. 축하드립니다!"

순간, 나는 이 예상 외의 축하 전화가 의미하는 바를 잠시 생각했다.

"감사합니다. 하지만 제게는 전혀 필요 없을 것 같군요."

전화를 끊고 나는 웃지 않을 수가 없었다. 하나님께서 내가 쓸데없는 생각을 하고 있자 전화를 하신 것이다.

여호와여 주께서 나를 살펴보셨으므로 나를 아시나이다.

주께서 내가 앉고 일어섬을 아시고,

멀리서도 나의 생각을 밝히 아시오며

나의 모든 길과 내가 눕는 것을 살펴보셨으므로,

나의 모든 행위를 익히 아시오니.

여호와여 내 혀의 말을 알지 못하시는 것이

하나도 없으시니이다.   (시편 139:1-4)

　미국은 '게으른 손은 마귀가 노는 놀이터'라고 생각하고 그렇게 가르친 청교도들의 영향을 많이 받은 나라이다. 그래서 지금까지 미국의 문화에서는 '노는 것'이 그렇게 중요시되지 않았다. 생산이 커다란 미덕으로 간주되는 사회에서 놀기를 좋아하면 생산성이 떨어지는 사람으로 취급되는 것은 당연한 일일지도 모른다. 하지만 그것은 잘못된 생각이다. 사우스웨스트항공사의 허브 켈러허(Herb Kelleher) 사장처럼 근로자들에게 노는 문화를 권장해서 오히려 큰 성과를 올린 사람도 있다. 허브는 언젠가 경쟁회사로부터 소송사건에 휘말렸을 때, 다음과 같이 말했다. "에이, 참! 텍사스 사람들이 하는 짓과 같은 엉뚱한 일이 생겼군. 그거 팔씨름으로 결판을 내는 게 어떨까? 팔씨름에 이기는 사람이 소송에서 이기는 것으로 하지!" 놀랍게도 경쟁회사의 사장은 그의 제의를 받아들여 팔씨름을 했다. 그리고 허브의 승리로 사건은 일단락되었다.

내가 최근에 사우스웨스트항공사의 비행기를 타고 여행을 할 때였다. 승객들이 착석을 하자 조종사가 아주 재미있는 안내방송을 했다.

"승객 여러분, 오늘도 여러분의 안전 운행을 위해 수고할 기장입니다. 승객 여러분께 한 가지 부탁 말씀을 드리겠습니다. 자리에 앉으실 때는 창문이 있는 쪽으로 앉아주시면 고맙겠습니다. 건너편에 있는 델타항공사의 승무원들에게 우리 회사의 비행기 승객이 만원(滿員)인 것처럼 보여야 하거든요."

사우스웨스트항공사의 주식은 20년 전에 처음으로 상장한 이후 2,300%가 상승했으며, 항공사 업계에서의 고객만족도가 가장 높다. 그렇다면 노는 것이 우리에게 성공을 예언해줄 수 있단 말인가? 그 대답은 물론 '예스'이다.

수학 과목의 성적이 좋지 않아 제적될 위기에 처한 한 학생이 있었다. 그 학생의 어머니는 남편에게 아들이 어른이 되어서도 독립하지 못할까 두렵다고 말했다. 이 말을 들은 아버지는 아들을 따로 불러 이야기했다.

"아들아, 너도 이제는 공상 따위를 하느라 시간을 보내는 짓은 그만해야겠구나. 직업훈련학교에 등록해 놓았으니 배관 기술을 배우도록 하거라."

아들은 머리를 위로 쓸어 올리며 말했다.

"아버지, 모르세요? 사람에게 가장 중요한 것은 생각이라는 사실을요?"

　그날 밤 그 학생은 썰매를 타는 꿈을 꾸었다. 꿈속에서 빛이 썰매를 타고 있는 자기를 따라오더니 무지개로 변하는 것이었다. 이 학생이 바로 앨버트 아인슈타인(Albert Einstein)이며, 그가 꾼 꿈은 바로 수학 성적이 좋지 않은 그가 훗날 상대성이론을 발견한다는 사실을 예견한 것이었다. 아인슈타인은 항상 창밖을 내다보고 뛰어노는 시간을 가졌다. 그는 즐겁게 노는 시간 속에서 시간의 존재에 대한 원리를 터득하게 된 것이다. 그는 또한 "만약 어떤 사건들이 미리 예견될 수 있다면, 시간은 하나의 연속이 아니라 계속하여 움직이면서 춤을 추고 있는 것과 같은 정의할 수 없는 형태일 것입니다"라고 말하기도 했다. 과연 썰매를 타고 놀다가 무지개로 변한 빛을 통해 위대한 동기를 얻은 소년다운 말이다.

　〈타임(Time)〉지에서 한 페이지 전체에 걸쳐, 오늘날의 어린이들이 '즐거운 시간'을 계속 빼앗기고, 과중한 계획과 공부에 시달리고 있다는 연구 기사를 실은 적이 있다. 1981년까지만 해도 어린이들 삶에서 여가시간이 40%를 차지했다고 한다. 그러나 지금은 25%밖에 되지 않는다. 그리고 그 비율은 계속 줄어들고 있다. 하버드 대학교 의과대학의 브라젤톤 소아과 교수는 조직적이지 않은 자유로운 놀이는 독립적인 사고를 형성하는 데 도움이 되며, 또래들과의 관계를 유지·발전시킨다고 한다. 아울러 브라젤톤 교수는 "오늘날 3~12세인 어린이들은 일주일에 겨우 12시간만 놀이 시간으로 보내고 있습니다. 만약 지금 어른들이 이러한 사실에 주의를 기울이지 않는다면, 우리는 아이들을 정신강박증에 걸린 어른으로 만들 것입니다"라고 경고하고 있다.

캘리포니아 대학교의 정신 의학 임상 교수인 레노어 테르(Lenore Terr) 박사는《사랑과 일을 넘어서(Beyond Love and Work)》라는 자신의 책에서, 놀이 감각을 유지하고 재미를 즐길 줄 아는 사람은 문제를 해결하는 능력, 창조적으로 사고하는 능력, 그리고 스트레스를 관리하는 능력이 그렇지 않은 사람보다 뛰어나다고 했다.

댄 설리반은 '전략적 코치(The Strategic Coach)'라는 과정에서 성공적인 기업가가 되기를 희망하는 사람들을 위한 강의를 하고 있다. 댄의 강의 중에 청중들이 가장 놀라고 이해하기 힘들어했던 부분은 '노는 날'의 중요성을 지나치게 강조한다는 점이었다. 그는 우리가 서류를 검토하고 사업과 관련해서 전화를 거는 것은 물론, 심지어 고객과 함께 골프를 치는 것조차 완전하고 진정한 자유로운 시간이 아니며, 따라서 그것을 노는 날로 간주해서는 안 된다고 했다. 그는 자신의 강의에 참석한 사람들에게 각자 1년에 최소한 40일 이상은 쉬는 날로 정하라고 권했다. 그는 자신의 연구에 의하면 사람은 노는 시간을 가진 후에 보다 더 활력이 샘솟고 창조적이며, 삶의 복잡한 문제들을 해결할 수 있는 능력이 생긴다고 말하고 있다. 나아가 그는 하나님께서도 세상을 창조하시기 전에 오랫동안을 즐기셨으며, 7일째 되던 날 영광스러운 안식일을 가지고 일체의 활동을 중지하셨다는 사실을 강조한다.

나는《최고경영자 예수(Jesus, CEO)》(한언, 2005)라는 책 속에서 예수님도 당신을 따르는 자들과 함께 예루살렘 전역에서 있었던 파티와 결혼식, 만찬과 잔치에 얼마나 자주 참석하여 즐기셨는지를 상세히 설명했다. 마태복음 22장 2절에서 "천국은 마치 자기 아들을 위하여 혼인 잔치를 베푼 어떤 임금과 같으니"라고 예수님은 말씀하셨다. 천국에서는 모든 사람이 행복한 시간을 즐기고 있다. 다시 말해, 천국은 본질적으로 웃음과 기쁨으로 충만한 곳이다. 반대로 땅 위에 살고 있는 우리는 어떤 것에든 일정한 틀과 격식을 갖추어야 한다고 생각한다. 게다가 특별히 우리가 어떤 큰일을 이루고자 할 때면 더욱 그렇다. 그러나 이렇게 틀과 격식만을 중요시한 나머지 마음의 여유를 잃으면 일을 그르칠지도 모른다. 날씨가 너무 추워 눈이 녹지 않으면 눈송이가 서로 뭉치지 못해 눈사태가 발생한다. 어느 정도의 햇빛과 약간의 물기가 눈송이 사이에 스며야 눈이 뭉쳐지기 때문이다.

예기치 못하게 터져나오는 코웃음이나 아주 사소한 데서 느끼는 분노를 참지 못하면 비참한 결과를 초래할 수 있다. 당신은 가정이나 일터에서 지금까지 그런 상황에 놓여본 적은 없는가?

예수님은 분명히 당신의 제자들에게 온유한 마음을 베풀고 그들과 하나가 되는 시간을 많이 가지셨다. 제자들은 촛불이 타고 있는 가운데 식탁에 둘러앉아 함께 노래를 부르고, 서로 이야기를 나누었다. 또, 예수님은 어린아이들과 함께 노는 것을 좋아하셨고 놀이를 즐길 줄 아셨다. "인자는 와서 먹고 마시매(마태복음 11:19)."

영화배우 캐시 베이츠(Kathy Bates)는 어떤 기사를 통해 자신이 들은 이야기를 소개했다. 그녀의 말에 의하면, 새로 영입된 시립 교향악단의 한 지휘자는 자신의 직책과 명예를 지나칠 정도로 예민하게 생각했다고 한다. 그는 시간이 날 때마다 자기 분장실에서 보내거나 시의 상류층만을 상대하느라 오케스트라 단원들과 함께하는 파티에는 모습을 드러내지 않았다. 대망의 첫 연주회가 되었을 때 그는 검정색 연미복 꼬리를 뒤로 제치며 청중에게 인사를 한다음, 오케스트라 단원들을 향해서 근엄한 자세로 돌아섰다. 그리고 지휘를 하기 위해 지휘봉을 치켜들었다. 하지만 단원들은 아무런 반응을 보이지 않았다. 지휘자는 몹시 당황하고 화가 났다. 그는 악보대를 세 차례나 거칠게 내려치면서 지휘봉을 위로 올렸다가는 팔목에 힘을 주어 꺾으며 다시 지휘봉을 내렸다. 그러나 단원들은 여전히 아무런 반응도 없었다. 그때 첼로 주자가 일어나서 화가 난 지휘자에게 이야기했다.

"지휘자님, 부디 이 점을 기억하십시오. 지휘자님의 지휘봉에서는 어떤 소리도 나오지 않는다는 사실을 말입니다."

지휘자는 그때서야 비로소 이유를 깨달았다.

공부만 하고 놀지 않는 사람은 동료들 앞에서 바보가 된다. 당신은 하나님께서 바다를 만드신 이유가 무엇인지 아는가? 그것은 고래가 그 안에서 놀 수 있게 하기 위해서이다.

> 여호와여 주께서 하신 일이 어찌 그리 많은지요.
> 주께서 지혜로 그들을 다 지으셨으니,
> 주께서 지으신 것들이 땅에 가득하니이다.
> 거기에는 크고 넓은 바다가 있고
> 그 속에는 생물 곧 크고 작은 동물들이 무수하니이다.
> 그곳에는 배들이 다니며 주께서 지으신
> 리워야단(악어로도 볼 수 있음)이 그 속에서 노나이다.
>
> (시편 104:24-26)

시월드(Sea World)에서 보았던 북극 동물들 쇼에서 작은 바다새가 재주를 부리던 모습을 나는 영원히 잊지 못할 것이다. 아름다운 깃털로 치장을 한 그 귀여운 새는 바닷가에서 몸을 몇 바퀴 회전시키며 물 속으로 뛰어 들어가 날개를 치더니 물 속에서 뒤로 누워 힘껏 수영을 했다. 그러다가 갑자기 밖으로 얼굴을 내밀고는 잠시 수면 위에 앉고, 또 다시 자기가 일으킨 물보라를 따라 바다 속으로 다이빙해 들어갔다. 나는 그 바다새가 보여주는 진기한 동작 하나 하나에 넋을 놓고 감탄하며 15분 동안 꼼짝 않고 서서 구경했다. 그때 나는 하나님께서 나와 함께 거기에 계시다는 사실

다시 말해, 하나님과 내가 함께 그것을 지켜보고 있다는 것을 확신할 수 있었다.

놀이는 살아 있다는 사실에서 느끼는 완전하고 헤아릴 수 없는 기쁨이다. 그래서 놀이는 아마도 가장 순수한 예배일 것이다. 우리는 예배를 통해 하나님과 만난다. 우리는 하나님과 함께할 때 자신의 최상의, 그리고 최고의 경지에 이르게 된다. 이러한 면에서 예배는 곧 예언이 된다.

기술과 지식이 엄청난 진보와 발전을 이루었음에도 지나치게 신중한 분위기를 유지하려 하는 것은, 수년 동안 피아노를 쳐온 연주자가 기술에만 집착한 나머지 음악을 제대로 이해하지 못하는 것과 같다. 악보에 따라서 올바르게 피아노의 건반을 치더라도 완벽한 연주가 아닐 수 있다는 것에 동의하는가? 피아노 연주회에 참석해본 사람이라면 누구나 동의할 것이다. 그것은 인생에 있어서도 마찬가지이다. 나는《나이 듦에 따라 무언가를 키워가라(Grow Something Besides Old)》라는 내 책에서 '만약 당신이 하고 있는 모든 것들을 꼼꼼히 살펴야 한다면, 당신의 인생행로는 너무나도 편협해질 것이다'라고 이야기했다.

'사명선언 훈련 세미나' 중에 한번은 유명인사인 로베르토라는 분과 함께 하는 영예를 누리게 되었다. 그는 〈포춘(Fortune)〉지가 선정한 500대 기업 중에서도 상위에 속하는 기업의 중역이었다. 그는 자신의 사명선언문 작성 강의와 실습을 마친 후에 "제 자신이 작성한 사명선언문이 여전히 마음에 들지 않습니다. 제가 명확한 사명선언문을 작성하게 될지도 도대체 확신이 서질 않네요"라고 했다. 나는 그에게 이 세상에서 무엇을 하고 싶은가에 대해 물었다. 그가 대답했다.

"저는 즐거움과 웃음을 통해 예수님이 실제로 계신다는 것을 알리길 원합니다."

강의실에는 침묵이 흘렀다. 그의 대답을 듣는 순간 나는 성령이 우리와 함께 계시다는 걸 확신할 수 있었다.

"로베르토, 바로 그거예요!"

"그거라니요?"

"그것이 바로 당신의 사명선언문입니다."

"제게 그것을 말씀해주시겠습니까?"

"당신의 사명은 즐거움과 웃음을 통해 예수님이 실제로 계신다는 것을 알리는 겁니다."

강의실에는 또다시 긴 침묵이 흘렀다. 그때 그는 머리를 뒤로 젖히더니 내가 지금까지 들었던 중에서 가장 순수하게, 진정 마음에서 울려나오는 웃음으로 한참을 웃었다. 강의실에 있던 사람들은 자연스럽게 기립 박수갈채를 보내면서 환호했다.

'즐거움과 웃음을 통해 예수님이 실제로 계신다는 것을 알리는 것'보다 더 아름답고, 의미가 있고, 필요한 것이 이 세상에 있을 수 있겠는가!

어린아이들은 예수님께 가까이 가기를 무척이나 원했다. 예수님 주변에는 그분의 무릎에 앉거나 그분이 머리를 쓰다듬어 주시길 원하는 아이들이 모여들었다. 아이들의 부모들은 예수님이 자기 아이에게 기도해주시기를 원했지만 아이들은 그분과 놀기를 원했다. 그중에는 "예수님, 저와 달리기해요!"라고 큰 소리로 말하는 아이도 있었을 것이다. 그러나 제자들은 예수님께선 바쁘기 때문에 어린아이들과 함께 놀 시간이 없다며 아이들을 나무랐다. 이때 예수님께서는 제자들을 향해 "어린아이들을 용납하고 내게 오는 것을 금하지 말라. 천국이 이런 사람의 것이니라(마태복음 19:14)"고 말씀하셨다.

'놀이'가 예언이 되는 방법에 대한 것은 나에게 매우 중요하다. 왜냐하면 바로 나 자신의 삶이 놀이의 은혜를 입고 있기 때문이다.

한 젊은 여인은 믿을 수 없는 전화를 한 통 받았다. 그녀의 남편이 승용차 안에서 변사체로 발견되었다는 것이었다. 그리고 그의 죽음은 자살로 추정된다고 했다. 남편이 심한 우울증을 겪고 있어서 이 부부는 미국의 남서부로 이사를 했다. 하지만 그것으로도 남편의 우울증은 치료되지 않았다. 그녀의 남편은 어느 날 갑자기 밀어닥친 엄청난 절망감으로 인해 25살의 사랑스런 아내에게 산더미 같은 빚만 남긴 채 세상을 떠났다.

그녀는 그 빚을 갚기 위해 두 개의 직업을 가졌고, 점점 어두운 모습으로 변해갔다. 그리고 일을 끝내고 집에 돌아와서는 밤마다 절망감과 상실감과 싸워야만 했다. 그렇게 6개월이 흘렀다. 그녀는 빛나는 눈동자를 가진 젊은 외판원을 만났다. 그는 그녀에게 업무는 잠시 잊고 함께 춤을 추러 가자고 했다. 처음에 그녀는 그에게 전혀 관심이 없었지만 그의 쾌활함에 끌려 사귀게 되었다. 그는 아직 어머니와 살고 있었고 약간 우스꽝스러운 넥타이를 매고 있었다.

그와 사귀고 있던 중, 그녀에게는 또 다른 구혼자가 나타났다. 애처로워 보이는 이 아름다운 검은 머리 아가씨에게 반한 사람은 시내에서 자동차 판매특약점을 경영하는 부자였다. 그는 데이트를 신청할 때, 한 주 전에 약속을 잡고 약속 시간 한 시간 전에 전화를 걸어 그녀에게 어떤 색깔의 옷을 입고 나올 것인지를 물었다. 그리고 잠시 후, 왼쪽 가슴에다 자신의 옷과 잘 어울리는 장식용의 꽃을 달고 그녀의 옷과 똑같은 색깔의 차를 몰고 집 앞에 나타났다. 이 아가씨가 두 남자 중 어떤 남자를 선택했을까? 놀랍게도 그녀는 부유한 자동차 판매특약점 경영자가 아니라 젊은 외판원을 선택했다.

이 검은 머리의 아가씨는 바로 우리 어머니이다. 나는 어머니에게 이 이야기를 들으면서 "그 아저씨는 엄청난 부자에다가 엄마를 굉장히 좋아했나 봐요?" 하고 물었다. 어머니는 살며시 미소를 띠우며 말했다.

"그래, 그랬단다."

"그런데 왜 아버지하고 결혼했어요?"

내가 다시 묻자, 어머니는 더 밝은 표정으로 나를 쳐다보며 대답하셨다.

"아버지가 나를 잘 웃겼기 때문이지."

만약 그때 우리 아버지가 어머니에게 반짝이는 눈매로 "우울한 아가씨, 나는 당신을 다시 웃게 할 수 있어요. 세상은 즐거움으로 가득 차 있다고요"라고 말하지 않았던들 내가 오늘날 이 세상에 태어날 수 있었을까?

당신은 예언을 원하는가? 그렇다면 놀아라. 그렇게 할 때 당신은 하나님의 마음과 생각을 듣고 이해하게 될 것이다.

1. 하나님께서는 왜 놀이를 통해서 우리에게 말씀하십니까?

2. '놀이'에 대해 어떻게 생각하는지, 당신만의 개념을 써보십시오.

3. 당신은 하루 중 얼마나 많은 시간을 자유시간으로 할애하고 있습니까?

4. 당신을 가장 많이 웃게 만드는 사람은 누구입니까?

5. 당신은 그 사람과 얼마나 많은 시간을 함께 보내고 있습니까?

6. 가장 최근에 당신이 정말로 좋은 아이디어를 갖고 있었던 때는 언제인가 요? 당신은 그때 어디에 있었습니까?

7. 당신은 다른 사람의 노는 모습을 보고 그들과 그들의 미래를 어떻게 예언 하겠습니까?

사랑하는 주님,

당신께서는 이삭의 삶을 웃는 일로 가득하게 하셨습니다. 당신께서는 동물에게도 당신께서 지으신 것들을 갖고 놀며, 즐길 수 있도록 창조하셨습니다. 저로 하여금 놀 수 있는 시간과 놀 수 있는 장소를 가질 수 있도록 허락하시고, 노는 것이 천국의 모습을 표현하는 일이며 당신의 말씀을 받는 수단이 될 만큼 소중하다는 것을 깨닫게 도와주시옵소서. 아멘.

내가 말하는 대로, 생각한 대로

"내가 두려워하는 그것이 내게 임하고,
내가 무서워하는 그것이 내 몸에 미쳤구나."
욥기 3:25

"이제 후로는 만세에 나를 복이 있다 일컬으리로다."
누가복음 1:48

위의 두 성경 구절은 욥과 마리아의 말로, 우리에게 자기 성취에 담긴 예언의 위대한 힘을 강조하고 있다. 두 사람이 자기에 대해 갖고 있던 신념은 그대로 실현되었기 때문이다.

우리 집 거실에는 친구인 아이린 프랫(Irene Prat)의 그림이 한 점 걸려 있다. 해변의 모래 언덕 위에 초록색과 주황색이 어우러진 리본이 놓여 있는 그림인데, 리본의 한 부분은 모래 언덕 뒤로 사라졌다가 언덕 뒤에 있는 작은 구릉 위로 다시 보인다. 그리고 수평선에서 우아하게 소용돌이치면서 하늘로 희미하게 사라져 올라간다.

이 그림을 보고 있노라면 '예언'이 생각나기 때문에 나는 이 그림을 '예언'이라고 부르고 있다. 예언은 사막을 건너는 우리를 인도하는 밝은 리본과 같다. 우리를 인도하는 '예언들'은 우리 자신의 신념이다.

우리는 죽음을 통해 인생에 대해 많은 교훈을 배우게 된다. 내가 원하는 대로 이루어지는 자기 성취의 예언들에 대한 나의 경험 중 일부는 나와 가장 가까운 사람들의 죽음을 통해 깨달은 것이다.

우리 아버지는 열렬한 운동광이셨다. 나는 그런 아버지의 모습을 처음에 '굉장하다'라고 표현하려 했지만, 그러면 마치 아버지가 대성한 운동선수였다는 말처럼 들릴 것 같아 피했다. 분명히 말하지만 아버지는 운동을 굉장히 좋아했을 뿐, 성공한 운동선수는 아니셨다. 아버지는 자주 10대들과 게임을 벌였고, 지면서도 계속 게임을 하시기도 했다. 어머니가 만류할 때까지 YMCA 체육관에서 농구를 하셨다. 아버지는 라켓볼과 테니스 그리고 수영을 특히 좋아했는데, 승진하면 운동할 시간이 줄어들지 모른다며 승진할 기회가 있어도 거절하실 정도였다. 아버지는 앉은자리에서 1갤런(3.7리터 정도)씩 먹을 만큼 아이스크림을 좋아했지만, 체중 관리에 굉장한 관심을 기울이셨기 때문에 날씬한 몸매를 유지하셨다. 그래서 사람들은 아버지를 당신의 실제 나이보다 훨씬 젊게 보았다.

아버지는 스스로는 인정하려 하지 않으셨지만 한 가지 병이 있었다. 그 병은 우습게도 병원에서 나는 냄새를 질색하셔서 병원 근처에는 아예 가지도 못하신다는 것이었다. 어머니는 아버지와 결혼하기 전에 혈액검사를 할 때에도 병원에 가는 것 때문에 곤욕을 치렀다고 했다. 한번은 아버지가 나를 부르더니 말씀하셨다.

"로리, 내가 너무 늙어 운동을 할 수 없을 나이가 되면 차라리 나를 절벽 아래로 굴려주겠니?"

아버지는 죽음에 대한 이야기가 나올 때마다, "나는 테니스나 라켓볼을 하다가 갑자기 죽을 거야"라며 농담을 하시곤 했다. 그런데 공교롭게도 아버지는 64번째 생일이 지나고 한 달 후, 친구와 함께 라켓볼을 치던 중 갑자기 심장마비를 일으켜 코트에서 돌아가셨다. 그때 거기에는 여러 사람의 의사들이 함께 라켓볼을 치고 있었지만 아버지를 살리지는 못했다. 아버지가 바로 그 전 주에 건강검진을 받았을 때만 해도, 의사는 아버지에게 실제보다 20살은 더 젊은 건강 상태라고 진단했다고 한다. 때문에 나는 아버지가 자신의 죽음을 예견했다고는 생각하지 않는다.

우리 가족과 아주 친하게 지낸 분 중에도 아버지처럼 자신이 원하는 대로 죽음을 맞으신 분이 계시다. 바로 마지 아주머니다. 마지 아주머니는 담장 너머에서 일하고 있는 남편을 큰 소리로 불러대는 것밖에 모르시던 분이었다. 그런데 1970년대 초 미국 전역에서 일어났던 성령운동이 시작된 후 열렬한 기독교인으로 거듭나셨고, 교회에서 매우 열정적으로 활동하셨다. 마지 아주머니의 남편인 새미 스미스 아저씨는 우리 아버지의 가장 절친한 테니스 파트너였다. 하지만 아버지는 새미 아저씨 댁에 전화하는 것을 몹시도 싫어하셨다. 그래서 아버지는 자주 내게 그 일을 시키곤 하셨다.

"로리, 새미 아저씨께 전화해서 함께 테니스를 칠 수 있는지 알아보겠니?"

그러면 나는 "네, 하지만 앞으로는 아빠가 직접 전화를 했으면 좋겠어요"라고 대답하곤 했다. 새미 아저씨 댁에 전화를 걸면 수화기에서는 "네, 스미스입니다. 하나님을 찬양하라!"라고 말하는 마지 아주머니의 목소리가 들렸다. 아버지는 그 말이 못마땅하셨던 것이다. 아버지께서는 천국과 같이 거룩한 그 집에 테니스에 관한 메시지를 남기고 싶어 하지 않으셨고, 그 소리를 듣는 날이면 화를 내면서 전화를 팽개치곤 하셨다.

마지 아주머니는 70대 후반의 어느 날 교회 성가대에서 손뼉을 치며 목청껏 큰 소리로 '하나님을 찬양하라!'라는 찬송가를 부르다가 갑자기 돌아가셨다. 이미 천국에 가 계신 우리 아버지가 하나님께, 그 순간에 마지 아주머니를 천국으로 부르시도록 신호를 보내신 것일지도 모르겠다. 중요한 사실은 마지 아주머니는 당신이 원하시던 대로 죽음을 맞이하셨다는 것이다. 아주머니는 자신의 찬송가를 듣는 사람들에게 자신은 하나님을 찬양하다가 죽게 될 거라고 이야기하고 다니셨다.

물론 사람들 모두가 다 자신의 죽음을 예언하는 것은 아니다. 하지만 신념은 일상적인 삶에서 뿐만 아니라 죽음의 문제에 있어서까지 영향력을 행사할 만큼 무서운 힘을 지니고 있다.

동기 부여에 관한 강의로 유명한 토니 로빈스는 한 가지 재미있는 예를 통해 자기 성취의 예언에 대한 실체를 들려주고 있다.

이야기인즉슨, 교통사고 연구가들은 긴 도로에 나무나 전신주가 가운데 버티고 서 있을 경우에 운전자가 그것을 들이받는 경향이 있다는 사실을 발견했다는 것이다. 그런데 한 가지 흥미로운 점은 그런 나무들 주위의 공간은 매우 넓기 때문에 운전자들이 얼마든지 나무나 전신주를 피할 수 있었다는 것이다. 그런데도 불구하고 사람들은 나무를 피하지 못하고 충돌한다. 그 이유에 대한 한 가지 유력한 주장은, 사람들이 당황하여 스스로 '나무를 들이받아서는 안 된다!'는 강박감에 빠지기 때문이라는 것이다. 따라서 나무는 그들의 집중적인 초점의 대상이 되며, 뇌는 그들의 몸에게 나무가 있는 쪽으로 방향을 돌릴 것을 지시한다.

우리는 여기에서 사람의 뇌가 '안 된다'는 말을 이해하지도 반응하지도 못한다는 납득하기 어려운 사실을 깨닫게 된다(이것은 2살짜리 어린아이 집단을 상대로 한 비공식적인 시험을 통해서도 입증되었다). 우리가 나무에 온통 정신을 집중하면서 '나무를 들이받아서는 안 된다'라고 말할 때 뇌에서는 그와 반대로 '나무에 부딪쳐라'라는 말로 이해를 하는 것이다.

내가 직접 체험한 많은 자기 성취에 대한 예언들 가운데 몇 가지를 소개하고자 한다. 첫 번째 이야기는 짧고 간단하다.

1974년, 나는 일기에다《청바지를 입은 예수》란 제목으로 책을 쓰겠다고 선언한 적이 있다. 그리고 23년이 지난 지금 나는 그 책을 출간하여 가지고 있다. 어떤가 놀랍지 않은가?

그리고 더욱 놀라운 일은 1989년도의 일기 속에서 내가 장차 미하일 고르바초프(Mikhail Gorbachev)와 직접 만나 악수를 할 날이 있을 것이라고 쓴 내용이 실현된 것이다. 나는 고르바초프가 냉전을 종식시키고 공산주의를 붕괴시키는 데 일조를 한 것에 대해 고마움을 표하고 싶었다. 그 일기를 쓸 당시 나는 광고대행업과 부동산업에 종사하는, 정치와 전혀 무관한 사람이었다. 그런데 그렇게 몇 년 동안을 사업으로 바쁘게 살고 있던 어느 날, 고르바초프가 보낸 제1차 국제문제포럼에 참여해달라는 초청장을 받았다. 그 포럼은 저명한 작가와 연구가, 노벨평화상 수상자, 정치가와 여성 지도자, 과학자, 경제전문가 그리고 환경운동가들이 한자리에 모여 세계적인 중요한 현안에 대해 토론하고 그것을 풀기 위한 창조적인 해결책을 강구하기 위한 모임이었다.

사무실의 책상에 앉아 그 놀라운 초대장을 보면서, '그래, 나는 초청된 수천 명의 사람들 가운데 한 명일 게 분명해. 그런데 내 이름을 어떻게 입수했을까?'라고 생각했다. 그러나 그로부터 3개월이 지나 회의장에 도착했을 때, 내가 고르바초프와 함께하는 원탁회의 토론자 20명 중 한 명으로 초청되었다는 것을 알고 다시 한 번 놀랐다. 그날 나는 페어몬트 호텔의 회의장에서 미하일 고르바초프와 함께 테이블에 앉아 세계적인 중요한 관심사들에 대해 의견을 나누었다. 토론이 끝난 후, 나는 그에게 가까이 다가갔다. 그는 걸음을 멈추고는 나를 보고 미소를 지으며, 통역관을 통해 내가 이번 토론에 굉장한 기여를 했다고 말했다. 나는 손을 내밀어 그와 악수를 한 다음 양팔을 벌려 그를 껴안고는 "지금까지의 당신의 모든 위업에 대해 감사드립니다"라고 그의 귀에다 작은 소리로 말했다. 그 역시 나를 껴안고는 정면으로 쳐다보며 크게 웃었다. 그리고는 다음 모임을 위해 사람들의 안내를 받으며 자리를 떠났다. 나는 지금까지도 나의 이름이 그 위원회에 입수된 경위를 알수가 없다. 그러나 내가 일기 속에 예언한 일이 그대로 이루어진 것만은 분명하다.

나는 지난 20년 동안에 걸친 인간 행동에 관한 연구를 통해, 인간에게 있어 그의 행동을 결정짓는 요소 가운데 '신념(belief)'보다 더 강한 것이 없다는 것을 확신하고 있다. 인간은 자신의 신념이 옳든 그렇지 않든 간에, 그것을 위해 죽음도 불사한다. 인간에게 있어 신념은 얼마든지 잔혹하고 비인도적인 행동을 하게 할 만큼 매우 강한 동기를 부여한다. 만약에 신념이 없다면 우리는 굉장히 우유부단해질 것이다. 사람들은 신념이 그 인격체의 골격이라고도 말한다. 만약에 그런 골격이 적절하게 이루어지지 않는다면, 기능 장애를 가진 인격체가 될 것이다. 이 같은 신념(부정적인 것도 포함하여)은 곧 자기 성취에 대한 예언이 된다.

종교적 신념 때문에 10살 된 어린 아들이 귀앓이로 고생을 하는데도 의학의 도움을 거부하는 가정이 텔레비전에 방송된 적이 있었다. 그들은 항생제를 쓰면 얼마든지 치료가 가능한 아들의 병을 하나님께서 치료해주실 것으로 믿고, 기도만 하면서 의사에게 데리고 가는 것을 거절했다. 결국 병은 빠른 속도로 번져, 아이는 죽고 말았다. 이 부모들은 자기들의 종교적인 규율을 어길 경우, 하나님께서 응징하실 것이라는 신념을 가지고 있었다. 그리고 이 신념은, 아들이 죽게 될 것이라는 두려움이나 국가의 관계 기관이 내릴 조치 그리고 아들의 죽음으로 나머지 8명의 자녀들에게 미칠 영향에 대한 염려보다 더 강하고 중요한 것이었다. 그들의 신념은 자식에 대한 부모의 사랑보다 더 강했다. 그리고 자기들의 종교가 옳다는 것에 대한 그들의 신념은 하나님께서 그를 치료해주시리라고 믿는 신앙보다도 강했다. 그들은 기자에게 "만약 하나님께서 그를 치료해주시지 않는다면, 그를 데려가길 원하시기 때문이겠지요"라고 말했다. 그들의 강한 신념은 비록 그것이 비정상적인 것이었지만 자기를 실현하는 예언이 되었다.

신념의 무서운 힘을 보여주는 또 한 가지 이야기는, 내가 잘 아는 샐리의 이야기이다. 그녀는 굉장히 아름다운 외모를 가지고 있으면서도 자신이 아름답지 않다고 믿고 있었다. 샐리는 스스로의 만족과 사람들의 호감을 얻기 위해 부단히 가꾸고 치장했다. 그녀는 아름답게 보이기 위해서라면 최신 유행의 옷을 구입하는 것은 물론이고 주름살과 턱살, 지방 제거 수술까지 성형수술도 20번을 넘게 했다.

그러던 중 샐리는 남캘리포니아에 훌륭한 종교지도자가 있다는 소식을 듣고는 그가 인도하는 세미나에 참석했다. 그녀는 거기에서 '우리는 지금, 특히 인간관계에 있어 옛날 가치 체계 속에 지나치게 갇혀 있으며, 그것은 무익한 것이다'라는 가르침을 받았다. 세미나의 프로그램에는 참석자 각자가 중요하게 생각하는 문제를 토로하고, 다른 사람들과 함께 그 배경이 되는 신념이나 가치가 무엇인지를 알아보는 시간이 있었다. 전혀 무의미한 것처럼 들릴지 모르지만, 그 종교지도자의 이런 시도를 통해 내 친구 샐리는 그녀가 갖고 있던 신념과 가치를 버렸다.

세미나에 참석한 샐리는 거기에서 짐이라는 연하의 남자를 좋아하게 되었다. 본래 자신의 감정을 숨길 줄 모르는 그녀는 그에게서 느끼는 매력을 솔직히 털어놓으며 행여 그에 비해 자신의 나이가 너무 많은 것은 아닌지, 또 남편이 자기가 짐과 교제하고 있다는 사실을 알면 화내지 않을지 걱정했다. 종교지도자는 샐리에게 "이것은 내가 그렇게 믿는 것일 뿐, 사실이 아니야"라고 말하면서 두려움을 하나씩 반복해서 진술하도록 했다.

"나는 짐에 비해 내 나이가 너무 많다고 생각합니다. 하지만 이것은 내가 그렇게 믿고 있을 뿐, 사실이 아닙니다. 만약 남편이 내가 짐과 교제하고 있다는 사실을 알면 분노할 것입니다. 그러나 이것은 내가 그렇게 믿는 것일 뿐, 사실이 아닙니다."

이렇게 해서 샐리는 자신이 가지고 있던 가치관에 대해 완전히 새롭게 생각하게 되었고 짐과 사귀기 시작했다. 그리고 남편 빌에게 그 사실을 이야기했고, 물론 빌은 몹시 분노했다.

내가 친구인 수와 질과 함께 점심을 먹고 있을 때였다. 샐리가 화려한 모습을 하고(빅토리아 시크릿이라는 옷가게에서 산 금실이 수놓아진 속이 비치는 블라우스에 검정색 가죽바지를 입고 굽 높은 구두를 신은 차림으로) 우리가 있는 테이블로 급히 달려왔다. 우리가 깜짝 놀라 그녀를 보라보자 샐리는 "내가 전에 난 위험할 정도로 아름답다고 했었잖아요?"라고 우리에게 물으며 스스럼없이 "무슨 말인지 짐작해보세요"라고 우리를 다그쳤다. 우리가 어안이 벙벙해 있자, 샐리는 이야기를 계속했다.

"그동안 나는 성생활은 결혼한 남자와만 해야 한다고 생각을 했었지요. 하지만 그것은 낡은 신념이었어요. 지금에야 나는 성숙한 사랑을 즐기고 있어요. 정말 행복해요! 지금까지 이렇게 달콤한 사랑을 해본 적이 없다니까요!"

수가 "그러면 남편 빌과는 어떻게 하고요?" 하고 묻자, 샐리는 신념에 차서 대답했다.

"아, 빌은 아직도 결혼에 대해 고리타분한 생각에 빠져 있어요."

"남자친구 짐은 어떤가요?"

"글쎄요, 짐은 세미나에 참석하고 있는 젊은 여자들에게 끊임없이 눈길을 돌리고 있기는 한데…, 짐은 내게, 내 질투심은 내게 전혀 무익한 지나친 신념에 불과하다고 하더군요. 그가 내게 경제적인 어려움에 대해 아직까지 낡은 신념을 갖고 있다고 말했지만, 나는 그에게 더 이상 생활비를 내가 지불하지 않겠다는 것을 분명히 말했어요."

우리 셋은 샐리가 하는 말의 의미를 도무지 이해할 수 없었다. 질이 다시 물었다.

"샐리, 집단적인 이성 교제가 위험하다는 사실을 모르나요? 다른 사람들이야 어떻게 생각하든지 간에 말이에요."

"질, 그런 것은 이제 나와는 전혀 상관없어요. 그런 것은 집단적인 이성 교제에 대해 갖고 있는 지나치게 낡은 신념에 불과하지요. 나는 지금 너무 좋은 시간을 보내고 있어요."

샐리는 큰 소리로 말하며 짙게 화장을 한 얼굴에 화장이 더 필요한지를 보기 위해 손거울을 꺼냈다. 우리는 그녀와 헤어진 다음 중보기도팀에 전화를 했다.

전에 그렇게도 매력적이었고 삶과 결혼생활을 성공적으로 이루어왔던 샐리는, 자신이 어떠한 신념 체계도 갖지 않겠다고 결심했기 때문에 그동안 쌓아온 공적과 결혼생활, 그리고 재산을 모두 물거품으로 만들어버렸다. 그리고 마침내는 자신의 건강까지 해치게 될 지경에 이르렀다. 몸에 꽉 쪼이는 가죽바지와 뾰족구두를 제외하면 샐리는 구조적 골조가 없어 몸을 지탱할 수 없는 '인간 원형질' 그 자체였다. 샐리는 자기가 갖고 있던 거의 모든 신념들을 바꾸었음에도 불구하고 자신이 예쁘지 않다는 신념은 조금도 바꾸지 않고 남겨두었다. 그리고 우리는 샐리의 의식 밑바닥에 깔려 있는 자신에 대한 부정적인 신념이 스스로에 대한 예언이 되어가고 있는 것을 볼 수 있었다.

예수님은 돈 많은 주인으로부터 각자 일정한 달란트를 잘 간수하라고 받은 세 하인에 대한 이야기를 들려주셨다. 부자인 주인은 멀리 여행을 떠나면서 세 하인들에게 그 재능에 따라 각각 금 5달란트와 2달란트, 1달란트를 맡겼다. 5달란트를 받은 하인은 바로 가서 그것으로 장사를 해 5달란트를 더 벌었다. 2달란트 받은 하인 역시 그렇게 해서 자기가 받은 것의 배를 이익으로 남겼다. 그런데 1달란트를 받은 하인은 나가서 땅을 파 그곳에 주인의 돈을 숨겨두었다. 돈 많은 주인은 돌아와서 회계하여 장사를 한 두 하인에게 받은 돈을 잘 활용했다고 크게 칭찬했다.

"잘하였도다, 착하고 충성된 종아. 네가 적은 일에 충성하였으매 내가 많은 것을 네게 맡기리니. 네 주인의 즐거움에 참여할지어다."

그러면 여기에서 나머지 한 사람이 자기 주인에 대해 믿고 있던 것과 그러한 신념의 결과 그가 어떻게 했는지를 들어보라.

"주인이여, 당신은 굳은 사람이라…. 나가서 당신의 달란트를 땅에 감추어두었나이다. 보소서, 당신의 것을 가지셨나이다."

이 하인에 대한 주인의 무서운 질책은 실제 그의 예언이 그대로 이루어지는 것을 매우 생생하게 보게 된다.

"악하고 게으른 종아…. 그에게서 1달란트를 빼앗아 10달란트 가진 자에게 주라."

자기가 혹독하게 대우받으리라고 생각했던 종은 실제 그렇게 되었다(마태복음 25:14-28).

영화배우 짐 캐리(Jim Carrey)는 자신이 파산 직전의 가난한 영화배우였을 때 수표를 꺼내 1,000만 달러라는 액수를 썼다. 그런데 놀랍게도, 짐이 이 수표에 자기가 원하는 액수를 쓰고 나서 약 3년이 지난 후, 그는 그의 세 번째 영화에서 1,000만 달러라는 출연료를 제시받았다.

사람은 자기가 생각하는 대로 된다는 사실을 기억해야 한다. 우리의 생각과 말에는 무서운 힘이 있다.

그것이 바로 자기 성취의 예언이 가져다주는 영향이며 진리이다.

1. 당신이 믿고 있는 자기 성취의 예언에는 어떤 것이 있습니까?

2. 당신이 알고 있는 사람 가운데 지금 자기 성취 예언을 이루는 삶을 살아 가고 있는 사람이 있습니까?

3. 앞으로 자신의 모습에 대해 당신 자신이 갖고 있는 이미지는 무엇입니까?

4. 사람은 항상 자신이 실제로 믿는 것을 행동으로 옮기기 마련입니다. 당신 은 이 말이 맞다고 생각합니까? 아니면 틀리다고 생각합니까? 그렇다면 그 이유는 무엇입니까?

5. 다른 사람이 당신에게 준 예언과 당신이 스스로에게 준 예언 중 어느 예 언이 더 위력이 있습니까?

사랑하는 주님,

저는 제 자신이 목표하는 대로 될 수 있다는 것을 알고 있습니다. 저로 하여 금 저에 대한 당신의 뜻을 깨닫게 하시고, 그것을 성취하게 도와주시옵소서. 아멘.

매일 잘되는 삶은 없다

"거짓 선지자들을 삼가라."
마태복음 7:15

나는 나의 강연이나 세미나에 참석한 사람들에게 그들이 살아오면서 들은 긍정적인 예언과 부정적인 예언이 얼마나 되는지 물어보곤 한다. 그들 가운데 약 3분의 1 정도가 긍정적인 예언보다는 부정적인 예언을 많이 들었다고 대답한다. '절망적인 말은 들은 적이 없다오(Never was heard a discouraging word)'란 노래를 자주 들을 수 있는 주(州)에서 성장기를 보낸 나는 부정적인 말을 극복하고자 하는 사람들의 이야기를 들으면, 저절로 분투하고 싶은 마음이 치솟는다.

내가 가장 좋아하는 일 중 하나는 말을 타고 개들과 함께 시골 길을 달리는 것이다. 내가 키우는 '제니'는 코커스패니얼 종으로 천성적으로 호기심이 많고 빨리 뛰어가기를 좋아해서 항상 나보다 50m 정도 앞서 달린다. 하루는 나의 애마인 '서니'를 타고 제니와 함께 강변을 달리고 있었다. 그런데 앞에서 달려가던 제니가 보이지 않았다. 말을 되돌려 제니를 불렀더니만 제니는 덤불 근처에 서 있었다. "제니, 이리 온! 빨리 와!" 몇 차례 제니를 부른 다음 나는 계속 앞으로 달렸다. 얼마를 더 달려도 제니는 여전히 따라오지 않고 똑같은 장소에 서 있었다. 제니가 말을 듣지 않은 적이 거의 없었기 때문에 이상하다는 생각에 말을 돌려 제니가 있는 곳에 가까이 갔다.

"제니, 따라오라는데 뭐하는 거니?!"

그래도 제니는 꼼짝하지 않은 채 계속 서 있었다. 꼬리를 흔들고 있는 걸로 봐서 다친 데나 불편한 데는 없는 것이 분명했다. 바짝 다가가서 보고서야 나는 제니가 왜 그러고 있는지 알 수 있었다. 제니의 가슴과 다리에 아무렇게나 버려진 낚싯줄이 얽혀 있어 움직일 수가 없었던 것이다. 나는 다른 동물들이 얽히지 않게 하려고 조심스레 낚싯줄을 풀어 주머니에 넣고는 서니 위에 올라탔다. 제니는 털에 풀다 만 낚싯줄이 조금 남아 있는데도, 자유를 즐기기라도 하는 양 또다시 나를 앞질러 힘차게 달리기 시작했다.

부정적인 예언은 바로 우리가 걸려서 헤어나지 못하는 낚싯줄과 같다. 눈에 잘 보이지도 않는 이러한 나일론 끈은 그 세기가 쇠사슬처럼 강하다. 부정적인 예언의 말은 우리에게 상처를 주고 무기력하게 만들며 우리를 꼼짝 못 하게 만들기도 한다.

리치몬드 메이요-스미스는 암허스트 대학교의 1944년도 졸업
생이다. 그는 '나는 우리가 어려움을 당하는 근본적인 원인은, 그
릇된 말을 믿고 그대로 살아가기 때문이다. 이 사실을 깨닫는 것이
얼마나 유익한가를 발견했'고 했다.

세미나에 참석한 사람들에게 다른 사람들에게 들은 본인에 대
한 긍정적인 예언들을 적어보라고 하면, 대개 몇 명은 슬그머니
손을 들어 나를 부른다. 다른 사람들이 자신들이 들었던 긍정적인
예언들을 열심히 쓰고 있는 반면 이 사람들은 나의 귀에다 대고
"강사님이라면 긍정적인 예언을 들은 기억이 없을 때는 어떻게 하
시겠습니까?" 하고 작은 소리로 묻는다. 이에 내가 자신의 삶에 영
향을 끼친 부정적인 예언들에 대해 적어보라고 하면 그들은 술술
적기 시작한다.

부정적인 예언이 때로는 그것과 전혀 다른 긍정적인 예언으로
바뀌기도 한다. 아래에 소개하는 이야기들을 통해 사람들이 자신
에 대한 '부정적인 예언'에 어떻게 반응했는지를 살펴보자.

나는 18살 때 약국에서 종업원으로 일을 했는데 그때 주인은
나에게 이렇게 말했다.

"우리가 자네 같은 사람을 고용하는 이유가 뭔지 아나? 자네
같은 사람들은 야심이 적기 때문이지. 최소한의 급료에도 만

족하니까 직장을 그만두지 않아. 아마 자네는 앞으로 결혼도 하고 몸이 붙고 자녀도 많이 가질 테니까, 여기를 떠나지 않고 계속 남아 있을 것이 아닌가!"

그 말에 기분이 상하긴 했지만, 나는 내 꿈을 포기하지 않기로 했다. 나는 도움이 필요한 사람들을 돕기 위한 나의 계획을 계속 실현시켜 나가고 있고, 지역 사회의 일에도 적극적으로 참여하고 있다. 그리고 지난날의 나쁜 일과 부정적인 영향을 끼치는 것들을 하나하나 극복해나갔다. 그러면서 대학교에 진학해 간호사 학위를 취득하고, 사회복지와 관련된 두 개의 전문 자격증을 땄다. 그리고 지금은 간호사와 전문치료사들에게 사람들의 정신질환과 약물중독에 적응해나가는 새로운 방법을 익히도록 돕는 일을 지도하고 있다. 약국 주인은 여전히 그 약국을 계속 경영하고 있다.   - M. W.

감수성이 예민한 시절의 젊은이에게 긍정적인 격려의 말 한마디 해주지 못한 주인이 아직까지 똑같은 장소에서 약국을 경영하고 있다는 사실이 매우 놀랍지 않은가? 아마 그는 예언(그것이 좋은 것이든 또는 나쁜 것이든 간에)을 전혀 믿지 않았던 것 같다. 그리고 다행히도 이 청년은 자기의 지적 능력에 대한 부정적인 예언을 극복해냈다.

고등학교 시절 우리 선생님의 수업은 그렇게 훌륭한 편이 못 되었다. 그래서인지 나는 수업시간에 도무지 흥미를 붙이지 못했다. 성적이 형편없는 것은 당연했다. 교장선생님은 내게 대학생활을 제대로 하지 못할 것 같으니, 대학진학반에 들어 가지 말라고 충고하셨다. 그래서 나는 고등학교 졸업 후 해군 에 자원입대를 했고, 제대 후에는 자동차 부품가게와 주유소 에서 일을 했다. 그러다가 나중에는 나의 적성에 가장 잘 맞는 다고 생각되어 한 제조회사의 품질관리과에 취직했고, 그곳 에서 일하면서 생산성을 높일 수 있는 아이디어를 몇 가지 개 발해냈다. 나는 업무능력을 인정받아 제품생산부의 차장으로 승진했고 다시 부장으로, 그리고 마침내 26명의 직원을 관리 해야 하는 두 개 부서의 부장이 되었다. 그러던 중 나에게 남 캘리포니아 대학교의 한 교수로부터 IQ테스트를 받아보라는 청이 들어왔다. 큰 기대를 하지 않고 검사를 받았는데, 검사 후 교수는 나의 지능지수가 138 이상으로 대학생활을 충분히 해 낼 수 있다고 말했다. 나는 직장을 그만두고 전문대학에 들어 가 공부를 시작했고 샌디에이고 주립대학교에 들어가 토목공 학과를 차석으로 졸업했다.   - J. B.

자기가 존경하는 윗사람으로부터 장차 성공하지 못하리라는 부 정적인 예언을 들었던 한 청년은 주유소 종업원이 되었다. 그러나 하나님께서는 그의 뛰어난 재주를 드러나게 하셨으며, 마침내 그의 뛰어난 지적능력은 존경할 만한 인물에 의해 증명되었다. 그가 남캘리포니아 대학의 교수로부터 들은 새로운 예언은, 그에게 대학에서 2등으로 졸업하는 결과를 안겨주었다. 이 이야기는 사람의 예언과 예견이 우리의 장래에 미치는 영향을 보여주는 대단히 훌륭한 예이다.

형제들 중에서 가운데로 태어난 나는 언제나 사람들을 즐겁게 해주는 것을 좋아했다. 고등학교 때 진학상담 선생님은 '너는 성적이 중간이니까, 대학교에 들어가서도 중간 정도의 성적을 유지할 것'이라고 말했다. 나는 선생님의 말을 그대로 믿고 공부를 열심히 하지 않았고, 나보다 똑똑하고 유능한 사람들이 많다고 생각했다. 그리고 그때까지 살아오면서 내가 중간밖에 되지 않는다는 것이 늘 못마땅했다. 좀더 솔직히 말하면, 나이를 먹을수록 그런 사실이 더욱 싫어졌다.

나도 성공할 수 있고, 어느 분야에서 뛰어난 능력을 발휘할 수 있다는 사실을 발견하기까지는 수십 년의 세월이 걸렸다. 나는 50살이 되어서 태권도 검은 띠를 땄다. 그리고 지금은 훌륭한 도예가가 되기 위한 길을 걸어가고 있다. 나는 10년을 주기로 새로운 목표를 세우고 도전하는 삶을 살아가려고 한다. 이러한 모든 것들은 내가 목적의식을 가진 것과 하는 일에서 꼭 '중간'일 필요가 없다는 것을 깨달은 데서 비롯되었다고 믿는다.

- L. F.

부정적인 예언을 극복하는 데 때로는 수십 년이 걸릴 수도 있다. 그러나 위의 사례와 같이 자신이 직접 세우고 성취한 목표들은 우리에게 긍정적 영향을 미친다. 그녀는 목표를 성취한 경험을 통해 원하는 것이 그대로 이루어지리라는 긍정적 생각을 하게 되었고, 그로 인해 자기 안에 잠재되어 있는 뛰어난 능력을 더 빨리 깨닫게 될 것이다. 그녀는 지금 자신에 대한 부정적인 예언들을 하나씩 떨쳐버리고 있다. 그리고 우리도 그렇게 할 수 있다.

우리 아버지의 꿈은 내가 대학교를 잘 다녀 졸업장을 받는 것이었다. 아버지가 돌아가시고 난 후, 아버지의 사물함을 정리하다가 수첩 하나를 발견했다. 거기에는 이런 메모가 있었다. '아버지는 네가 대학 과정을 결코 마치지 못할 것이라는 것을 알고 있다.' 그 쪽지를 발견했을 당시, 나는 힘들게 대학교 2학년 과정을 밟고 있었고 우리 집은 내가 학교를 그만둘 것인가 하는 문제로 불화가 잦았다.

아버지가 정말 그렇게 믿으셨는지 아니면 나의 심리를 자극해서 역이용하고자 하신 것인지는 정확히 알 수 없다. 어쨌든 나는 그것을 보고 몹시 화가 났고, 기분이 나빴다. 하지만 그 메모는 내가 대학 과정을 끝까지 마치게 하는 자극제가 되었다.   - S. K.

그녀의 아버지는 역심리를 이용하고자 했던 것일까? 사람들은 자기가 진정 사랑하고 아끼는 자에게 백 가지 약이 무효하다고 생각될 때 그러한 방법을 사용하곤 한다. 말을 곧이곧대로 받아들이는 인간의 성향을 감안하면, 이 방법은 위험할 수도 있다. 하지만 그녀의 경우에는 매우 효과적이었다.

나도 이와 비슷한 경험이 있다. 우리 아버지가 돌아가시고 난 후, 아버지께서 당신의 친구 중 한 분께 내가 앞으로 2년을 넘기지 못하고 사업을 그만두게 될 것이라고 말했다는 사실을 알았다. 아버지의 이러한 암시는 집요하게 나를 따라다니며 자꾸 그런 부정적인 방향으로 생각하게 만들었다. 나는 근 20년 가까이 사업을 하면서도 아버지가 하신 그 말씀을 떨쳐버릴 수가 없었다. 아버지는 내가 미처 모르고 있던 무언가를 알고 계셨던 것일까? 아니면 아버지의 두려움이나 또는 그릇된 판단으로부터 나온 말일까?

내가 어렸을 때 우리 아버지는 내가 얼마나 어리석은지에 대해 말씀하시곤 했다. 나는 수업내용들을 알아들으려고 무던히 애를 썼으며, 스스로를 열등하다고 생각했다. 내가 10대일 때 아버지는 너무 바쁘셨기 때문에 나에게 신경 쓰실 틈이 없었다. 그래서 나는 양아버지를 맞이하기로 했다. 양아버지께서는 내가 고등학교를 무사히 마칠 수 있도록 당신이 하실 수 있는 모든 지원을 아끼지 않으셨고, 나를 매우 존중하고 믿어주셨다. 나는 그런 양아버지께 자랑스러운 아들이 되길 바랐다. 지금 나는 좋은 아버지가 되었고, 30년 동안 지역사회 지도자로 성공적인 사회활동을 하고 있다. 나는 하나님께서 내가 어린 시절에 들었던 부정적인 말들을 극복하고 오늘날과 같이 성공적인 사람이 될 수 있도록 도와주시기 위해 양아버지 같은 긍정적인 분을 보내셨다고 믿고 있다.   - L. K.

이 이야기는 자식의 인생에 커다란 영향을 줄 정도로, 자식의 능력에 대해 의심이 많은 한 아버지의 모습을 보여준다. 그러나 머리가 좋은 이 소년은 자기를 믿어줄 수 있는 사람을 찾아 양아버지로 삼았다.

이름을 밝히지 않은 한 여성은 그녀가 매우 이해하기 어려웠지만 강한 영향을 준 부정적인 예언에 대한 이야기를 해주었다.

어머니는 외가에서 유일하게 고등교육을 받으셨고, 간호사가 되고 싶어 하셨다. 어머니가 꿈을 이루는 데 많은 돈이 필요한 것은 아니었다. 하지만 외할아버지께서는 그 돈을 주지 않았다. 좌절한 어머니는 꿈을 포기한 채 결혼을 했고, 결혼생활은 그다지 행복하지 못했다. 어머니는 시기심과 질투심이 굉장히 강하신 분이다. 나는 어머니를 사랑했지만, 못마땅할 때도 많았다. 나는 시기와 질투로 가득 찬 어머니의 마음에 영향을 받지 않으려고 부단히 노력했다. 어머니가 당신의 꿈을 이룰 수 없었던 것은 나도 매우 안타깝게 생각한다. 하지만 그것이 내가 꿈을 실현하는 데는 문제가 되지 않았다. 나는 간호사가 되었고, 나를 아낌없이 후원해주고 나의 성공을 함께 기뻐해주는 남편과 안정된 결혼생활을 하고 있다.　　　　- 익명

나는 소아마비를 앓고 장애인이 되었기 때문에 휠체어가 있어야 몸을 움직일 수 있다. 어머니는 내게 사람들과 어울려 살려면 내가 먼저 밖으로 나가 사람들에게 다가가야 한다고 하셨다. 하지만 나는 그런 말을 들을 때마다 움츠러들었다.
'내가 그렇게 할 수 있을까? 바깥세상으로 나가는 것은 어렵잖아.'
게다가 나는 밖에 한 번 나갈 때마다 다른 사람들의 도움을 받아야 했다. 그러던 중, 만약에 내가 운전을 배운다면 어느 정도는 혼자서 활동하는 것이 가능하지 않을까 하는 생각이 들었다. 그래서 병원에 가서 내가 운전을 할 수 있는지 여부를 검사받았다. 결과는 불가능으로 나왔다. 하지만 그 '불가능'이라는 판정도 운전을 하겠다는 나의 의지를 꺾지 못했다. 그리고 1년 뒤, 나는 밴을 사서 몰고 다니기 시작했다. 운전이 내가 활동

하는 데 얼마나 많은 자유를 주었는지 모른다. 내가 혼자서 차를 몰고 다니기 시작한 무렵이었다. 어떤 두 사람이 내 차를 세우더니 장애인들을 위한 기관에 대한 정보를 주면서 그곳에서 열리는 모임에 참석해보라고 권했다. 그 일이 내가 자원봉사를 시작하게 된 계기였다. 그 후로 나는 지금까지 그곳에서 사람들을 만나 돕고 있다. 최근에는 열심히 봉사 활동을 한다고 인정을 받아서 시장으로부터 표창장도 받았다.   - 수지 하크

이 이야기의 주인공인 수지는 사회와 다른 사람을 위해 봉사하면서 살고자 하는 자신의 꿈을 실현하는 데 방해가 된 신체적 장애와 의학적인 전문가의 판정에도 결코 굴하지 않았다.

나는 고등학생 시절 이웃 농장에서 시간제로 일을 한 적이 있다. 농장 주인은 점잖고 훌륭한 농부였다. 하루는 그분이 나를 불러 "자네가 일하는 자세를 칭찬하고 싶군. 나는 자네가 시험을 보지 않고 의회의 추천을 통해 직접 해군사관학교에 입학할 수 있도록 도와주고 싶은데, 어떤가?"라고 말씀하셨다. 나는 그때까지 누군가에게 그렇게 호의적인 제의를 받아본 적이 없어서 몹시 흥분이 되었다. 하지만 나는 내 능력에 대해서 확신이 없었기 때문에, 평소 존경하던 교장선생님께 이 문제에 대해 의논드렸다. 내심 교장선생님께 격려의 말을 듣기를 바라

면서 말이다. 하지만 해군 장교로 근무한 경험이 있는 교장선생님은 "자네는 그것을 결코 감당하지 못할 걸세. 자네에게는 그런 능력이 없네"라고 하셨다. 나의 기대는 산산이 무너졌고, 절망에 빠졌다. 그리고 사관생도로 임관될 수 있었던 기회와 그분의 호의를 사양했다. 그러나 수년 후, 나는 사병으로 군복무를 마친 다음 학사와 석사학위 과정을 밟았다. 교장선생님의 생각이 잘못되었다는 것을 증명하고 싶은 강한 욕구 때문이다. 나는 수년이 지나서야, 내 인생에서 학위를 따고 목표를 추구하는 것이 중요하고 가치 있는 것임을 깨닫게 되었다.

- 윌리엄

윌리엄의 이야기는 예언이 우리에게 미치는 매우 안타까우면서도 의미심장한 결과를 보여주는 예들 중 하나다. 윌리엄은 두 가지 예언에 직면했었다. 첫째는 의회의 추천에 의한 해군사관생도가 될 수 있다는 긍정적인 예언이고 둘째는 그것을 결코 감당해내지 못하리라는 부정적인 예언이다.

아마 사람들은 고등학교의 교장선생님이 이웃에 사는 농부보다는 학생과 더 많은 접촉을 가질 수 있었다는 점에서 교장선생님의 예언이 더 큰 영향을 끼쳤을 것이라고 생각할지 모른다. 안타깝게도 윌리엄은 교장선생님이 들려준 부정적인 예언을 사실로 받아들여 인생의 목표를 매우 낮은 것으로 삼았다. 그러나 우리에게 가장 좋고 최상의 것만을 주기 원하시는 하나님께서는 바로 이웃의 농부를 예언자로 사용하셨다. 안타깝게도 농부의 말을 믿지 않은 윌리엄은 자기에게 주어진 '약속의 땅'에 들어가지 않았다.

초등학교 1학년 때 담임선생님은 우리 어머니에게, 내가 열심히 노력하는 편이 아니기 때문에 커서 훌륭한 일을 하지 못할 것이라고 말했다. 이 사실을 알고 기분이 나빴던 나는 일부러 더 그렇게 행동했다. 학교생활도 성실하게 하지 않았고, 성적은 잘해야 중간 정도였다. 고등학교를 졸업하고 주립대학교에 입학했지만, 나는 학교에 다니고 싶은 마음이 전혀 없었다. 그래서 3학기를 마치자마자 학교를 그만두고 집으로 돌아와 직장을 다니기 시작했다. 다행히도 나는 직원들에게 대학 등록금을 대주는 큰 회사에 취직을 하게 되었다. 그리고 직장에서 다른 사람들보다 앞서기 위해서는 대학 과정을 마치는 것이 유일한 방법이라는 사실을 알고 난 후, 성실하게 대학을 졸업하기로 결심을 했다. 나는 밤과 주말 시간에 다시 학교를 다니면서 2등으로 경영학 학사학위 과정을 마쳤다. 졸업식 때 2등으로 졸업하는 학생임을 상징하는 장식을 달고 단상을 걸어가는 순간이 되어서야, 내가 초등학교 1학년 때 들었던 예언을 극복할 수 있었다. 나도 열심히 노력하는 사람이며, 지적능력도 뛰어나다는 사실을 입증한 것이다.   - K. J.

나는 많은 사람들이 어린 시절 자신들이 들은 예언적인 말을 어른이 되어서도 그대로 간직하고 있다는 사실에 항상 놀란다.

위에 소개한 이야기는 초등학교 1학년 때 선생님에게 들은 예언을 영예로운 학위를 받기 위해 연단 위를 걸어갈 때까지 기억하고 있었던 한 사람에 관한 이야기이다. 이러한 사례는 예언이 아이들에게 미치는 영향력을 상기시켜 준다. 어린이들에게 있어 말은 그것이 좋든 그렇지 않든 간에 그 곁을 항상 따라다니는 그림자가 되곤 한다.

내가 변호사가 되기로 결심했다고 어머니께 이야기하자, 어머니는 내가 장차 인생을 성공적으로 살겠지만 가장 훌륭한 변호사가 되지는 못할 것이라고 하셨다. 그런데 실제 나는 어머니의 예언대로 지금까지 변호사협회 회장은 한 번도 하지 못한 채 몇 차례에 걸쳐 부회장직만을 맡고 있는 만년 2인자이다. 어머니의 예언은 최고가 되고자 했던 나의 꿈에 영향을 주었다. 나는 지금까지 2인자가 되는 것만을 생각해왔으며 아직까지 그렇게 살고 있다.　　　　　　　　　　　　　- C. G.

나는 부모들이 자녀들의 마음 가운데 이러한 생각을 심어주는 이유를 도무지 알 수가 없다. 다만 내가 알고 있는 분명한 사실은, 이러한 생각은 아이에게서 평생 동안 떠나지 않는다는 것이다.

유방암 환자들을 치료하는 한 임상의사가 환자들에게, 유방암에 걸린 여인을 주인공으로 이야기를 지어보라고 했다. 가공의 유방암 환자가 병과 치료에 성공적으로 대응해, 해피엔딩으로 끝나는 이야기를 환자들에게 직접 써보게 한 것은 대단히 놀라운 효과를 가져왔다. 우리도 마찬가지로 자신을 주인공으로 해서 행복하게 끝나는 이야기를 쓸 수 있다.

하워드는 아내 에드나에게 한 가지 제안을 했다.

"여보, 이제 우리에게도 저축한 돈이 조금 있으니 지금 세 들어 살고 있는 이 집을 사 수리해서 팔도록 합시다."

"하워드, 만약 그렇게 했다가 빈털터리가 되면 어떻게 해요? 지금 이 상태로 그냥 있는 것이 더 좋아요."

에드나는 걱정스런 얼굴로 말했다. 그로부터 10년의 세월이 지나갔다.

"에드나, 저기 길 아래에 팔려고 내놓은 농장을 보았는데, 콤바인을 사고 아이들이 도와주면 우리가 농사를 지을 수 있지 않을까?"

하워드의 질문에 에드나는 바느질을 하면서 얼굴도 돌리지 않은 채 대답했다.

"하워드, 만약 그렇게 했다가는 모든 것을 다 잃게 될 수도 있어요. 지금의 이 상태가 좋아요."

아이들은 방에서 숙제를 하고 있었고, 막내인 찰리는 엄마와 아빠가 하는 이야기를 귀 기울여 듣고 있었다. 아버지의 슬프고 멍한 표정과, 아버지의 제안을 반대하는 것이 마치 모든 가족의 뜻인 양 단호했던 어머니의 태도를 찰리는 오래도록 잊지 못했다.

55세의 찰리가 내가 인도하는 사명선언 훈련 세미나에 참석했다. 그때 세미나의 주제는 '부모가 이루지 못한 소망이 자식들에게 미치는 영향과 예언'에 관한 것이었다. 나는 찰리를 댈러스에서 강연을 하기 바로 한 해 전에 처음 만났고, 그는 그 당시 크게 성공한 부동산중개업자로 동기유발에 관한 책을 집필하고 있었다. 정장 차림의 밝은 미소를 띠고 있던 그는 누가 보아도 크게 성공한 사람이라는 것을 쉽게 알 수 있었다. 그런 그가 다시 내 세미나에 참석했다는 것은 내게 있어 커다란 영광이었다. 하지만 세미나에서 찰리가 자리에서 일어나 자신의 이야기를 털어놓기 시작했을 때, 나는 깜짝 놀라지 않을 수가 없었다. 그는 더 이상 성공한 부동산 중개업자가 아니었다. 생계를 위해 리무진 승용차를 운전하는 운전기사로 일하고 있었고, 이혼을 한 데다 파산까지 선언한 상태였다. 하지만 그의 눈에는 평온함이 보였고, 감정적으로 매우 고무된 것처럼 보였다. 찰리가 자신의 이야기를 끝맺었을 때 나는 커다란 감동을 받았다.

"축하해요, 찰리. 당신은 부모님의 예언을 매우 훌륭하게 실천했습니다. 굉장히 훌륭한 분이시군요."

참석자들 사이에는 갑자기 조용한 침묵이 흘렀다. 찰리는 '저는 강사님의 말이 이해가 되지 않는군요. 사람들은 지금 모두가 나를 실패자로 여기고 있거든요. 그리고 저는 지금 아무것도 가진 것이 없잖습니까?'라는 듯이 휘둥그런 눈으로 고개를 갸우뚱했다.

"예언한 그대로 되지 않았습니까! 찰리, 당신 어머니의 예언대로 모든 것을 몽땅 잃었잖아요? 그리고 당신은 빈털터리가 되어서 이제는 예전의 모든 복잡했던 것에서 자유로워졌고, 그게 바로 당신의 아버지가 원했던 것이지요. 결국 당신은 갑자기 몰아닥친 실패를 통해 부모님께서 생각한 두 가지를 모두 실현했어요. 그것으로 부모님들에 대한 빚을 갚았습니다. 자신이 얼마나 위대한 업적을 이루었는지 모르고 계신 건가요? 찰리, 이제는 그런 슬프고 부정적인 예언에 더 이상 얽매이지 말고 자신이 원하는 삶을 창조해 나갈 수 있게 되었어요."

이제 찰리는 부정적인 예언들을 극복함으로써 그것들을 긍정적인 예언으로 바꿀 수 있게 되었다.

내과의사인 레이첼 나오미 예멘(Rachel Naomi Yemen)은 스스로 선택한 대로 병의 말기에 있는 환자를 비롯한 중환자들을 위해 일하고 있다. 그녀는《그대 만난 뒤 삶에 눈떴네(Kitchen Table Wisdom)》(이루파, 2010)란 책에서 존이라는 젊은 말기 간암 환자의 감동적인 이야기를 들려준다. 모험심 강한 존은 상류층이 즐기는 레포츠를 좋아했다. 레이첼은 행글라이딩, 자동차경주 그리고 모터보트를 즐기다가 부상을 당한 적이 있는 존의 진료 내역을 보다가 문득 '존이 혹시 항상 죽음에 대해 생각하고 있는 것이 아닐까' 하는 의구심이 생겼다.

존은 레이첼의 의문에 자신의 이야기를 들려주었다. 그는 아이오아주의 한 농부의 둘째 아들로 태어났는데 어린 시절부터 항상 병약했다. 그의 형은 매우 건강했고 아버지의 각별한 사랑을 받았지만, 존은 간염과 중이염에 시달렸다. 하루는 그의 아버지가 화가 나서, "여보! 만약 저 녀석이 강아지라면 강물에다 갖다 버리기라도 하겠어!"라고 말하는 것을 우연히 듣게 되었다. 이야기를 이어가는 존의 눈에는 분노나 눈물이 없었다고 한다. 레이첼은 존이 떠나고 나서, 그의 이야기에 대해 곰곰이 생각을 했다. 그리고 존이 다시 진찰을 위해 찾아왔을 때 그를 보면서 이렇게 말했다.

"존, 그럼 당신은 당신이 살기를 바라는 어머니와 당신이 죽기를 원하는 아버지 중에서 누구의 뜻에 따르고 싶나요?"

오랫동안 침묵이 흘렀다. 존은 가슴을 아프게 하는 레이첼의 질문에 결국 울음을 터뜨렸다. 그러더니 더듬거리며 말했다.

"저는 살고 싶어요."

레이첼은 다정하게 그의 무릎을 토닥여주었다.

"저도 당신이 살기를 바랍니다."

그들은 나머지 시간 동안 서로가 아무 말도 하지 않은 채 침묵으로 일관했다. 돌아가기 위해 자리에서 일어난 존은 고개를 돌려 레이첼을 바라보며 미소를 지었다. 이 순진한 젊은이가 삶과 죽음의 갈림길에서 치른 투표의 결과는 아버지가 찍은 '죽음' 한 표와 담당의사인 레이첼과 그의 어머니가 찍은 '삶' 두 표로, 삶 쪽이 승리를 거두었다.

예언은 우리의 운명을 결정짓는 투표용지와도 같다. 그리고 운명은 단 한 표로 결정이 되기도 하는데, 그 한 표는 바로 자신의 확고한 의지가 행사하는 것이다.

밤늦은 시간에 내 친구 아스트리드는 동물보호소에서 근무하는 레이첼의 전화를 받았다. "아스트리드, 지금 버려진 복서 개 한 마리를 보호하고 있어요. 늑골이 확연하게 드러나 있고 검사해봤더니 사상충(絲狀蟲)이 있는 것으로 나왔어요. 사람들은 그 개가 고통스럽지 않도록 안락사시키기를 바라지만, 아스트리드, 당신은 복서 개를 굉장히 좋아하잖아요. 그래서 안락사하기 전에 한번 보러 오라고 전화했어요. 당신이 원한다면요."

아스트리드는 다음 날 아침 일찍 동물보호소로 달려갔다. 거의 죽음의 문턱에 다다른 그 개를 보면서 "내가 이 개를 데려다 키우겠어요!"라고 말했다. 그녀는 자신이 일하고 있는 애완동물 입양 기관인 '페트스마트'에 개를 데리고 가서 자신이 일하는 동안에도 함께 있었다. 소식을 듣고 갔을 때, 나는 그 개의 애처로운 모습에 눈물이 왈칵 쏟아졌다. 개는 기운이 없어서 목조차 제대로 가누지 못했고, 갈비와 엉덩이 부위는 살집이 없어 뼈가 다 드러날 정도였으며, 실제 피부 바깥으로 뼈가 튀어나온 부분도 있었다. 그리고 온

몸이 상처투성이였다. 지나가던 사람들도 안타까워 눈물을 흘리고 개를 그 지경이 되게 한 주인을 욕하며 분개했다.

"나와 함께 일하는 자원봉사자들까지 개를 안락사하는 편이 좋을 것이라고 하더라. 앞으로 치료비만 해도 700달러는 족히 들 거고, 우리에겐 이 개 말고도 집이 필요한 다른 개들도 많거든. 하지만 로리, 내가 생각하기에 이렇게도 모질게 살아남은 것을 보면 틀림없이 이 개는 살기를 너무나도 갈망하고 있는 것 같아. 이 개 이름을 엔젤(Angel, 천사)로 지으려고 해."

나는 알겠다며 고개를 끄덕였다. 엔젤을 본 다른 사람들처럼 나도 개를 보살피는 데 쓰도록 아스트리드에게 돈을 조금 보태주었다. 그러면서도 나는 엔젤이 건강해지거나 오래 살지는 못할 거라고 생각했다. 하지만 최소한 자신을 사랑하는 주인의 품에서 죽을 수 있을 것이라고 믿었다.

그 후 몇 달 동안 나는 바쁜 일정 때문에 아스트리드를 만나지 못했다. 그런데 페트스마트에 다시 갔을 때였다. 양 눈 사이에 흰색의 반점이 있는 아름답고 귀여운 황갈색 개가 명랑하게 웃으면서 나를 반갑게 맞아주었다.

"어머, 아스트리드, 이렇게 예쁜 복서 개가 있었어?"

"로리, 개가 엔젤이야."

아스트리드의 대답을 듣고 놀라지 않을 수 없었다. 엉덩이와 늑골 부위에 새살이 돋아난 희미한 자국을 보기 전에는 그녀의 말을 도저히 믿을 수 없었다.

"어떻게 이렇게 아름답게 바꿔놓은 거니?"

아스트리드는 과학적인 식이요법과 정성 어린 치료, 그리고 아 낌없는 사랑이라는 세 가지 약이 그 비결이라며 웃었다. 우리가 이 야기를 나누고 있는 동안 몇 사람이 와서 자기가 그 개를 데려다 키울 수 있는지 물었다. 아스트리드는 웃으며, "죄송하지만 안 됩 니다. 이 애는 나의 '천사'거든요"라고 대답했다. 그녀는 허리를 굽 혀 엔젤 귀에다 대고 속삭였다.

"내 귀염둥이. 네가 살기를 얼마나 갈망했는데, 그렇지?"

엔젤은 마치 '네'라고 대답하듯 아스트리드의 얼굴을 핥아댔다. 아스트리드는 그 불쌍한 개를 보며 안락사를 운운하던 사람들의 부정적인 예언을 긍정적인 예언으로 바꾸어놓은 것이다.

우리는 매일의 삶 속에서 두 갈래의 갈림길을 맞이한다.

우리 앞에는 두 대의 보트가 기다리고 있는데, 하나는 남에게 들 은 부정적인 말들로 만들어진 보트이고 다른 하나는 남에게 들은 긍정적인 말들로 만들어진 것이다. 우리가 호수를 건너가려고 한 다면 어떤 배를 타야 하는가? 그것은 우리의 선택에 달려 있다.

부정적인 예언을 극복하는 방법

우리는 지금 부정적인 것들로 가득 차 있는 세상에 살고 있다. 많은 사람들이 남이 하는 저주나 악담에 상처를 받는다. 마음을 모질게 먹어도 그런 말들을 극복하기는 쉽지 않다. 이처럼 남들이 자신에 대해 부정적인 예언을 하면 일생 동안 무의식적으로 그 예언에 따라 반응하거나 행동한다. 그러므로 부정적인 예언을 분별하고 극복하기 위해 노력하는 것이 대단히 중요하다.

부정적인 예언을 극복하는 데 도움이 될 만한 몇 가지 단계를 소개하겠다.

1. 당신에게 예언을 하는 사람 혹은 그 출처에 주위를 기울여라

당신에게 예언하는 사람은, 지식과 지혜를 쌓은 검증된 사람인가? 만약 그렇다면 미래에 대한 그들의 예언을 믿을 수 있는 근거는 무엇인가? 당신이 관심을 가지는 분야에서 그들이 성공했거나 전문적인 지식을 가지고 있기 때문인가?

권위를 인정받는 사람들조차도 때로는 잘못을 범하기 때문에, 이 질문에 대답하기가 결코 쉽지 않을 것이다. 우리가 바로 앞에서 들은 이야기들 가운데서 부정적인 예언을 했던 사람들 중에는 부모님, 담임선생님, 교장선생님, 심지어는 전문적인 상담 선생님까지 있었다. 그리고 예언을 분별해낼 수 있는 능력이 없어서 자신이 평소 존경하고 따르던 사람들의 부정적인 말을 곧이

곧대로 믿은 사람들도 있었다. 하지만 이미 밝혀진 것처럼 그 예언들은 틀렸다.

프레드 스미스(Fred Smith)는 대학생 때, 보내면 다음 날 받을 수 있는 '페덱스(FedEx)'라는 운송서비스를 생각해냈다. 그는 우편물들을 효율적으로 관리해서 시간과 비용을 최대한 절약할 수 있는 아이디어를 사업계획서로 만들어 학기말 과제로 제출했다. 프레드는 자신의 아이디어에 매우 고무되어 있었다. 하지만 그 과제는 C-를 받았다. 실망스러웠지만, 그는 자신의 꿈을 이루기 위해 계속 노력했다. 아마도 프레드는 이렇게 생각했을지도 모른다. '교수님께서 아직 시도해보지 않은 사업에 대해 뭘 아시겠어? 예전에 한 번도 해본 적이 없는 사업에 대해서 말이야.'

이제 막 시작하는 사업에 대해서 가장 잘 알고 있는 사람은 그 사업을 처음 시작하는 사람이다. 프레드는 예언을 말한 교수님이 어떤 사람인지에 대해 먼저 주위를 기울였기 때문에 C-라는 예언에 좌절하지 않고 자신의 꿈을 이루어낼 수 있었다.

2. 부정적인 예언을 하는 사람들의 동기를 파악하라

당신의 실패가 당신에게 부정적인 예언을 한 이들에게 어떤 이득을 주는가? 그리고 당신의 성공이 그들과 그들의 권위에 어떤 영향을 주는가?

열왕기상(22:5-12)에 구약시대의 한 왕이 400명의 예언자를 불러 자신이 전쟁을 일으켜야 하는지에 대해 묻는 장면이 있다. 예언자들은 한결같이 왕이 전쟁에 승리하고 땅을 차지하게 될 것이라고 말했다. 그러나 뭔가 미심쩍었던 왕은 진실만을 말할 것이라고 믿는 예언자 한 명을 불러서 다시 묻는다.

혹시 당신에게 예언의 말을 하는 사람이 부정적인 예언자는 아닌가? 그들이 딴 속셈을 갖고 있지는 않은가? 그들은 그저 당신이 실패하길 원하는 것이 아닌가?

전남편과 이혼을 하고 내가 차를 타고 떠날 때, 그는 나를 향해 소리쳤다.

"하나님께서 당신의 사명 따위를 중요하게 여길 것 같아? 두고봐! 당신은 실패할 게 뻔해!"

나는 그의 이 말을 영원히 잊을 수 없을 것이다. 물론 이러한 악담은 두말할 나위 없이, 그의 신앙심에서 나온 것이라기보다는 자신의 오기에서 나온 것이다. 그리고 감사하게도 하나님께서는 질투심과 분노에 찬 남편의 부정적인 예언에도 불구하고 내가 사명을 실천하는 일을 후원해주시고 계신다.

느헤미야는 하나님의 메시지를 갖고 자신을 만나러 온 전령이 하나님께서 보낸 전령이 아니라, 자신에게 죄를 짓게 하려는 원수라는 것을 간파했다.

"깨달은즉, 그는 하나님께서 보내신 바가 아니라 도비야와 산발랏에게 뇌물을 받고 내게 이런 예언을 함이라. 그들이 뇌물을 준

까닭은 나를 두렵게 하고 이렇게 함으로 범죄하게 하고 악한 말을 지어 나를 비방하려 함이었느니라(느헤미야 6:12-13).”

3. 예언에 숨어 있는 진실을 찾도록 하라

클레어 부스 루스(Clare Booth Luce)는 “나는 내가 나의 정체를 깨닫도록 도와준 원수들이 몹시 그립다”라고 말했다고 한다. 친한 사람들은 간과하고 넘어가기 쉬운 약점이나 단점을, 적대 관계에 있는 사람이 지적해줄 때 우리는 그들과 좋은 친구 사이가 될 수 있다. 누군가가 당신의 습관이나 성향을 꼬집어 얘기하는 이유는, 그런 점을 고치지 않는다면 당신이 파멸할지도 모른다는 염려 때문이다.

우리가 앞에서 읽은 이야기 가운데서도 알 수 있듯이, 부정적인 예언의 말은 듣는 이로 하여금 자신의 단점이나 약점을 스스로 깨닫고 고칠 수 있는 동기가 되기도 했다. 또한 가시 박힌 말 속에는 가시뿐만 아니라 관심과 사랑도 들어 있었다. 아마 관심과 사랑이 없이 무관심했다면 그렇게 모진 말을 하지도 않았을 것이다.

4. 당신의 방식을 바꾸어라

잠언 4장 26절에서는 우리에게 “네 발이 행할 길을 평탄하게 하며 네 모든 길을 든든히 하라”고 말한다. 그리고 시편 119장 59절에서는 “내가 내 행위를 생각하고 주의 증거들을 향하여 내 발길을 돌이켰사오며"라고 말하고 있다.

스스로에게 물어보라.

"만약 내가 매일 하고 있는 것을 바꾸지 않고 그대로 할 경우, 그 것이 내게 가져다줄 결과는 무엇인가?"

니느웨 사람들에 대한 요나의 경고는 매우 준엄했으며, 그들은 요나의 말에 귀를 기울였다. 니느웨 사람들이 회개하고 자기들의 길을 돌이켰을 때 요나의 부정적인 예언은 실현되지 않았다.

5. 부정적인 예언을 당신의 연료로 써라

다른 사람들의 부정적인 예언에서 오히려 힘을 얻는 사람들이 많다. 부정적인 말에서 당신에게 도움이 될 만한 사실을 전혀 찾을 수 없을지도 모른다. 그것이 사실이 아니기를 원한다면, 부정적인 예언은 우리에게 동기를 부여하기 위한 자극제라고 받아들이고 고맙게 생각하라. 그리고 그것을 자기계발을 위해 박차를 가하는 수단으로 활용하라.

6. 끈기를 가져라

당신이 현명한 예언자라면 당신의 꿈이나 비전이 환경의 영향을 받도록 내버려두지 않을 것이다.

〈가이드포스트(Guideposts)〉지의 편집자 존 쉐릴(John Sherrill) 은 기사거리를 수집하고, 그것과 관련된 사람들을 만나는 일을 담당하고 있다. 1999년 2월호 〈가이드포스트〉지에서 그는 '뛰는 놈 위에 나는 놈(Outsmarted)'라는 제목의 에세이에서 집요한 끈기에 관한 재미있는 이야기를 들려주고 있다.

존 쉐릴은 다람쥐 한 마리가 기둥을 타고 새집에 올라가 먹이를 훔쳐먹는 것을 알고 그대로 놔둬서는 안 되겠다고 생각했다. 그래서 그는 새집을 더 높게 다시 지어주었다. 그러자 다람쥐는 그만큼 높이 올라가서 여전히 새의 먹이를 훔쳐먹었다. 하긴, 다람쥐가 새집이 아무리 높이 있다고 한들 그곳에 오르지 못할 리 없었다. 그래서 그는 기둥에다 기름을 칠했다. 하지만 기름을 칠해도 소용없었다. 새집까지 올라가는 데 5초 정도가 더 걸릴 뿐, 다람쥐는 여전히 새집에 올라가서 새의 먹이를 훔쳐먹었다. 그래서 이번에는 다람쥐가 올라가지 못하도록 빈 플라스틱 우유병에 구멍을 뚫어서 기둥의 중간쯤에다 매달아놓았다. 그러나 다람쥐는 그것을 발판으로 사용했다.

'나는 다시 연통을 사서 기둥 주위에 둘러놓았다. 그런데 다람쥐는 기둥과 굴뚝 사이의 조금 벌어진 틈새를 비집고 올라가는 것이 아닌가? 그래서 이번에는 그 틈새를 찌그러뜨린 플라스틱 병으로 가득 채워넣었다. 하지만 다람쥐는 그것을 입으로 물어 모두 끄집어 내놓았다. 마지막으로 나는 C자 모양으로 생긴 꺾쇠를 구해 플라스틱 병을 꺼내지 못하도록 연통의 아랫부분을 막아놓았다. 이 방법은 틀림없이 성공할 것이라고 믿었다. 다람쥐는 내가 만든 이

차난 상치를 넘어가지 못했다.'

그러나 존이 보니 다람쥐는 다음 날 또다시 새집에 올라가 해바라기씨를 먹고 있었다고 한다. 존은 다람쥐가 어떻게 성공했는지 궁금했다. 유심히 관찰해보니, 다람쥐는 처음에 도움닫기를 해 높이 껑충 뛰어올라 연통을 세게 쳐서 기울어지게 했다. 그런 다음에 몸을 날려 공중에서 한 번 돌면서 순간적으로 정확하게 먹이통을 잡더라는 것이다. 존은 그 장면을 본 이후에 다람쥐를 막는 것을 포기하고 이제는 다람쥐도 먹을 수 있도록 더 많은 해바라기씨를 놓아주고 있다고 한다. 다람쥐의 집요한 끈기는 바로 스스로에 대한 예언이다. "이 해바라기씨를 먹어야지…. 꼭 먹고 말 테야!" 다람쥐는 존이 장치해놓은 모든 물리적 부정적인 예언을 물리쳤다.

7. 당신의 과거를 되돌아보는 시간을 가져라

만약 우리가 어디로부터 왔는지를 알지 못한다면, 우리는 발을 헛디뎌 미끄러지게 될 것이다. 과거에 저지른 잘못을 깨닫지 못한다면, 또다시 그런 잘못을 저지르게 될 것이라는 말이다. 자신의 과거를 좋아하든 좋아하지 않든 간에, 의도적으로 과거와 멀어지려고 노력하지 않으면 안 될 만큼(때로는 엄청난 노력이 수반되기도 한다) 과거에 안주하려는 경향이 있다.

우주선을 우주로 보내기 위해서는 지구의 중력에서 벗어나야 한다. 이때 우주선을 발사시키는 데만 수천만 갤런의 연료가 필요하다. 우리의 과거는 지구의 중력만큼이나 강하게 우리를 끌어당긴다. 당신은 지난날의 잘못으로부터 벗어나기 위해 엄청난 양의 에너지를 기꺼이 사용할 각오가 되어 있는가?

8. 자신을 둘러싸고 있는 주변 환경을 의식하라

한 여성은 자신의 가정환경이 온통 부정적인 것들로만 가득 차 있다는 것을 깨닫고 집을 나왔다고 했다. 이는 간단하지만 효과적인 해결책이었다.

우리는 자신을 끌어당기는 환경 사이에서 물리적으로 일정한 거리를 두어야만 할 때가 종종 있다. 만약 부정적인 요인이 한 가지라면 그것과 맞서 싸워 이길 수도 있을 것이다. 그러나 만약 당신에게 닥치는 부정적인 요인이 복잡하게 섞여 있을 때는 그런 문제들에 휘둘리지 않도록 해야 한다. 성경에서도 "좌로나 우로나 치우치지 말고 네 발을 악에서 떠나게 하라(잠언 4:27)"고 말하며 우리의 발을 악에 빠져 있지 않도록 할 것을 권하고 있다.

9. 절대 중간에 그만두지 마라

《자기혁신 프로그램(Changing for Good)》(에코리브르, 2007)이라는 책에 나와 있는 것처럼, 로드아일랜드 대학교의 제임스 프로차스카(James Prochaska) 박사는 삶의 변화를 시도하고 있는 3만 명을 대상으로 설문조사를 실시했다. 그 결과 30일 만에 변하기를 포기한 사람들이 다시 변화를 시도했을 때, 전혀 변화를 시도하지 않았던 사람들보다 성공 가능성이 2배 더 높다는 사실을 알 수 있었다.

그리고 새해에 새로운 결심을 한 200명은 2년이 지난 후에도 그것을 계속 지키고 있었고, 그들이 자신의 목표를 성공적으로 유지하기까지 평균 14번 정도 실패를 한 것으로 나타났다. 목표에 이르기까지 실패를 맛보는 것은 당연하다. 그런데도 당신은 한 번의 실패로 금방 그것을 포기하겠는가?

10. 하나님의 기적과 구원의 능력을 믿고, 의지하라

"그런즉 누구든지 그리스도 안에 있으면 새로운 피조물이라. 이전 것은 지나갔으니 보라 새것이 되었도다(고린도후서 5:17)."

당신에 대한 하나님의 예언을 믿어라.

11. 다른 사람에게 실망을 주거나 해가 되는 말은 절대 하지 않겠다고 다짐하라

다른 사람이 걸려 넘어질 수 있으므로 강둑에 엉킨 낚싯줄을 버려서는 안 된다는 것을 우리는 알고 있다. 언제나 분별력 있게, 용기를 주며 진실만을 말하라.

12. 용서하라

다른 사람의 낚싯줄(비록 일부러 놓은 것이라도)에서 벗어나는 가장 빠른 방법은 그들을 용서하는 것이다. 비록 그것이 당신의 삶에 극적인 영향을 미친다고 하더라도 그들에게 그렇게 하도록 허락하신 분이 하나님이란 사실을 인식하라. 요셉이 자기를 종으로 팔아넘긴 형들에게 "나를 이리로 보낸 이는 당신들이 아니요, 하나님이시라(창세기 45:8)"고 말한 것처럼 말이다.

우리에게는 '그리스도 안에서의 행복한 종말'이 약속되어 있다는 사실을 기억하라.

또한 당신의 분노로 다른 사람을 사로잡지 않도록 하라. 분노는 불필요하고 비생산적일 뿐만 아니라 당신의 얼굴에 주름살만 더할 뿐이다.

1. 당신이 성장기에 들은 부정적인 예언이 있다면 무엇입니까?

2. 당신에게 그러한 예언을 한 사람은 누구입니까?

3. 당신은 그때 어떻게 반응했습니까?

4. 그러한 예언들은 당신의 인생에 어떠한 영향을 줍니까? 부정적인 측면과 긍정적인 측면에서 생각해보십시오.

5. 당신이 사회와 대중매체 그리고 자신의 문화를 통해 간접적으로 듣거나 받은 모든 부정적인 예언들의 목록을 작성해보십시오. 그런 다음 그것들이 잘못되었음을 입증하겠다는 굳은 결단을 하십시오.

사랑하는 주님,

우리 가운데 거의 모든 사람이 자신의 영적 여행에서 거짓된 예언자들을 만나고 있습니다. 당신께서는 친히 이것을 예언하셨으며, 그것에 대해 경고하셨습니다. 제가 다른 사람의 말이 과연 당신으로부터 온 것인지를 분별할 수 있도록 도와주옵소서. 저로 하여금 당신의 뜻은 언제나 악이 아니라 선을 이루는 데 있다는 것을 기억하게 하옵소서. 그리고 제가 잘못된 습관들을 바꾸지 않으면 나타나게 될 나쁜 결과를 예방할 수 있도록, 다른 사람들의 부정적인 말에서도 진리를 찾을 수 있게 도와주옵소서. 제가 모든 부정적인 예언을 긍정적인 미래를 향해 가기 위해 필요한 연료로 사용하는 데 최선의 노력을 기울일 수 있도록 도와주옵소서. 아멘.

제 2 부

나를
응원하고 있는
사람을 찾아라

——

The Power of
Positive Prophecy

내 아들의 향취는
여호와께서 복 주신 밭의 향취로다

"그룹들이 나아갈 때에는 사방으로 몸을 돌리지 아니하고
나아가되 몸을 돌리지 아니하고 그 머리 향한 곳으로 나아가며."
에스겔 10:11

부모는 여러 방법으로 그들의 자녀에게 예언을 한다. 그중 첫 번째 는 자녀에게 본보기를 보이는 것이고, 두 번째는 꿈을 가질 수 있는 환경을 만들어주는 것이다. 세 번째는 대화를 통해 직접 말로 표현 하는 것이다. 마지막으로 아이의 이름이나 별명을 부름으로써 예 언을 하기도 한다. 이러한 방법들은 단순하지만, 매우 중요하다.

부모가 자녀에게 하는 모든 말과 행동은 분재의 가지를 다듬고 모양을 아름답게 가꾸어 나가는 것과 같다. 분재의 가지를 손질해 주면 나무는 그에 따라 모양새를 이루어간다. 반대로 분재가 마음 대로 자라도록 방치해둔다면 나무는 멋대로 자랄 것이다. 가정에 서 부모의 역할도 마찬가지이다. 부모가 생각 없이 행동하거나 아

이들을 방치해두면 아이들은 무의식적으로 그에 따라 자신들의 행동방식을 결정한다.

6살인 조셉은 엄마, 아빠 그리고 4살짜리 남동생인 제이콥과 함께 식탁에서 저녁을 먹고 있었다. 동생 제이콥은 음식을 씹어 먹다가 입을 크게 벌려 반쯤 씹은 음식물을 보여주는 장난을 쳤다. 엄마가 어린 제이콥의 장난이 귀여운지 흉내를 내면서 "제이콥, 그런 짓이 습관이 돼버리면 커서 여자친구랑 어떻게 데이트를 하려고 그러니?"라고 물었다. 그 말을 듣고 형 조셉이 대꾸했다.

"그런 건 전혀 문제가 되지 않아요. 우리 가족의 전통적인 습관이라고 말하면 되잖아요."

6살짜리 꼬마는 몰상식한 행동이라도 가족들에 의해서 정당화될 수 있다는 사실을 알고 있었던 것이다.

이탈리아 출신의 내 친구는 자기네 식구들의 경우, 식사 시간에 조용히 먹기만 하는 것보다는 서로 둘러앉아서 왁자하게 수다를 떨며 식사를 하는 것이 서로에 대한 애정을 표현하는 방법이라고 말했다. 그래서 그녀는 처음 사업을 시작했을 때 각별히 신경을 쓰면서 조심을 했다고 한다. 고객들과 음식점에서 만날 때 자기도 모르게 나오는 무례할 수도 있는 행동을 자제하기 위해서 말이다. 그런 행동이 친구의 가정에서는 애정의 표현이고, 대대로 내려오는 전통이었는데도 말이다.

나의 또 다른 친구는 아일랜드 사람과 결혼을 했는데, 시댁은 파티와 음주를 몹시도 좋아하는 집안이었다. 그녀는 10대인 아들들이 벌써부터 술을 너무 많이 마시는 게 아닌지 걱정스러웠다. 그래서 하루는 아들들을 불러서 주의를 주었다. 그러자 아이들은 웃으면서 엄마를 두 팔로 껴안으며 말했다.

"어머니, 우리는 아일랜드 사람이잖아요. 우리에겐 지극히 자연스러운 일이라고요. 걱정 안 하셔도 돼요."

예전의 이스라엘 사람들은 큰아들에게 축복을 하는 전통이 있었다. 그 축복은 예언으로 간주될 만큼 거룩하고 영광스러운 것이었다. 이란성 쌍둥이인 에서와 야곱은 간발의 차이로 형과 동생이 정해졌다. 야곱은 자신이 몇 초 늦게 태어나 큰아들의 자리를 빼앗겼기 때문에 부모에게 아무것도 받을 수 없다는 사실을 일찍부터 알았다. 그러나 야곱은 어머니인 리브가로부터 극진한 사랑을 받았다. 야곱에 대한 리브가의 사랑은, 남편인 이삭이 큰아들인 에서에게 해야 할 좋은 예언을 이삭에게 하도록 음모를 꾸밀 정도로 컸다.

야곱의 첫 번째 부정한 행동은 사냥꾼인 형 에서가 피곤과 허기에 지쳐서 집으로 돌아왔을 때 벌였던 일이다. 야곱은 지쳐서 집에 돌아온 에서에게 '큰아들의 권리'를 자신에게 팔면 팥죽을 주겠다고 했다. 몹시도 지치고 배가 고팠던 에서는 "내가 죽게 되었으니 이 장자의 명분이 내게 무엇이 유익하리요(창세기 25:32)"라고 울며 소리쳤다. 결국 에서는 자신의 운명을 팔았다.

야곱이 이런 짓을 했다는 확실한 증거는, 아버지 이삭이 에서에게 마지막 축복을 하려 할 때의 상황에서 확인할 수 있다. 늙은 이삭은 눈이 어두워져서 더 이상 앞을 볼 수 없었다. 그의 아내인 리브가는 염소 새끼의 가죽을 야곱에게 입히고, 맛있는 음식을 해서 야곱에게 주면서 아버지에게 가져다 드리게 했다. 눈이 안 보이는 이삭이 야곱에게 "네가 에서냐?" 하고 묻자, 야곱은 "예, 나는 아버지의 맏아들 에서로소이다(창세기 27:19)"라고 대답했다. 이 말은 야곱이 한 첫 번째 거짓말이었다. 이삭은 "네가 진정 에서란 말이냐?" 하고 다시 물었다. 야곱은 또다시 아버지의 질문에 당당하게 그렇다고 대답했다. 야곱의 책략은 성공했고, 그는 전율하면서 아버지의 긍정적인 예언과 축복을 받았다.

"내 아들의 향취는 여호와께서 복 주신 밭의 향취로다. 하나님은 하늘의 이슬과 땅의 기름짐이며 풍성한 곡식과 포도주를 네게 주시기를 원하노라. 만민이 너를 섬기고 열국이 네게 굴복하리니 네가 형제들의 주가 되고 네 어머니의 아들들이 네게 굴복하며 너를 저주하는 자는 저주를 받고 너를 축복하는 자는 복을 받기를 원하노라(창세기 27:27-29)."

잠깐, 여기에서 우리는 아들에게 하는 이삭의 예언이 담대하고 매우 구체적이었다는 것에 주목해야 한다. 늙고 쇠약했지만 이삭은 '네가 장차 위대한 일을 행하게 되리라'는 식으로 짧게 말하지 않았다.

단순히 좋은 의미를 막연하게 말하는 것은 참되고 훌륭한 예언이 될 수 없다. 부모들이 자녀에게 참되고 훌륭한 그리고 분명한 예언을 하려면, 그 예언에 결과가 명확하게 나타날 수 있는 가능성이 있어야 한다.

우리 어머니가 무시무시한 유행성 독감에 걸렸을 때의 일이다. 평소 매우 친절하신 이웃 한 분이 전화를 했다.

"아이린, 많이 아프다는 소리를 들었어요. 그래서 제가 닭고기 수프를 좀 보내려고 해요."

수화기를 들고 있을 기운도 없을 정도로 쇠약해 있던 어머니는 그 전화를 받고 매우 기뻐하셨다. 이웃집 아주머니는 "그리고 다 먹은 통은 돌려주지 않으셔도 돼요"라며 전화를 끊었고, 얼마 후 초인종 소리가 들렸다. 어머니는 몸을 질질 끌다시피 하면서 현관에 나갔다. 현관 입구에는 닭고기 수프 통조림이 놓여 있었다. 어머니는 의무감에서 통조림 깡통을 갖고 들어오긴 했지만, 직접 깡통을 따서 요리해야 한다는 사실에 몹시 실망하셨다. 어머니는 집에서 만든 맛있고 따뜻한 스프가 담긴 냄비를 기대하고 있었던 것이다.

"이웃집 여자가 통은 보내지 않아도 된다고 했던 이유를 그때야 알았지 뭐니."

많은 사람들은 좋은 의도를 가지고 '너는 커서 훌륭한 사람이 될 거야', '너는 대단한 아이란다', '나는 네가 무척 자랑스럽구나', '너는 크게 성공하게 될 거야'와 같은 좋은 말들을 한다. 하지만 이런 말들은 우리 어머니가 받은 수프 통조림처럼 좋은 선물이 될 수 없다. 물론 이웃 아주머니는 좋은 의도로 수프 통조림을 보내셨다. 그러나 그 통조림을 따서 따끈하게 요리해서 보냈다면 더 의미 있는 선물이 되었을 것이다. 훌륭한 예언은, 먹는 사람이 그 안에 들어간 재료를 직접 눈으로 확인할 수 있는 정성을 담아 만든 수프라야 한다. 그리고 그것을 먹을 때 거기에 담긴 정감이 뼛속까지 스며드는 기분을 느낄 수 있어야 한다.

자녀들이 성장해서 스스로 독립해서 살아가는 데 부모들은 지원을 아끼지 않는다. 이때 부모들이 자식들에게 물려줘야 할 한 가지가 바로 '미래를 보는 예언적인 눈'이다. 부모들은 자녀들에게 세상을 보는 지식의 여과장치를 만들어준다. 나는 《청바지를 입은 예수》에서 이와 관련된 에피소드를 하나 소개한 적이 있다. 아이린은 아들인 제이콥의 풍선이 갑자기 터지자, 웃으면서 '변화란 즐겁고 좋은 것'이라고 가르쳤다. 이 에피소드처럼, 부모가 어떤 상황을 이해하는 방법과 태도는 그것을 보고 자라는 자녀들에게 영향을 미친다. 그리고 그것을 통해 자녀들은 자신들의 예언적인 시각을 만들어나간다.

아카데미 수상작인 〈인생은 아름다워〉에 6살짜리 아들과 나치의 강제수용소에 수용되어 있는 아버지의 이야기가 나온다. 아버지는 어린 아들이 수용소의 고통스러운 일상을 잘 견딜 수 있게 그리고 가스실로 끌려가지 않도록 하기 위해, 그곳에서의 생활을 하나의 게임으로 받아들이게끔 유도한다. 아버지는 어린 아들에게 게임의 규칙을 설명한다.

"누구든지 1,000점을 얻는 사람은 진짜 탱크를 타고 이곳에서 나갈 수 있단다. 별것도 아닌 자들이 지금 우리를 겁주고 있는 거야. 잘 기억해두렴. 소리를 지르는 사람은 점수를 빼앗기지. 그리고 과자나 사탕을 달라고 해도 점수를 잃게 된단다. 반대로 침대 밑에 잘 숨어서 들키지 않으면 60점을 얻게 되지!"

아버지가 꾸며낸 이 흥미진진한 게임은 아들을 사로잡았고 아들은 열심히 게임에 임했다. 그리고 마침내 전쟁은 끝났고, 아들은 그의 아버지가 예언한 대로 연합군의 탱크를 타고 강제수용소를 떠나게 된다. 아이의 아버지가 갖고 있던 미래를 바라보는 긍정적인 시각은 아들에게 행복한 결과를 가져다주는 예언이 된 것이다.

그에 반해 가정환경이 때로는 자녀들에게 영원히 바꿀 수 없는 부정적인 결과를 가져다줄 수도 있다.

내 친구 한 사람이 이야기해준 것이다. 그녀의 시누이가 병원에 입원 중인데, 의사들은 시누이에 대해 여러 가지 검사를 했지만 아무런 이상을 발견하지 못했고 병명도 알 수가 없었다. 그런데 친구가 시누이에게 병문안을 갔다가 시누이 옆에 앉아 있는 시어머니를 보고 놀라지 않을 수 없었다고 한다. 시어머니가 딸과 똑같은 부위인 손목과 발목에 붕대를 감고 있었던 것이다. 시어머니도 알 수 없는 원인으로 오래전부터 그 부위를 앓고 있었다고 한다. 아마도 시누이의 '병'은 어머니에게서 유전되었을 것이다.

부모들은 자식들을 위해서 자신들의 생활방식을 바꾸기 위해 의식적으로 노력을 기울여야 한다. 그렇지 않는 한 자녀들은 부모들이 제공하는 습관과 생활방식에 자연스럽게 빠져들고 그것을 모방하도록 되어 있다. 예를 들어, 자기 어머니가 남편에게 구타를 당하거나 학대를 당하는 것을 보며 자란 여자들은 그들의 사회적 신분과 상관없이 학대하는 남자와 결혼한다는 통계가 있다. 그리고 자기 아버지가 세금을 낼 때 매우 진지한 표정으로 지불하는 것을 보면서 자란 아이들은 돈을 대단히 귀하고 소중하게 여긴다고 한다.

하루 24시간 동안 계속해서 제공되는 부모들의 예언들은 아이들의 무의식 세계를 침범한다. 그리고 그에 따라 아이들은 자신의 미래를 결정한다.

"아버지가 신 포도를 먹었으므로 그의 아들의 이가 시다고 함은 어찌 됨이냐(에스겔 18:2)?"라는 말씀이 있다. 부모에게는 지난날, 자신들이 입은 상처와 좌절로 자녀들의 장래를 제약하지 않아야 하는 책임이 있다.

조지프 케네디(Joseph Kennedy) 경은 그의 아들인 존에게 "만약에 네 형인 조 주니어가 살았다면 틀림없이 훌륭한 대통령이 되었을 거다. 그러니 그것을 네가 대신해야 한다"고 자주 말했다고 한다. 결국 존 F. 케네디(Jhon F. Kennedy)는 미국의 35대 대통령이 되었다.

아이들은 부모가 말하는 것을 그대로 믿는 경향이 있다. 그리고 부모의 말을 실현하기 위해 노력한다. 부모의 말 한마디, 심지어는 표정 하나까지도 자녀들의 마음속에서 자신의 미래를 인도하는 영원한 안내자가 될 수 있다.

할머니나 할아버지 또는 이모나 삼촌이 하는 말 한마디도 아이들의 삶을 지배하는 무서운 힘이 될 수 있다. 다음에 소개하는 짧은 이야기들은 가족으로부터 '예언적'인 말을 들었던 사람들의 사례이다. 이 사례들은 우리가 중요한 순간을 기억하고 있으며, 그런 단순한 말들이 스스로의 가치를 결정할 뿐만 아니라 행동을 정하는 데 있어서도 커다란 영향을 준다는 사실을 상기시켜 준다.

부모의 예언

다음 이야기에 나오는 어머니는 자녀들의 장점을 발견하고 자신의 말을 통해 자녀들이 미래의 운명을 형성하는 데 커다란 영향을 주었다.

우리 어머니는 우리들을 '영리한 아이', '예쁜이', '만능 스포츠맨', '튼튼한 일꾼'으로 부르셨는데 나는 그중에서 '영리한 아이'로 불렸다. 그래서인지 나는 언제나 학교 공부를 매우 중요하게 생각했다. 성적도 우수했으며, 대학도 쉽게 진학할 수 있었다. 우리 어머니가 나만 특별히 똑똑하다고 생각하시거나 특별히 예뻐하셔서 그런 것은 아니었지만, 이상하게도 내게만 공부에 대한 것을 기대했을 뿐 다른 형제들에게는 학교 성적을 가지고 부담을 주지 않으셨다. 나는 지금까지 살아오면서 내 분야에서 남보다 앞서기 위해, 그리고 그 위치를 지키기 위해 노력을 게을리한 적이 없다. 한편 '예쁜이'라고 불린 우리 언니는 자신의 몸매와 외모에 지대한 관심을 갖고, 끊임없이 가꿨다. 지금도 민낯이나 머리를 손질하지 않는 상태로는 절대 외출을 하지 않는다. 큰오빠는 '튼튼한 일꾼'으로 불렸다. 큰오빠는 11살 때부터 농장에서 일을 시작했고 지금은 어머니와 함께 농장 사업을 운영하고 있다. 그리고 '만능 스포츠맨'으로 불린 남동생은 고등학교 때 미식축구와 야구를 했고 지금은 리틀 리그의 코치를 맡고 있다. 자신의 두 아들에게도 열심히 운동을 시키고 있으며, 자기네 마을 피위협회(Pee Wee Association) 회원으로 활동하고 있다. 보통 사람들이 상상할 수 있는 것 이상으로 남동생의 인생에 있어 운동은 매우 중요한 부분을 차지하고 있다.　　　　　　　　　　　- T. H.

다음 이야기는 아버지가 어린 딸에게 스스로에 대한 확신을 심어주고, 딸의 재능을 발견하고 깨닫게 해준 간단하지만 훌륭한 임종 예언이다.

　　암으로 임종을 앞두고 계셨던 아버지는 나를 불러 옆에 앉히
시고는 다음과 같이 예언을 해주셨다.

　　"애야, 너는 풍성한 포도나무란다. 그리고 너는 사람들에게 너
의 열매를 나눠줄 수 있단다."

　　그러면서 열매 하나하나에 이름을 붙이기 시작하셨다. 내가
아버지가 불러주시는 것을 받아 적으려고 연필과 종이를 가
지러 가려 하자, 그럴 필요 없다고 말씀하셨다.

　　"너는 열매의 이름들을 다 기억할 수 있단다. 기억력이 뛰어
난 아이니까."

　　그때까지 아버지가 내 기억력이 뛰어나다고 생각하고 계시리
라고는 전혀 상상하지 못했다. 그리고 나 스스로도 그것을 몰랐
었다. 종종 남들에게 머리가 좋다는 칭찬을 듣거나, 지나간 사건
이나 이야기 그리고 이름들을 되살려내는 내 기억력에 깜짝 놀
라기도 했으면서 말이다. 아버지께서 사랑, 즐거움, 평화, 인내,
자비, 선함, 성실, 온유, 절제라는 나의 열매에 '기억력'이라는 열
번째 열매를 더해주신 것이라고 나는 믿고 있다.　　　－ E. D.

　　다음 이야기에 나오는 어머니는 자기의 딸에게 그녀가 장차 다
른 사람의 '리더'가 될 것이라고 예언했다. 그러나 이 어머니는 딸

아이에게 그녀가 리더십이 있는지에 대해 한 번도 말한 적이 없다는 것에 우리는 주목해야 한다. 이 어머니는 단지 딸에게서 발견한 성격적인 특징을 긍정적인 예언으로 바꾸어놓았을 뿐이다.

내가 어렸을 때 어머니는 "너는 커서 다른 사람을 이끄는 리더가 될 거야"라고 말씀하시곤 했다. 하지만 나는 어머니가 나의 어떤 면을 보시고 그랬는지 알 수도 없었고, 그런 예언적인 말에 관심도 없었다. 그런데 나는 지금 26명이나 되는 직원들을 감독하는 경영자로 일하고 있다. 내가 나의 업무를 능숙하게 해낼 때면 어머니가 하셨던 말이 떠오르곤 한다. 그리고 내가 어떻게 이런 위치에 오르게 되었는지 스스로에게 묻고 있다. - C. S.

다음 이야기는 딸의 신체적 장애에도 불구하고 그녀에게 장래에 대해 긍정적인 예언을 해준 어머니의 이야기이다.

나에게 유전적인 시력 장애가 있다는 것을 고등학교 때 처음으로 알았다. 나와 같은 질환을 갖고 있던 어머니는 공인 간호사셨는데, 앞을 볼 수가 없어서 일을 그만둬야 했다. 어머니는 그 어떤 것(내 시력 상태를 꼭 집어서 말한 것은 아니지만)도 내가 대학에 진학하고 직장생활을 하고 결혼해서 아이를 낳는 등 내가 원하는 것들을 하는 데 장애가 되지 못할 것이라고 말씀하셨다. 그리고 어머니는 내가 의욕을 상실하거나 그런 상태를 극복하려고 할 때마다, 순간적으로는 나를 안쓰럽게 생각하셨지만 이내 나를 문 밖으로 걷어차셨다. 그리고 내가 '절대할 수 없을 것'이라고 생각했던 길을 스스로 걸어가게 하셨다. 나는 스키도 타고, 승마도 즐기고, 학교를 다니고, 직업을 갖고, 결혼도 해서 엄마의 역할까지 모두 감당하고 있다. 게다가 지금은 전문치료사로 50명이 넘는 사람을 한꺼번에 수용할 수 있는 규모의 재활의학부에서 책임자로 일하고 있다. 어머니는 5년 전에 돌아가셨다. 나는 지금도 종종 어머니에게 걷어차이던 그때가 무척 그립다. - J. B.

부모의 역할은 예수님이 말씀하신 탕자에 관한 이야기 속에 나오는 아버지와 비슷한 경우가 많아 보인다. 부모의 무한한 노력과 관심에도 불구하고 자녀들은 종종 곁길로 빗나간다. 이때 자식이 무사하기를 간절히 바라며 그가 돌아오기만을 문 앞에서 기다리는 부모의 심정은 아마도 견디기 힘들 정도일 것이다.

나는 15년을 넘게 헤로인 중독에 빠져 수년 동안을 감옥에서 보내야 했다. 다른 사람들은 내가 결국 감옥에 갇혀 죽을 것이라고 했다. 그리고 내가 남은 생애 동안을 헤로인 중독에서 헤어나오지 못할 것이라고도 했다. 그러나 우리 어머니는 내게 항상 이렇게 말씀하셨다.

"나는 언젠가 하나님께서 네 삶을 변화시키시고, 네가 그분을 위해 일하게 될 날이 오리라는 것을 알고 있단다."

지금 나는 상담기관에서 10대들을 위해 일하며, 재소자들을 찾아가 하나님의 말씀을 알리고 있다. 예전의 나로서는 상상도 못 했던 '사랑을 전하는 일'을 하고 있는 것이다. 어머니는 내가 이렇게 변화될 것을 어떻게 아셨을까? 결국 나에 대한 어머니의 믿음이 나를 변화시켰다. 나는 이 모든 기적 같은 일을 만드신 하나님께 감사드린다. — 익명

나는 하루도 말썽을 안 일으키고 지나는 날이 없었다. 친구들과 싸우고 다른 사람들의 물건을 부수는 등 나는 형편없는 문제아였다. 한번은 우리 아버지가 미쳐서 길길이 날뛰는 나를 부르셨다. 당연히 꾸중을 하실 것이라고 생각했는데, 아버지는 내가 장차 당신의 자랑스런 아들이 될 것이며 가족으로부터 사랑받는 사람이 될 것이라고 말씀해주셨다. 하지만 나는 해가 거듭할수록 더욱 불량해졌다. 아버지는 그 모든 모습을 지켜보시면서도 나를 결코 내팽개치지 않으셨다. 그러다가 나는 강도죄로 교도소에 들어갔다. 정당방위라는 것이 나중에 증명되었지만 살인죄로 체포되기도 했다. 나는 여러 가지 죄목으로 교도소에서 수년 동안을 보내야 했다. 그러던 어느 날,

갑자기 지난날들에 대한 회한이 물밀 듯 밀려왔고 다시는 죄를 짓지 않겠다는 결심을 했다. 그리고 변하기 시작했다. 나에게는 지금 4명의 아이들과 사랑하는 아내가 있다. 그리고 지금까지 아무런 어려움 없이 살고 있다. 나는 이런 일이 하나님의 도우심 가운데 아버지의 예언이 그대로 실현된 것이라고 생각한다.   - 익명

자녀들을 부모의 활동에 참여시키는 것 역시 그들에게는 매우 강한 예언이 될 수 있다. 다음 이야기들은 자녀에 대한 부모의 확신과 기대가 말뿐만 아니라, 행동을 통해서도 얼마나 많이 표현되고 있는지를 보여주고 있다.

내가 10대이던 1950년대 초, 우리 아버지는 내게 '네가 원하면 너는 어떤 것이든 할 수 있다'는 것을 암시하셨다. 아버지가 큰 소리로 그렇게 말하는 것을 들어본 적은 없지만, 아버지는 당신의 행동과 나를 대하는 태도로 그렇다는 것을 보여주셨다. 예를 들어, 자동차를 수리하다가 도움이 필요하면 아버지는 여자인 나를 부르곤 하셨다. 여고생이 차를 갖는 것이 거의 불가능했던 그 시절에도 아버지의 허락으로 나는 차를 가질 수 있었다. 내가 차를 관리하는 법을 알고 있었기 때문이다. 그런 가정환경에서 성장했기 때문에 나는 그 당시 여자들

이 차별 대우를 받고 있다는 사실을 전혀 몰랐다. 아무도 그런 말을 해주지 않았고, 특히 우리 아버지 경우에는 더욱 그러했으니까. 나 또한 남녀 차별이라는 것이 도무지 납득이 되지 않는다.   - D. S.

딸을 불러 차를 고치는 것을 도와달라고 부탁한 아버지는 말을 하지 않고도 딸에게 수많은 교훈을 주고 가르친 것이다. 다음 이야기도 마찬가지이다. 어린 딸아이에게 일찍 타자기를 사주어 예언을 한 아버지가 등장한다.

우리 집은 교육과 근면을 매우 중요하게 여겼다. 아버지는 나에게 항상 '마음만 먹으면 무엇이든 할 수 있는 사람'이라고 하셨다. 그리고 내가 아주 어렸을 때 나의 소질을 발견하고, 개발해주시고자 했다. 어려서 나는 할아버지의 1900년형 코로나 타자기를 가지고 놀기를 좋아했는데 아버지는 그것을 눈여겨보시곤, 내가 사무실 환경을 재미있어한다는 것을 알게 되셨다. 아버지는 내가 8살이 되자, 타자기와 연습용 타자교본을 선물해주셨고, 그 일은 내가 이런 계통에서 일을 하는 데 커다란 계기가 되었다.

아버지는 친구 중에 초등학교 서무과에서 근무하는 분께 나를 소개시켜 주었다. 그리고 내게 사무를 보는 일에 얼마나 흥미를 갖고 있는지 이야기해보라고 권했다. 내 이야기를 들은 그분은 나에게 용기를 북돋아주었고, 그녀는 나의 선망의 대상이 되었다. 그리고 나는 21살이 되던 해에 전문비서자격증을 취득했다. 나는 지금 내가 이룬 모든 것에 대해 자긍심을 갖고 있고, 아버지 역시 그러길 바란다. 이 모든 것은 아버지의 응원과 격려가 아니었다면 힘들었을 것이다.   - G. H.

〈가이드포스트〉지에 깊은 통찰력을 지닌 한 젊은 어머니에 대한 기사가 실렸다. 리베카라는 이 젊은 엄마는 자신이 병으로 오래 살지 못할 것을 알고 있었다. 그리고 자신이 세 딸들이 맞이할 가장 중요한 순간에, 함께 있어 줄 수 없다는 사실을 안타까워했다. 그녀는 아이들이 훌륭한 인격과 긍정적인 예언을 가진 밝은 사람이 되길 바랐다. 그래서 그녀는 기발한 방법을 떠올렸다.

리베카는 우선 간호사에게 녹음기와 공테이프 몇 박스를 사다 달라고 부탁했다. 다음 날 간호사는 부탁받은 물건을 가져다주었다. 리베카는 면회시간이 끝나고 남편과 어린 딸들이 집으로 돌아가자, 녹음기와 공책을 꺼냈다. 그리고 녹음을 시작했다.

"몰리, 5번째 생일을 축하해. 이것은 네게 주는 생일 선물이란 다…"

그녀는 자신의 세 어린 딸들에게 앞으로 있을 생일, 졸업식, 학교 댄스파티 그리고 그들의 결혼식에 보내는 축하 메시지를 녹음

했다. 그녀는 모두 60개의 테이프에 딸들에게 해주고 싶은 말을 담았다. 리베카는 마지막 테이프의 녹음을 끝낸 직후 숨을 거두었다. 비록 오랫동안 함께하지는 못했지만 그녀는 어머니로서 자기의 딸들이 앞으로 살아가는 데 필요한 충분한 정신적 유산을 남기고 세상을 떠났다. 그리고 딸들에게 온전히 긍정적인 예언의 삶을 남겨주었다.

자녀들은 부모님들이 하는 자신에 대한 기도와 예언의 말을 유심히 귀담아듣는다.

형제의 예언

부모뿐만 아니라 형제들이나 친척들 역시 우리에게 예언적인 말을 해주는 사람이 될 수 있다.

우리 어머니는 최근 프랑스의 프로방스 지방을 여행하고 오셨다. 어머니는 돌아오는 길에 그곳에 살면서 그림을 그린 빈센트 반 고흐(Vincent Van Gogh)에 관한 책을 한 권 사오셨는데, 나는 그 책을 읽던 중 빈센트의 원래 직업이 화가가 아니라 목사였다는 사실을 알고 놀랐다. 그는 자신의 삶과 그림에 대한 열정과, 자기 주변의 불쌍한 사람들을 돕고자 하는 강한 열망 사이에서 번민하며 직업을 포기하느냐 마느냐 하는 문제와 씨름했다고 한다.

이런 고흐에게 그림 그리는 것에 탁월한 재능이 있음을 발견한 사람은 그의 동생 테오(Theo)였다. 테오는 형에게 작품 생활을 지원해줄 테니 그림 그리는 일에만 전념하라고 권했다. 그렇게 해서 고흐는 자기가 주변 사람들의 생활상(예를 들면, 벽난로 옆의 식탁에 둘러앉아 그날 밭에서 캐온 감자를 먹고 있는 사람들의 모습과 같은)을 그리기 시작했다. 그는 화병 속에 담긴 자주색 붓꽃, 서북풍 바람을 타고 밤하늘의 별을 향해 흔들리는 측백나무들, 또 햇볕이 강하게 내리쬐는 밀밭에서 추수하는 사람의 그림을 그렸다. 그는 테오에게 보내는 편지에 쓰기를 '한낮에 밀단 사이에서 열심히 일하고 있는 사람들의 모습이, 악의나 불길한 예감은 들지 않으면서도 죽음을 상기시킨다'고 하고 있다.

그러나 그의 그림은 사람들로부터 조롱을 받았다. 마을 사람과 비평가들은 그의 그림을 사격 연습용으로 쓰거나, 늑대가 닭장을 덮치지 않게 하기 위해 닭장 문에 걸어놓으며 비웃었다. 그러나 테오는 고흐에게, 하나님께서 주신 재능을 결코 포기하지 말라며 격려를 멈추지 않았다. 고흐와 테오가 주고받은 편지는 무려 600통이 넘는다. 고흐는 5, 6년 동안 2,000점이 넘는 그림을 그릴 정도로 작품 활동에만 몰두했다. 하지만 그 기간 동안 그는 겨우 2개의 작품만을 팔 수 있었고, 그 돈으로는 물감은커녕 끼니도 제대로 해결할 수 없었다.

여러 가지 질병과 극심한 절망에 빠져 있던 고흐는 자기를 계속 고통스럽게 한 압박감으로부터 벗어나기를 바라면서 보호시설에 들어갔다. 아마 오늘날 같았으면 정확한 진단을 통해 약물과 치료를 받을 수 있었겠지만 그 당시에는 그러한 치료 방법이 없었다. 결국 고흐는 '별이 밝게 빛나는 어느 날 밤' 자살로 그의 생을 마감했다. 무일푼의 정신이상자로 생을 마친 것이다. 고흐가 37살의 나이로 세상을 떠난 지 불과 6개월 후 동생 테오도 역시 가난뱅이의 몸으로 죽었다.

예전 어느 날 오후 고흐가 그의 방에서 그린, 화병에 꽂힌 자주색 붓꽃 그림은 오늘날 자그마치 4,200만 달러에 경매되고 있다. 현재 빈센트 반 고흐의 작품은 세계에서 가장 고가에 거래되고 있으며 사람들이 가장 많이 찾는 그림 가운데 하나이다.

'테오'라는 이름은 하나님을 의미하는 라틴어의 연결형이다. 빈센트 반 고흐의 예언자는 바로 동생이었다.

자녀의 예언

앞길을 개척해 나가는 데 있어 자녀들은 격려와 도움을 준다.

바바라 셔(Barbara Sher)는 그녀의 책,《지금 시작해도 늦지 않다(It's Only Too Late If You Don't Start Now)》(다지리, 2002)에서 자기의 어린 아들로부터 들은 격려의 예언에 대해 적고 있다. 그녀는 글을 써야겠다는 강한 사명감을 느꼈지만, 혼자 사업을 하면서 어린 자녀들을 키워야 하는 매우 바쁜 일상 속에서 좀처럼 글을 쓸 시간을 낼 수 없었다고 한다. 그러던 그녀가 어느 날 집에 돌아와서 보니 아들 녀석이 자신의 사슴인형을 주방문에다 걸어놓았더라는 것이다. 그리고 그 옆에는 큰 글씨로 이렇게 써 있었단다.

"글을 쓰세요! 그렇지 않으면 우리가 이 사슴을 죽일 거예요!"

아름답고 젊은 이상주의자 에이미 비엘은 아프리카 사람들이 좀 더 잘살 수 있도록 도와주겠다는 소망을 품고 남아프리카로 건너갔다. 하지만 불행하게도 그녀는 그곳에서 폭행을 당해 살해되었다. 에이미의 부모님은 넋을 잃고 슬픔에 잠겼다. 그런데 딸의 시신을 수습하기 위해 남아프리카로 간 후, 그들은 큰 결정을 내린다. 미국에서의 자신들의 직업을 포기하고 남아프리카에 정착해 딸이 소망하던 일을 이어서 하기로 한 것이다. 그들은 에이미가 마음과 생명을 바쳤던 조그만 마을 사람들의 삶을 보다 더 윤택하게 해주기 위해 마을에 학교와 제과점을 만들었다. 에이미는 자신의 행동과 말로 부모가 앞으로 어떤 놀라운 일을 하게 될지를 미리 예언해 준 예언자였던 것이다.

이모와 삼촌의 예언

아이들에게 이모(고모)나 삼촌의 역할은 부모의 역할에 비교한다면 미미한 것이다. 하지만 나는 조카들에게 이모로서의 역할을 할 때에 매우 신중하게 행동을 하려 노력한다. 브로드웨이에서 상연된 뮤지컬 〈앤티 마미(Auntie Mame)〉는 아들이 귀찮게 하는 것을 싫어하는 부모를 둔 소년에게 삶과 사랑 그리고 행복의 의미를 가르쳐주는 열정적인 이모에 대한 이야기이다.

우리 조 삼촌은 단어게임을 굉장히 좋아하셨다. 그래서 조카들인 우리에게 '스크래블(Scabble)'이나 '패스워드(Password)'같은 단어 게임 장난감을 자주 사다주셨다. 이 게임 덕분에 우리는 재미있게 단어를 익힐 수 있었다. 나는 지금도 조 삼촌이 우리 집에 와서 우리들과 함께 단어놀이를 하면서 함께 즐거워했던 것을 생생하게 기억한다. 내가 지금 이렇게 저술가가 되어 있는 것도 조 삼촌의 영향이 없었다고는 할 수 없을 것이다.

장모님이나 시어머니의 예언

우리에게 긍정적인 영향을 줄 수 있는 가족 구성원 중에는 장모님이나 시어머니도 있다. 우리는 가끔 장모님이나 시어머니가 부담스럽고 성가신 존재라며 농담을 하기도 하지만, 실제로 그분들은 우리의 삶에 커다란 영향을 주시는 제2의 어머니이다. 구약 성경에 나와 있는 나오미와 시어머니의 여행에 관한 이야기로도 알 수 있듯이 말이다. 다음 이야기의 주인공인 캐빈의 경우도 마찬가지이다.

우리 장모님은 대학교를 막 졸업한 내게 긍정적인 예언을 해주셨다. 한번은 내가 발행한 수표가 잔고 부족으로 몇 차례에 걸쳐 되돌아오자, 화가 난 은행 지점장이 나의 당좌예금계좌를 폐기시켰다. 그때 장모님은 나를 데리고 은행에 가셨다. 그리고 전 직원이 지켜보는 앞에서 지점장에게 말했다.

"언젠가 당신은 이런 고객을 잃은 것을 후회할 날이 있을 거요!"

장모님은 나를 신뢰하고 계셨던 것이다. 그 일과 장모님의 태도는 내가 성공을 하기 위해 노력하는 데, 다른 어떤 것보다 커다란 동기가 되었다. 아마 나는 그날을 영원히 잊을 수 없을 것이다. 장모님은 나의 강한 추진력을 보고 나를 믿어주셨고, 나는 지금 수백만 달러의 자산을 관리하는 성공한 증권중개업자가 되었다.   - K. B.

남편의 예언

영어에서 '남편(husband)'이란 단어는 '정원사'를 의미하는 'hus-bandman'이란 말과 관계가 있다. 바울은 예수께서 교회를 사랑하신 것처럼, 자신의 아내를 위해서 죽음도 불사할 정도로 그녀를 사랑하고 격려한 남자에 대한 이야기를 했다. 여자들이 전통적으로 자녀를 양육하고 집안 살림을 하며 가정을 중심으로 생활해온 것에 비해, 남자들은 최근에 이르러서야 자녀를 키우는 데 자신들의 애정과 배려가 얼마나 중요한 것인지를 실감하고 받아들이기 시작했다. '프라미스 키퍼스(Promise Keepers)'의 창설자는 텔레비전의 어떤 인터뷰를 통해 이렇게 말했다.

"만약 여러분이 어떤 남자가 남편으로서 역할을 제대로 감당하고 있는지를 알고 싶으시다면, 그의 아내를 보십시오. 그녀의 일이 잘되고 있는지, 안색은 좋은지, 그녀가 모든 면에서 대접과 인정을 받고 있는지를 말입니다."

나는 건축업을 하고 싶어 했는데, 한번은 남편과 함께 나의 이러한 소망에 대해 대화를 나누었다. 나는 그때 다른 건설업자들이 어떤 사람들인지, 그들이 처음으로 사업을 어떻게 시작했는지, 그들이 나와 다른 점이 무엇인지에 대해 궁금해했다. 그로부터 두 달 후, 남편은 신문에서 큰 건설회사에서 공사를 맡을 하청 건설업자를 구한다는 광고를 보고, 내게 그것을 해보라고 권했다. 우여곡절이 있긴 했지만 결론만 말하자면, 나는 그 일을 시작했고 두 달 후에는 본격적인 건설사업을 하기 위해 남자 동료 2명과 함께 회사를 사들였다. 우리는 사업을 시작한 이래 지금까지 20채의 주문형 주택을 지었다. 남편의 조력과 후원이 없었다면 나는 이런 일들을 해낼 수 없었을 것이다. 지금도 남편은 나의 가장 강력한 조력자이자, 열렬한 응원자이다!

- C. P.

조부모의 예언

어떤 연구에 의하면 가족 구성원 중 가장 신뢰도가 높은 사람은 할아버지나 할머니라고 한다. 그분들의 영향력이 그만큼 크다는 말이다.

나는 우리 할아버지를 언제나 친절하고 인자하셨던 분으로 기억한다. 늘 반짝이는 눈으로 나를 바라보시던 할아버지는, 누구나 한눈에 알아챌 정도의 극진한 사랑으로 나를 대하셨다. 할아버지는 내게 돌을 수집하고 칼을 가는 방법을 가르쳐주셨고, 나무의 결을 보고 그 나무가 살아온 세월이나 나무의 일생에 대해 상상하는 방법을 알려주셨다. 할아버지는 지금까지 내가 알고 있는 훌륭한 사람들 가운데 한 분이셨다.

내가 우리 할아버지를 사랑하고 그리워하고 존경하는 것처럼, 우리 어머니 역시 당신의 할아버지인 오토를 그리워하신다. 어머니의 할아버지(나에게는 외증조할아버지)는 이미 다른 사람과 정혼이 되어 있던 할머니를 미국으로 가는 배에 숨겨 태워 함께 고국을 떠나왔다. 이 사건만 봐도 외증조할아버지는 굉장히 재미있는 분이셨던 것 같다. 어머니의 아버지(나에게는 외할아버지)는 뉴욕에서 커피전문점을 경영하셨다. 어머니는 그 건물 2층에서 외할머니, 외할아버지와 셋이서 살았다. 직업이 두 개였던 외할머니는 자녀들을 잘 돌볼 자신이 없었기 때문에, 어머니를 비롯하여 당신의 아이들을 입양 보내려고 했었다. 결과적으로 그렇게 되지는 않았지만, 외할머니는 어머니를 입양시키지 않은 것을 후회하시며 우리 어머니를 짐스러운 존재라고 말씀하시곤 했다고 한다. 하지만 오토 할아버지는 하루 종일 가게에서 일하고 집에 돌아오셔서는, 아무리 피곤하더라도 우리 어머니에게 "아이린, 너는 이 할아비의 인생에 있어서 빛 같은 존재란다"라고 말하면서 웃으며 안아주셨다고 한다. 어머니는 지금 당시의 오토 할아버지와 같은 나이가 되셨는데도 할아버지의 그런 모습을 생생하게 기억하고 계신다.

내 여동생 캐시가 어머니의 작은 파우치 안에 들어 있는 오토 할아버지의 낡은 사진을 복원하고 확대시켜서 어머니의 생신에 선물로 드렸다. 어머니는 방에 들어가 그 사진을 보는 순간 "어머나, 저분은 오토 할아버지가 아니냐!"라며 매우 놀라셨다. 우리가 옆에서 맞다고 하면서 웃고 있는데, 어머니는 갑자기 숨을 거칠게 들이쉬면서 가슴을 움켜쥐셨다. 그러고는 눈물을 흘리며 잠시 동안 말을 잇지 못하셨다. 여전히 흥분을 가라앉히지는 못했지만 어머니는 좀 진정이 되시자 말씀을 하셨다.

"오토 할아버지는 엄마가 어렸을 때 사랑을 베풀어 준 유일한 분이었단다. 지금까지 나를 진정으로 사랑해준 사람은 할아버지밖에 없다고 생각한다."

내 친구 랜디는 자기 어머니와 사이가 별로 좋지 않다. 항상 서로 대립적이었는데, 아마도 그 두 모녀의 성격이 비슷하고 애정표현이 서툴기 때문인 것 같다. 그러나 랜디는 할머니인 마가라에게만

큼은 많은 사랑을 받았다. 마가라 할머니는 랜디에게 문학과 댄스를 가르쳐주었고, 랜디가 스스로를 특별한 존재로 느끼게 해주었다고 한다. 할머니는 랜디를 여왕이란 뜻을 가진 '레이나(Reyna)'라고 부르면서, 자기의 모든 친구들에게 자랑스럽게 소개했다. 게다가 랜디가 훌륭한 외교관이 될 거라고 예언해주었다. 그런 마가라 할머니가 돌아가셨을 때, 랜디는 자신도 할머니를 따라 함께 무덤 속에 묻히고 싶은 심정이었다고 한다. 랜디는 할머니가 돌아가시는 날 자신의 인생은 끝났으며, 자기가 할머니에게 받았던 것과 같은 사랑은 다시는 받을 수 없을 것이라고 생각했다고 말했다.

할머니, 할아버지가 손자들에게 줄 수 있는 최고의 선물은 '사랑'이다. 그리고 그 사랑은 예언이 된다.

우리 할머니는 강인하고 독립심이 강한 여성이었다. 할머니의 꿈은 패션디자이너였지만 패션디자인 계통에서 일하기 위해 필요한 재정적인 능력이 없었다. 나는 여름 방학을 할머니 댁에서 보내곤 했는데, 그때 본 할머니의 생활태도는 나에게 많은 영향을 주었다. 나는 초등학교 5학년 때 이미 할머니께 배운 바느질로 내 옷을 손수 줄이고 늘려 입기 시작했고, 고등학교 때에는 직물회사에서 아르바이트로 디자인을 했다. 후에 디자인 학교에 입학을 했는데, 학교에서 한번은 뉴욕에서 온 유명한 디자이너가 강의하는 수업을 들을 기회가 있었다. 그는 디자인을 전공하는 학생들 중에, 디자인 계통에서 계속 일하게 되는 사람은 겨우 3%에 불과하다고 말했다. 그 말은 디자이너를 꿈꾸는 사람들의 희망을 꺾을 수도 있었다. 하지만 나에게는 오히려 도전정신을 불러일으켰다. 내겐 할머니에게 배우고 물려받은 남부럽지 않은 감각이 있었고, 할머니가 못 다 이룬 꿈을 이루고 싶다는 의욕도 있었기 때문이다. 나는 지금 자산 규모가 2,000만 달러인 디자인 회사의 부사장이다. 내 책상 위에 놓아둔 할머니 사진을 볼 때마다, 오늘 내가 이 자리에 있게 된 동기와 과정을 떠올린다.　　　　- L. S.

내가 9살 무렵의 일이다. 우리 형제와 사촌 형제들이 함께 할아버지 댁에서 놀고 있을 때였다. 우리는 어린아이들 사이에서 흔히 볼 수 있는, 누가 최고이고 게임을 가장 잘하는지 따위의 아주 사소한 문제(당시에는 굉장한 문제였다)를 놓고 다툴 뻔했다. 그런데 그때 할머니가 내 손목을 잡고 방으로 데려가시더니 "너는 정말 대단한 평화주의자구나"라고 하시며, 형제들 사이에서 싸움이 일어나지 않도록 중재를 잘한다고 칭찬을 해주셨다. 사실 할머니의 그런 표현은 내 성격과는 거리가 멀었다. 왜냐하면 사촌 5명 중 가장 나이가 많았던 나는 조금이라도 대장 노릇을 하려고 했기 때문이다. 그러나 나는 할머니의 이 칭찬으로 우리가 함께 모일 때 내가 어떤 역할을 해야 하는

지, 그러니까 우리 사이에 평화를 유지시키기 위해 노력하는 것이 바로 내가 해야 할 역할이라는 사실을 새롭게 깨달았다. 그리고 그 이후로 지금까지 살아오면서, 나는 극단적인 대립 관계에 있는 사람들의 관계를 잘 회복시키는 능력이 있다는 칭찬을 많이 들었다. 할머니께서 내게 준 이 선물이 굉장히 놀랍지 않은가? 할머니의 말씀은 내가 어떤 상황에 있든지 간에 <u>스스로</u>를 돌아보고, 어떻게 행동할지를 결정하는 데 무척 큰 도움이 되었다.   - A. D.

할머니와 할아버지는 다른 가족들과 마찬가지로, 우리가 자신을 볼 수 있게 해주는 중요한 전령사이며, 예언자이다. 그리고 자신을 볼 수 있는 능력은 곧 우리의 미래를 결정한다.

1. 당신 가정이 가지고 있는 예언은 무엇입니까? 만약에 그것이 없다면, 무엇이 당신 가정의 예언이었다고 생각하나요?
2. 예언이 당신이나 또는 당신의 가족에게 어떤 영향을 줄지 생각해보십시오. 당신 가정의 미래에 대한 소망은 무엇입니까?
3. 당신의 부모님은 당신을 어떤 말로 묘사하고 있습니까?
4. 당신은 당신의 자녀들을 어떤 말로 묘사하고 있습니까?
5. 가족들에게 들은 말 중 당신에게 동기를 부여해준 긍정적인 말이 있다면, 무엇입니까?
6. 당신은 지금 자신이 당신의 가족(특히 자녀들)에게 긍정적인 예언을 주고 있다고 확신합니까? 그렇다면 그것을 어떻게 알 수 있습니까?
7. 오늘 의자에 앉아 당신의 모든 가족들에게, 그들의 나이와는 상관없이 줄 수 있는 한 가지의 긍정적인 예언을 써보십시오. 그것은 당신이 전혀 예상할 수 없는 방법으로 그들의 장래에 영향을 미칠 것입니다.

사랑하는 주님,

당신께서는 우리 모두를 당신의 가정에 초대함으로써 우리에게 긍정적인 예언을 주셨나이다. 주님, 저로 하여금 당신께서 당신의 제자들에게 주신 예언들을 연구하도록 도와주시고, 그것들이 바로 저 자신에게도 적용된다는 사실을 깨닫게 하시옵소서. 저로 하여금 가족들에게 숨어 있는 모든 훌륭한 점을 발견하여 그것들을 일깨워줌으로써 그들에게 긍정적인 예언을 전할 수 있게 도와주옵소서. 아멘.

친구로서 해줄 수 있는
최고의 선물

텍사스주의 댈러스와 워싱턴 D.C.에 본부를 두고 있는 '빈곤퇴치 프로그램(Step Poverty Fighting Program)'의 창설자인 하브 오드 스타익(Harv Oodstyk)은 "모든 사람에게는, 남녀 · 노소 · 빈부 · 귀천 · 인종을 불문하고, 한 가지 꼭 필요한 것이 있다. 그것은 바로 친구다"라고 말했다.

65세의 하브는 키가 훤칠하고 완전 백발 머리에 조각한 듯 뚜렷한 이목구비를 지닌 멋진 노신사이다. 그와 함께 일하는(그리고 그가 사랑하고 아끼는) 사람들은 그를 '모세'라고 부른다. 그는 40년 동안 할렘과 댈러스 남서부 지역에서 빈곤과 마약, 범죄로부터 사람들을 구출해내는 일을 하고 있다. 이 일을 하면서 그가 사용하는 유일한 무기는 '친구가 되는 것'이다.

그의 일은 소다수 6개들이 팩을 들고 천진하게 웃으면서 동네 농구 코트에 가는 것으로 시작된다. 그리고 젊은이들과 함께 내기 농구를 한다. 만약 그가 게임에 이기면, 그들의 리더(대개가 이미 범죄의 세계에 빠져 있는 거친 아이들)를 만나게 해달라고 요구한다. 그렇게 자연스럽게 그들과 어울리면서 하브는 아이들이 새로운 인생을 살아갈 수 있도록 의욕을 돋우어주었다. 못생긴 치아 때문에 아이들로부터 놀림을 당하던 12살 소년의 치아를 치료해준 적도 있는데, 이로써 소년은 더 이상 자신을 놀리던 아이들과 싸우지 않게 되었다. 또, 정부에서 주는 지원금으로 겨우 살아가고 있는 미혼모에게 직장을 찾아주기도 했다. 하브는 이렇게 빵을 주는 데서 끝나는 것이 아니라 빵을 만드는 법을 알려줌으로써 다른 사람들을 도왔다. 그리고 한 할머니에게는 다시 공부를 할 수 있게 격려하기도 했다. 하브가 마리아 여사님이라고 부르는 이 할머니는 늦은 나이지만, 고졸 검정고시를 보고 대학 학위를 따냈다. 이 할머니의 궁극적인 꿈은 변호사가 되는 것이다. 하브는 그녀의 결심을 듣고 "마리아 여사님은 또 해낼 거야!"라며 응원해주었다. 마리아 여사님은 대학 졸업식에서 눈물을 머금으며 말했다.

"하브와 다른 팀원들이 제게 다가와서 팔을 벌려 저를 안아주었답니다. 마치 망토를 두르는 것처럼 말이에요. 그들은 제가 두려움의 골짜기를 한 걸음씩 한 걸음씩 나아가서, 지금 여러분 앞에 이렇게 대학 졸업생으로 설 수 있기까지 많은 도움을 주었답니다."

이것이야말로 친구로서 해줄 수 있는 최고의 선물이 아닌가! 잠언에서의 "친구의 충성된 권고가 이와 같이 아름다우니라(잠언 27:9)"라는 구절은 그다지 놀라운 말이 아니다.

나에게도 예언자가 되어준 잰 스트래트와 캐서린 칼훈이라는 두 친구가 있다.

내가 자라면서 들은 중요한 예언은 '너는 마음만 먹으면 무엇이든 할 수 있다'는 말이었다. 하지만 다른 많은 아이들이 그렇듯이, 나는 내가 '마음을 먹어야 할 것'이 무엇인지에 대해 고민하고 있었다. 아버지는 항상 '어떤 것에서든 최고가 되라'고 하신 반면, 어머니께서는 '창조적이고 행복하게 살아라. 그리고 보다 큰 꿈을 위해 일하며 살라'고 하셨다. 어찌 되었건 간에 나는 광고업계에서 성공하기로 마음먹었다.

하나님께서는 나의 죽마고우 린다의 어머니인 잰 스트래트를 나에게 예언자로 보내셨다. 잰 아주머니는 딸인 린다에게 나에 대한 예언을 말씀하셨고, 그 예언은 간접적으로 내게 전달되었다. 어느 날 나는 린다와 함께 점심을 먹으려고 식당에 들어갔다. 음식을 주문한 후 음식이 나오기를 기다리면서 나는 장난삼아 냅킨에다 생각나는 대로 짧은 시를 한 편 썼다. 식사를 마치고 나가려고 하는데 린다가 그 냅킨을 자기 주머니에 챙겨넣는 것이었다. "그까짓 걸 뭘 하려고 그러니?"라는 내 말에 린다가 대답했다.

"응, 우리 엄마가 너는 유명한 작가가 될 거라고 하셨어. 그러면 서 네 편지와 메모, 낙서, 네가 쓴 것이라면 냅킨에다 그린 약도까 지 다 챙겨두라고 하셨거든."

나는 린다와 헤어질 때까지 웃음을 참지 못했다. 그 당시 나는 18살이었고, 인명구조원으로 일하고 있었다. 하지만 잰 아주머니 의 그 예언을 가슴에 새겨놓고 항상 기억하고 있었다.

그로부터 22년이 지나 내 나이가 40대로 접어들 무렵, 내 가슴 속에선 그때 그 말이 갑자기 활활 타오르기 시작했다. 그 불꽃은 여태껏 내가 해온 일에 대한 회의를 갖게 하였다. 그리고 나는 실 제로 광고 문안이나 텔레비전 광고방송 원고를 쓰는 것으로는 훌 륭한 작가가 될 수 없다는 것을 깨닫고, 하던 일을 정리했다. 잰 아 주머니의 예언은 내게 모세의 '불타는 떨기나무'가 되었다. 그것은 나를 새로운 삶의 모험으로 인도하였다. 나의 두 번째 책인《기적 의 사명선언문》에서도 자세히 이야기하고 있듯이, 잰 아주머니의 말이 그대로 실현될 것인지를 보기 위해 나는 미지의 세계로 뛰 어든 것이다.

《최고경영자 예수》를 출간한 후의 일이었다. 시애틀에서 열린 내 사인회에 참석하기 위해 잰 스트래트 아주머니가 알래스카의 앵커리지에서 비행기를 타고 시애틀까지 왔다. 아주머니는 내가 연설을 하는 동안 눈물을 흘리며 청중석에 앉아 계셨다. 그러고는 내가 책에 사인을 하고 있을 때 자리에서 일어나 내 곁으로 가까이 오셔서 조용히 말씀하셨다.

"로리, 나는 이런 날이 올 줄 알았단다. 그것을 확신했으니까."

가끔씩 나는 만약에, 잰 아주머니가 그런 말을 하지 않았다면 혹은 린다가 내게 그것을 이야기해주지 않았다면, 나는 지금 어떤 모습이 되어 있을까 궁금해질 때가 있다. 어느 날인가 우리 어머니가 농담조로 "나는 말이지, 네가 훌륭한 작가가 될 거라고 전혀 생각하지 못했다는 것을 인정해야겠구나. 너는 단어 맞추기 놀이를 할 때마다 엄마한테 번번이 지지 않았니?"라고 말씀하셨듯이 나의 평소 생활에선 작가적 기질을 찾아볼 수 없었기 때문이다.

친구가 해줄 수 있는 중요한 역할 중 하나는, 현명한 조언자가 되는 것이다. 요즘 텔레비전에는 사람들에게 훌륭한 조언자가 될 것을 촉구하는 광고가 많다. 〈빅 브라더스 앤 빅 시스터스(Big Brothers and Big Sisters)〉와 같은 프로그램은 현명한 조언자가 있는 아이일수록 적게 싸우고, 학교생활을 잘하며, 약물에 중독되는 경우가 적다는 사실을 보여준다. 또 성공적인 직장생활과 관련된 책들은 자신의 직업에서 최고가 될 수 있는 지름길은 현명한 조언자를 찾는 것이라고 강조하고 있다.

내 인생에 있어 이러한 역할을 해준 사람은 캐서린 칼훈이다.

나는 28살 때 이혼과 동시에 대학을 포기했다. 그동안의 찬란하고 사명감 넘치던 삶은 더 이상 나의 것이 아니었다. 그리고 식당의 종업원, 베이비시터, 비서, 접수원, 어린이 놀이 교사 등의 여러 직업을 전전했다. 내게 있어 좋은 직장을 갖는다는 것은 토끼가 관리자로 승진하는 것과 다름없는 일이었다. 고등학교 시절 졸업생 대표로 고별연설을 하는 영예를 누릴 만큼 우등생이었고 누가 봐도 성공할 것이라고 장래가 촉망되던 나는, 핀볼 게임에서 가장 낮은 자리에 떨어져 헤매는 구슬 신세가 되었다. 한때 아버지는 당신의 친구들에게 내 고등학교 성적을 자랑하시곤 했는데, 그 당시에는 내 라켓볼 경기 점수만 언급하실 만큼 나에 대해 이야기하길 피하셨다. 아버지가 내게 훌륭한 라켓볼 선수로 성공하기를 원했다는 것은 그만큼 나에게 거는 기대가 작아졌다는 뜻이었다. 아버지는 내 라켓볼 경기가 있는 전날이면 토를 할 정도로 과민하게 신경을 쓰셨다. 어쨌든 간에 그 당시 나는 좋게 말하면 '하나님께서 허락하시는 대로' 최저임금을 받는 직장만을 왔다 갔다 했다. 다행스럽게도 그때 하나님께서는 내게 캐서린을 보내주셨다.

그때 내가 아는 여자들은 모두가 교사나 비서 또는 간호사들이었다. 이 가운데 어떠한 직업도 내게는 맞지 않았다. 그러던 중 나는 여성자원센터(Women's Resource Center)에서 일자리를 얻게 되었는데 그곳의 소장이 바로 캐서린 칼훈이었다. 나는 그녀의 역할을 세심하게 지켜보았다. 캐서린은 지원금을 신청하고, 남편에게 폭행당한 주부를 위로하며, 이사회의 임원들과 예산안 편성을 두고 씨름하는 것에 이르기까지 많은 일을 하고 있었다. 그녀는 이런 일들을 뛰어난 유머 감각과 자부심을 가지고 깔끔하게 처리했다. 그녀의 행동과 신념, 열정 그리고 감각 있는 의상은 상상을 초월할 정도였다. 나와 동갑인 그녀를 보면서, 나는 앞으로 어떤 사람이 되어야 할지에 대한 역할모델을 찾은 것이다.

캐서린은 여성자원센터를 떠나 자신만의 전문상담센터를 운영하기 시작했다. 그녀는 일주일에 5일을 비행기를 타고 미국 전역을 돌아다니며 사람들을 훈련시켰다. 그리고 나는 그녀의 활약을 옆에서 지켜보았다. 캐서린이 그것을 알든지 모르든지 간에 그녀는 나의 운명을 그려나가도록 도와주었다.

나는 사회 문제와 여성의 역할, 그리고 해야 할 책임과 이루어야 할 꿈에 대한 토론을 통해 내가 해야 할 일이 무엇인지를 깨닫게 되었다. 캐서린은 나를 여러 모임에 데리고 다녔고 자신이 작성한 정부지원청구서를 대신 읽게 해주었다. 그리고 그녀가 사람들에게 가르칠 것들에 대한 영상물을 미리 보여주기도 했다. 그러면서 나 역시 그런 일을 하고 싶은 욕심이 생겼다. 그리고 나는 실제 캐서린을 통해 그것이 가능하다는 사실을 깨달았다.

친구와 현명한 조언자들. 나에 대한 그들의 사랑과 신뢰는 하나의 예언이 되었다. 그리고 그들이 내게 해준 말은 곧 비언어적인 방법을 통해 내가 어떻게 해야 될 것인지를 보여주는 역할모델이 되었다.

그레고리 잭슨은 댈러스 남동쪽의 빈민가에서 가난한 흑인 소년으로 자랐다. 아버지가 가족을 버렸기 때문에 할머니 손에서 자랐지만 그는 축구선수로 뛰면서 장학금을 받고 대학까지 진학했다. 대학을 졸업하자, 여러 기업체에서 그를 채용하려고 했다. 그러나 그레고리는 더 많은 사람들을 위한 유익한 일을 하기로 결심했다. 그래서 그는 한때 그렇게도 떠나길 갈망했던 소년 시절의 빈민가로 돌아갔다. 지난날의 자신과 같은 처지의 아이들에게 역할 모델과 훌륭한 조언자가 되어주기 위해서.

그레고리는 이렇게 말했다.

"어렸을 때 제가 동네를 돌아다니면서 본 것은 도박이나 하고 종이봉투에서 맥주를 꺼내 마시는 어른들뿐이었습니다. 그래서 저는 양복을 입고 한 손에는 서류가방을, 그리고 다른 한 손에는 만화가 그려져 있는 우유병을 들고 고향으로 돌아가는 모습을 항상 그려왔죠. 그리고 생각했던 대로 이곳으로 돌아오게 되었습니다. 이곳의 아이들이 이전에는 보지 못한 성공한 사람의 모습을 저를 통해 보면서 자라길 원합니다."

훌륭한 친구와 현명한 조언자는 우리에게 무조건적인 도움을 줄 뿐만 아니라 중요한 것을 알아서 그것에 집중할 수 있도록 도와준다.

사람들에게 "여러분의 인생 중 삶의 방향을 바꾸는 데 가장 결정적인 역할을 한 사람이 누구입니까?"라고 물었을 때, 그들 가운데 90%가 '친구'라고 대답한다. 다윗 같은 경우, 그를 사랑하는 친구 요나단이 수없이 나서서 그를 죽이려는 사울의 음모를 피하도록 도와주지 않았다면, 결코 이스라엘 왕위에 오르지 못했을 것이다. 또한 아브라함은 친구인 롯을 위해 기도하고 그가 불에 타죽는 것을 피하도록 도와, 그의 가족을 구했다. 모세는 하나님께 원망하고 감사할 줄 모르는 이스라엘 자손의 용서를 구하는 기도를 할 때 예언자로서 뿐만 아니라 친구의 입장에서 행동하였다. 엘리야는 엘리사에게 말의 위대한 능력을 보여주면서 친구인 동시에 조언자의 역할을 하였다. 모르드개는 신실한 우정과 지혜로운 훈계를 통해, 에스더가 역사 속에서 맡은 자신의 의무를 깨닫도록 도와주었다. 막달라 마리아는 예수님이 묻히시기 전날 예수님의 발에 향유를 부어주는 것으로 예언자와 친구의 역할을 했다. 예수님은 베드로가 3번이나 당신을 부인했는데도, 그들의 깊은 우정을 베드로에게 상기시켜 주었다. 바울은 디모데와 디도에게 그들의 능력을 발휘하도록 도와줌으로써 친구이자 조언자가 되었다. 사실, 신약성서는 상당 부분이 친구들에게 보내는 서신(역사를 변화시키는 것뿐만 아니라 개인의 인생을 인도하는 말들로 가득한)으로 이루어져 있다.

친구들로부터 들은 단순한 격려의 말 한마디가 한 사람의 인생 행로를 바꾸어놓는 경우도 드물지 않다.

내가 메리를 처음 만났을 때, 그녀는 날씬하고 귀여운 중학생이었다. 메리는 나와 친해지고 나서 자신의 꿈은 항공기 조종사가 되는 것이지만 여자이기 때문에 그런 꿈은 상상으로나 가능하지 실현은 불가능할 것이라고 토로했다. 나는 실의에 차 있는 메리에게 성별은 전혀 문제가 되지 않는다고 말해주었다.

그로부터 얼마 후 메리와 우연히 만나게 되었는데, 그녀는 나에게 자신이 받고 있는 비행교육과 비행기 조종에 대해 이야기해주었다. 메리는 매우 상기되어 있었다. 그리고 한 달 정도가 지났을까? 메리에게 항공기 조종사 시험에 합격을 했다는 연락을 받았다. 메리가 꿈을 이루기 위해 자신의 가능성들을 키워나가는 모습을 지켜보는 것이 나에겐 정말이지 뿌듯한 일이었다.

그녀는 지금 항공기 조종사가 된다는 희망을 갖고 비행훈련을 하고 있고 비행기를 조종하면서 경험을 쌓고 있다. 메리는 나를 볼 때마다 비행기 조종 시간에 대해 이야기한다. 환하게 웃으며 바로 내 격려 덕분에 조종사가 될 수 있었다고 친구들에게 자랑한다. 나는 메리의 그런 모습을 볼 때마다 흐뭇함을 느낀다.

우리 아버지는 심각한 알코올 중독자였고, 어머니는 살림을 꾸려가기 위해 두 군데 직장에서 일을 했기 때문에 집에 계시는 시간이 거의 없었다. 우리 6남매는 부모님과 함께 지내는 시간이 매우 적었다. 그런데 하나님께서는 나에게 천사를 보내주셨다. 그 천사는 바로 이웃에 사는 60대 아주머니로, 은퇴한 간호사셨다. 우리 둘의 인연은 내가 태어났을 때 아주머니가 나를 보살펴준 것에서 시작되었다. 나는 우리 엄마 뱃속에서 나오는 그 순간부터 아주머니의 '딸'이 된 것이다. 부모님이 밤늦게 일을 끝내고 아주머니 집에 나를 데리러 오시면, 나는 아주머니의 옷을 꽉 쥐고 놓지 않았다고 한다. 얼마나 꽉 잡았던지 매번 내 작은 손을 떼어놓기 위해서 손가락을 하나하나 잡아 펴야 할 정도였단다. 아주머니는 이 이야기를 자주 하셨는데, 그때마다 눈시울을 적시곤 하셨다. 그리곤 나를 보시며 "네가 배우는 모든 것을 항상 그렇게 꽉 붙잡고 놓지 않기를 바란다"고 하셨다. 나는 아주머니의 바람대로 열심히 공부했다. 그리고 다행히도 아주머니의 도움으로 대학에 들어갈 수가 있었다. 아주머니는 내가 대학교 4학년 때 87세의 나이로 돌아가셨다. 우리 부모님은 하나님을 모르는 무신론자였는데도, 하나님께서는 나에게 아주머니 천사를 보내주셨고 암울했던 어린 시절을 무사히 통과할 수 있도록 구원해주셨다. 지금 나는 간호사이다. 아주머니처럼 말이다.　　　　　　- T. H.

가끔씩, 전혀 낯선 사람의 예언이 우리가 새로운 인생의 방향을 세우는 데 도움을 줄 때가 있다.

1980년대에 나는 캘리포니아에서 미장원을 운영했다. 우리 가게는 읍내에서 하나뿐인 고등학교 건너편에 있었다. 하루는 단골 고객인 귀엽게 생긴 청년이 내가 담배를 피우는 모습을 보고는 깜짝 놀라는 것이었다. 그 학생은 나를 대단한 사람이라고 생각했고, 담배를 피우리라고는 상상조차 하지 못했다고 말했다. 그때까지 나에게 직접적으로 담배를 피우지 말라고 한 사람은 그 학생이 처음이었다. 그 학생은 내가 어떤 것이든 해낼 수 있는 사람이라 생각한다면서 담배도 끊을 수 있을 것이라고 말했다. 몇 년이 지난 후, 나는 담배를 끊었다. 지금도 그 학생을 잊을 수가 없다. 그의 말은 내게 매우 소중한 활력소가 되었고, 의욕을 상기시켜 주었다. 20년이 지난 지금까지 그 학생의 짧은 말 속에 들어 있는 그 위대성은 조금도 사라지지 않고 있다.   - L. T.

나는 강연을 하러 지방에 자주 다니면서, 중 · 고등학생들에게 강연하는 것이 매우 보람 있는 일이라는 생각을 하게 되었다. 아주 외진 시골 학교에서 학생들을 대상으로 강연을 했을 때의 일이다. 강연이 끝났을 때, 키가 큰 검은 머리 학생이 내게 오더니 상담을 해줄 수 있는지 물었다. 그 학생은 이야기를 시작하자마자, 마음속에 쌓여 있던 고통과 분노를 폭발시키며 울음을 참지 못했다. 그 학생이 마음을 진정시키고 나자, 나는 그의 목표와 꿈 그리고 그것들을 이루기 위한 방법에 대해 대화를 나누었다. 존이라는 그 학생과 헤어진 다음에 나는 몇몇 선생님들을 통해 그의 성장 배경을 알아보았다. 존은 알코올 중독자인 아버지와 누나와 함께 언덕 뒤편에 트레일러로 만든 이동식 주택에서 살면서 불우한 생활을 하고 있었다. 존에게 의지할 곳이라고는 아무 데도 없었다. 1년 후, 다른 학교에 강연을 하러 가면서 그 지방을 다시 방문하게 되었다. 그런데 그 동네를 지나가다가 우연히 존을 보게 되었다. 나는 존의 이름을 큰 소리로 불렀다. 존이 내게 가까이 왔을 때 자세히 보니, 그의 눈에는 생기가 가득했고 단정한 옷을 잘 차려 입고 있었다.

"어떻게 제 이름을 잊지 않으셨어요?"

놀라며 묻는 존에게 나는 웃으며 대답했다.

"존, 나는 너를 영원히 잊을 수 없을 거야. 너는 내게 있어 영웅이요, 승리자이거든."

실제로 내게 존은 그러했다. 그는 학교 성적도 많이 올랐으며, 곧 졸업을 앞두고 있다고 했다. 그리고 여자친구도 생겼다고 말했다.

"강사님께서 지난번 저희 학교에 오셨을 때, 저를 믿는다고 말씀하셨잖아요. 그 말은 저한테 굉장한 힘을 주었거든요. 그 말은 저에게 모든 것을 다시 생각하게 했어요."

난 존의 이야기를 듣고 '말'이란 참으로 강력한 것이라는 걸 다시금 깨달았다.　　　　　　　　　　　　　　　　　　　－ J. S.

미국여자대학생협회 회장인 재키 드파지오는 회원들에게 협회의 목표를 일깨우는 서한을 보냈다. 그 서한은 협회가 미국 역사를 새롭게 창출하는 데 앞장서겠다는 합의된 목표를 갖고 결성되었다는 것을 회원들에게 상기시켰다. 1919년, 유럽은 제1차 세계대전의 소용돌이에 휩싸여 있었다. 당시 가난한 과학자들에게 실험용 라듐 가격은 터무니없이 비쌌다. 그것은 마리 퀴리(Marie Curie)같이 유명한 과학자에게 있어서도 마찬가지였다. 때문에 퀴리 부인의 새로운 연구는 진전되지 못할 지경에 이르게 되었다. 그때 미국여자대학생협회가 그녀를 돕기 위해 찾아왔다. 그 협회는 메인주에서 캘리포니아주에 이르기까지 미국의 전역에 흩어져 있는 회원들로부터 15만 6,413달러나 되는 엄청난 액수의 돈을 모금해, 퀴리 부인에게 전해주었다. 퀴리 부인은 그들의 도움으로 1g의 라듐을 사서 연구를 계속할 수 있었다. 그리고 그녀는 이러한 실험을 통해 핵화학분야의 신기원을 이루고, 미래 과학의 길을 완전히 바꾸어 놓는 쾌거를 이루었다. 퀴리 부인은 자기를 신뢰하고 그것을 보여 준 사람들의 도움에 힘입어 이룬 업적으로 노벨상을 수상하였다. 퀴리 부인은 자기를 돕기 위한 기금 모금에 참여한 사람들 한 명, 한 명이 누구인지를 모른다. 하지만 그녀에 대한 그들의 믿음과 행동은 곧 하나의 예언이 되었다.

1979년에 나는 아주 중대한 결정을 했다. 그동안 일해온 간호사직을 관두고 소아과 병원의 집중치료실에서 일하기로 한 것이다. 면접을 보던 소아과 과장은 소아과에서 일해본 경험이 전혀 없는 나를 채용한다는 것은 모험과 마찬가지라며, 만약에 내가 업무를 제대로 해내지 못할 경우 언제라도 해고하겠다고 엄포를 놓았다.

처음 한 주 동안 진행되는 훈련은 재료실에서 유아용 체중계를 다루는 법을 익히는 것이었다. 나는 새롭게 배우는 일에 서툴렀을 뿐만 아니라 그 일들이 너무 부담스러웠다. 그래서 소아과 병원으로 옮긴 것은 내 인생 최대의 실수라며 후회했다. 그렇게 내가 재료실에서 우왕좌왕하고 있을 때였다. 갑자기 재료실 문이 열리며 낯선 젊은 간호사 한 명이 들어왔다. 그녀는 내가 쩔쩔매는 모습을 쳐다보더니, 무슨 문제가 있느냐고 물었다. 나는 하소연을 하면서 울음을 참지 못하고 엉엉 울어버렸다. 처음 보는 사람이었는데도 그녀는 내 이야기를 다 들어주었다. 그녀는 나를 꼭 안고는 내가 앞으로 모든 일을 잘할 수 있을 것이라고 격려해주면서 내가 그 소아과 병원에서 큰일을 할 사람이라는 것을 자신이 보증한다고 말했다. 우습게도 난 그 낯선 사람의 말을 그대로 믿었고, 그날은 내 인생에 있어 하나의 전환점이 되었다. 나는 모든 교육과정을 무사히 마쳤다. 걱정은 사그라들었고 나는 점점 그 소아과에서 하는 일에 애착을 갖기 시작했다. 몇 년 후, 그 간호사는 내가 일하고 있는 집중치료실에 배치되었고, 이번에는 내가 그녀의 지도 간호사가 되었다. 그 젊은 간호사와 나는 좋은 친구가 되었고 그녀가 음주운전자의 차에 치어 안타깝게 생을 마감할 때까지 함께 일했다.

소아과 과장과의 면접이 있은 후, 18년이 지난 지금도 나는 여전히 이 소아과 병원에서 일을 하고 있으며, 지금은 집중치료실과 회복실 두 곳의 간호담당 책임자로 일하고 있다.

내가 분명하게 알 수 있는 한 가지는, 만약 하나님께서 그때 그 젊은 간호사를 내게 보내지 않으셨다면 아마도 나는 우리의 가장 소중한 재산인 어린아이들의 생명을 살리는 일에 지금처럼 애착을 갖고 있지는 않을 것이라는 사실이다. 나는 그녀에게 입은 은혜를 영원히 잊지 못할 것이다. 나도 그녀처럼 다른 사람의 입장을 이해해주고 용기를 주는 사람이 되고자 노력하며 살고 있다. 사람들은 누구나 자기를 올바른 길로 인도해주는 긍정적인 안내를 필요로 한다. 그러한 면에서 나는 굉장한 친구가 있었다는 것에 대해 매우 고맙게 생각한다.   - E. T.

하나님께서는 종종 낯선 사람과 친구를 통해 우리에게 말씀하신다.

1. 당신이 인생의 방향을 정하는 데 도움이 되는 예언을 해준 사람들은 누구이며, 어떤 친구들입니까?
2. 잘 모르는 사람에게서 소중한 가치가 있는 말을 들은 적이 있습니까?
3. 당신은 친구에게 예언을 한 적이 있습니까? 있다면 언제입니까? 그들에게 예언한 것이 그대로 실현되었습니까?
4. 당신은 어떤 때 친구에게 예언을 하며, 또 어떻게 예언을 합니까?
5. 당신은 잘 모르는 사람에게 예언을 한 적이 있습니까? 있다면 어떠한 식으로 예언합니까?

사랑하는 주님,
세상에는 참다운 친구보다 더 진실한 것이 없다고 믿습니다. 주님께서는 "친구의 아픈 책망은 충직으로 말미암은 것이다(잠언 27:6)"라고 말씀하셨습니다. 저로 하여금 주위에 있는 사람들을 치유하고 일으켜 세우며 감동을 주는, 굳센 말만 하게 하옵소서. 나아가 주님께서 제게, 제가 알지 못하거나 또는 다시는 만나지 못할 사람에게도 긍정적인 영향과 용기를 줄 수 있는 말을 내려주신다는 사실을 깨닫게 도와주옵소서. 제가 항상 저를 둘러싼 사람들을 치유하고, 일으켜 세우며, 격려하는 강력한 말들만을 하게 하시옵소서. 아멘.

스승의 말은 천 배의 힘을 가진다

사람들은 마땅히 가야 할 방향을 제시해주고 이끌어줄 수 있는 사람에게 영향을 받는다. 우리는 그 사실을 얼마나 알고 있을까?

선생님의 예언

나는 선생님이 해준 예언적인 말을 기억하고, 그 말을 자주 인용하는 사람들을 본다. 나는 그런 사실에 매우 흥미를 느낀다. 신명기 32장 2절에는 "내 교훈은 비처럼 내리고 내 말은 이슬 맺히나니, 연한 풀 위의 가는 비 같고 채소 위의 단비 같도다"라고 기록되어 있다. 배움을 얻고 있는 사람들의 장래에 깊은 관심을 기울이고 있다는 점에서 선생님들은, 이 성경 말씀의 비와 같다고 볼 수 있다. 그리고 선생님들에게는 직장이며, 학생들에게는 배움의 장소인 학교는 '예언의 집'이다.

내가 이제까지 성공적으로 살 수 있었던 것은 상당 부분 선생님들의 덕택인데, 나에게 가르침을 주신 많은 선생님들 중에서 특히 두 분께 깊이 감사드리고 있다.

한 분은 초등학교 시절의 영어선생님이신 패트리샤 던햄이다. 던햄 선생님은 교실의 분위기를 압도할 만큼 위엄이 있는 분이셨다. 복도에서 소리치고 떠들고 발차기를 하던 개구쟁이들조차, 던햄 선생님의 교실에 들어오기만 하면 금세 모범생으로 변하곤 했다(던햄 선생님이 왼쪽 눈썹 끝을 위로 올리면 아이들은 조용해졌다).

던햄 선생님은 정확한 문법뿐 아니라 글쓰기의 중요성도 매우 강조하셨다. 선생님은 내가 시와 문학의 세계에 다가갈 수 있도록 문을 열어주셨고, 책을 읽고 느낌을 표현하는 능력을 길러주셨다. 내가 그렇게도 받기를 원했던 '매우 잘했음'이란 선생님의 글씨가 쓰여 있는 작문 숙제를 나는 지금까지도 소중히 간직하고 있다. 아, 나는 그때 나의 글과 시로 선생님을 기쁘게 해드리려고 얼마나 애썼던가! 돌이켜보면, 나의 글에 대한 선생님의 관심과 칭찬은 내 운명을 결정하는 데 커다란 도움이 되었던 것 같다.

교지편집 담당 선생님이셨던 펄 크라우치 선생님 역시 내게는 예언자이시다. 크라우치 선생님에게는 특별히 친한 학생이 없었고, 잘 웃지도 않으셨다. 그리고 학생들이 듣기 거북해하는 틀에

박힌 말인 "이것보다 더 잘할 수 있었을 텐데"라는 표현을 자주 사용하셨다. 그러나 크라우치 선생님은 매우 사려 깊은 분이셨다. 한 번은 맨날 까불기만 하는 우리 교지편집부에 고등학교의 연보(年報) 제작비로 5만 달러의 예산을 챙겨주셔서 우리들의 사기를 진작시키셨다. "이번 연보는 여러분의 기량을 마음껏 발휘해서 만들어보기 바랍니다"라고 격려하시면서 잘 만들어진 다른 학교의 연보를 연구해보자고 하셨다. 선생님은 어렵게 돈을 모금해 우리 교지편집부를 데리고 댈러스로 갔다. 그곳에서 그동안 만들어진 대학의 연보 중 전국대회에 출품되어 최우수상을 수상한 작품들을 둘러볼 수 있는 기회를 주셨다. 선생님은 또 우리를 책 만드는 큰 공장에도 데리고 갔는데, 공장의 모습은 경이로움과 놀라움 그 자체였다. 우리는 돌아올 때까지 그때의 흥분을 잊지 못했고, 크라우치 선생님은 우리의 그런 흥분에서 연보 제작을 위한 훌륭한 아이디어를 꺼내라고 말씀해주셨다. 선생님께서는 마감 시간을 반드시 지킬 것을 환기시키시며, 연보의 여백에 여러 가지 색을 이용하는 창의력 넘치는 아이디어를 내시기도 했다. 우리 교지편집부는 선생님의 적극적인 후원에 고무되어 시간이 나면 종종 선생님의 연구실에 들러 그동안 만들어졌던 연보들을 보면서 종이의 질을 자세히 살펴보거나, 책의 무게에 대해서 이야기하곤 했다. 그렇게 해서 우리가 만들었던 우리 학교의 연보는 그해 전국대회에서 최우수상을 받았고, 학교 역사상 가장 훌륭한 연보로 선정되기도 했다.

크라우치 선생님은 내게 이 연보를 한 권 주시면서 '책을 사랑하고 영적 진리를 추구하는 로리에게, 나는 네가 진리를 탐구하는 일을 멈추지 않기를 기도하마'라는 요지의 아주 긴 편지를 써주셨다. 그 후 몇 년이 지나고 크라우치 선생님은 난소암으로 돌아가셨다. 내가 투병 중인 크라우치 선생님을 찾아갔을 때 비록 선생님께서는 나를 알아보지 못하셨지만, 나에 대한 선생님의 믿음은 영원한 예언으로 나의 마음속에 남아 있다.

나처럼 많은 사람들이 선생님으로부터 영향을 받는다.

공군에서 군복무를 하고 있던 시절 나는, 복무기간이 끝나는 2년 후에는 무엇을 해야 할지 막연한 상태였다. 그래서 학교를 졸업한 지 오래되긴 했지만 저녁 때 남는 시간을 이용해 강의를 듣기 시작했다. 그러던 어느 날, 생각지도 못한 일이 나에게 생겼다.

"자네는 학생이 아니라 선생이 되는 것이 좋겠군. 장차 위대한 일을 할 수 있을 거네."

내가 제출한 리포트를 본 교수님께서 많은 학생들 앞에서 이렇게 나를 칭찬해주신 것이다. 그 칭찬에 나는 고무되었다. 그때부터 나는 나의 새로운 면들을 보기 시작했다. 나는 공군을 제대한 후, 주간 과정의 대학에 들어가 교사자격증을 취득했다. 그리고 지금까지 24년 동안을 대학에서 학생들을 가르치고 있다. 한때 뭘 하고 살아야 할지 모르고 있던 나에게 교수님의 칭찬 한마디는 내가 나아갈 방향을 알려주었다. 그래서 나는 선생님의 칭찬 한마디가 미래가 불확실한 학생의 인생을 어떻게 얼마나 바꿔놓을 수 있는지를 잘 알고 있다. 지금 학생들을 가르치고 있는 나의 태도가 얼마나 중요한지도 말이다.   - D. D.

초등학교 시절 내가 낙제를 하자 반 아이들은 물론이고 담임 선생님까지 나를 '멍텅구리 바보'라고 나를 놀려댔다. 어느 날, 임시교사 선생님이 수업 시간에 들어오셨는데, 그 선생님께서는 아이들이 다 듣는 앞에서 나에게 "너의 반짝이는 눈빛을 보니 커서 훌륭한 사람이 될 것 분명하다"고 말씀하셨다.
나는 지금 석사학위를 받고 미군장교로 임관했으며, 큰 교회의 담임목사가 되었다. 아직까지는 내가 훌륭한 사람이 아닐지 모른다. 하지만 나는 지금 내 인생 최고의 날들을 살아가고 있다.   - P. W.

만약 그때 임시교사가 그에게 "너는 앞으로 훌륭한 사람이 될 거야. 선생님은 그것을 확신한단다"라고 말해주지 않았다면 그는 지금 어떻게 되었을까?
내가 초등학교를 졸업했을 때, 우리 어머니는 내가 옷 만드는 일을 평생의 직업으로 삼아야 한다고 말씀하셨다. 나는 어머니가 그렇게 생각하는 것도 싫었고, 내가 옷 만드는 사람이 되어야 하는 것도 싫었다. 그러던 어느 날 어머니는 양재기술학교를 수소문해서 나를 데리고 가 등록시켰다. 그리고 그 학교에서 필요한 용품을 사러 시내로 나갔는데, 길에서 우연히 수학 선생님을 만났다. 수학 선생님은 굉장히 멋진 여성이었는데, 내 진로에 대한 이야기를 듣고는 "잠깐만요, 댁의 따님에게는 교사가 될 자질이 있답니다. 지금 당장 사범학교로 가서 거기에 등록을 시키도록 하세요"라고 하셨다. 어머니는 내키지 않아 하면서도 선생님의 제안을 받아들이셨고, 나는 사범학교에서 6년 동안 공부를 했다. 공부는 힘들었지만 사범학교 생활이 무척 재미있었을 뿐만 아니라, 나는 모든 것을 잘 해냈다. 나는 사범학교를 졸업하고 지금까지 22년 동안 행복하게 학생들을 가르치고 있다.　　　　　　　　　　　　　　　－ I. A.

이 여성은 자신의 능력을 제약하는 가족의 예언을 그녀의 진정한 재능과 욕구를 이룰 수 있는 새로운 예언으로 바꿔준 수학 선생님께 감사하고 있다.

예언이 살아 있을 뿐만 아니라 강한 영향력을 행사하는 또 다른 장소는 '교회'이다. 왜냐하면 사람들이 다시 새로운 삶을 살게 되고, 서로를 격려하며, 영향을 주며 삶을 바꾸어줄 수 있는 이야기를 주고받는 곳이 교회이기 때문이다. 그러므로 성직자는 긍정적인 예언으로 충만해 있어야 한다.

한 목사님이 내게 "하나님께서는 당신을 신뢰하고 계시기 때문에 당신의 손에 많은 생명을 맡기실 것입니다"라고 말했다. 나는 당시 폭력조직의 일원으로 물건이며 사람이며 손에 닿는 것에 닥치는 대로 폭력을 휘두르곤 했다. 하지만 그 말을 들은 이후에 나는 변했다. 지금 나는 교사, 상담가, 복음전도사로서 사람들을 하나님 안에서 영적으로 살아가도록 인도하는 일을 하고 있다. 나는 그들의 마음의 상태에 대해서뿐만 아니라 매일 겪고 있는 사소한 고민에 대해서도 도움을 주고자 노력한다. 비록 한때는 하나님의 뜻을 거역하고 파괴와 폭력을 일삼으며 살았지만, 지금은 영성이 충만한 상태로 하나님께서 내 손에 맡기신 상처 입고 목마른 영혼들을 돌보기 위해 노력하고 있다.   – 익명

수년 전 우리 교회의 목사님께서 기도하시면서 나에게 "하나님께서는 당신을 치유의 도구로 쓰실 것"이라는 예언의 말씀을 하셨다. 하지만 나는 그 후로도 계속 그러한 나의 소명에 대해 깊이 생각하질 않았다. 그러던 중 친한 친구 한 명이 갑자기 병에 걸렸는데, 상태가 매우 좋지 않았다. 내가 문병을 갔을

때 친구는 나를 알아보지도 못할 정도로 심각한 상태였다. 나는 친구의 옆에 앉아 울기 시작했다. 그때 내가 할 수 있는 일이라고는 그를 위해 기도하는 것밖에 없었기 때문에 나는 하나님께 내 친구를 치료해주십사 하는 짧은 기도를 드렸다. 그런 다음 친구에게 작별인사를 하고 집으로 돌아가려고 병실에서 나왔다. 그런데 길을 걸어가면서 하나님께서 그의 병을 치료해주시리라는 확신이 들었다. 내가 생각한 대로 다음 날부터 그는 회복되기 시작했고 일주일 만에 퇴원해서 집으로 돌아왔다. 이 일은 23년 전의 일이다. 그 친구는 지금 89세가 되었으며 여전히 건강하게 살아가고 있다.　　　　　　　－ B. K.

알코올 중독자들을 위한 '12단계 프로그램'에 참여하고 있는 사람들은 자신들의 사회복귀를 도와주고 자기에게 지속적인 도움을 줄 후원자를 찾는다. 그런데 이러한 경우에, 후원자는 예언자가 된다.

1985년, 나는 6년 반 동안의 군생활을 마치고 민간인으로 돌아갈 준비를 하고 있었다. 나의 N.A.후원자인 밥은 내가 군에 입대하기 전에 있었던 불미스런 전력으로 군생활을 계속할 수 없게 된 것을 못내 안타까워했다. 하지만 밥은 민간인으로 돌아가는 것이 내가 갖고 있는 요리사로서의 재능을 발휘할 수 있는 기회가 될 것이므로, 더 잘된 일이라고 말해주었다. 그러면서 그는 나에게 "10년 후면 자네 소유의 식당을 갖게 될 거라네"라고 했다. 1995년인 지금, 밥이 그렇게 예언한 지 거의 10년 만에 나는 한 음식업체 지점의 총지배인이 되었다. 아직 주인은 못 되었지만 그에 못지않은 권한을 갖고 있는 것이다.

– 익명

그의 후원자였던 밥의 예측은 정확했다. 그것은 그가 도움을 절실히 필요로 할 때 주어졌으며 그것은 그대로 받아들여졌다.

직장 상사의 예언

많은 사람들은 직장의 상사란 직원들에게 가혹하게 일을 강요하고 당연히 승진해야 할 사람의 승진을 가로막는 고약하고 비열한 사람이라는 이미지를 갖고 있다. 그러나 느헤미야에게는 그를 매우 아껴주는 상사가 있었다. 그는 느헤미야가 바쁠 때 일에서 잠깐 빠질 수 있도록 배려해주었고, 정부로부터 연금을 받을 수 있도록 도와 느헤미야가 자신의 꿈을 추구할 수 있도록 배려해주었다. 상사가 긍정적인 예언의 출처가 될 수 있다는 것은 그다지 놀라운 일이 아니다. 실제로 나는 첫 작품인《최고경영자 예수》에서 상사가 훌륭한 예언자가 되는 76가지가 넘는 방법을 소개했다.

아래에 소개하고 있는 이야기들은, 용기를 북돋우는 상사의 우연한 말 한마디나 진실한 언질이 자신의 업무에 대해 확신이 없는 사람에게 어떻게 자신감을 불어넣어 주고 어떤 변화를 끌어내는지를 보여주고 있다.

나는 휴렛패커드(HP)사에서 15년간을 근무했다. 나는 우리 회사에 대해 깊은 열정을 갖고 있으며, 회사의 설립이념에 대해서도 확신을 갖고 있다. 하지만 나의 이런 열정을 다른 사람, 특히 상사가 알고 있으리라고는 전혀 생각하지 못했다. 내가 회사의 운영방침, 즉 회사의 문화에 대해 설명하는 공개설명회에 참석했을 때였다. 내가 휴렛패커드 창업자들의 운영방침에 대해 의견을 말하려고 하자, 사장님은 "자, 우리 이분의 이야기를 들어보도록 합시다. 여러분이 우리 회사의 운영방침을 그대로 실천하고 있는 사람을 보기 원한다면, 이분을 보시면 됩니다"라고 말씀하셨다.

그 순간 이후로 모든 것이 바뀌었다. 나는 휴렛패커드의 운영방침에 대한 '전문가'가 된 것이다. 그리고 나는 지금 다른 단체들로부터도 그것에 대해 강연해달라는 많은 요청을 받고 있다.

- R. R.

이 사람의 상사가 한 말은 그를 바라보는 다른 사람들의 눈을 바꿔놓았을 뿐 아니라, 본인에게도 자신에 대해 새로운 인식을 갖게 하였다.

나는 졸업 후 거의 9개월 만에 캔자스의 한 중개회사에 접수원으로 취직을 했다. 그렇게 취직을 한 후 6개월 만에 나는 지사의 부지점장으로 승진했다. 그리고 얼마 후 해외 지사로 나가 일할 수 있는 좋은 기회가 생겼다. 지사로 나가기 전 나를 위한 조촐한 환송 파티가 마련되었는데, 그 파티에서 근무하고 있던 지사의 지점장님께서 샴페인 잔을 들어올리며 내게 말했다.

"행운을 빕니다. 나는 언젠가 당신에 대한 기사를 읽게 될 날이 올 것이라고 믿습니다."

그로부터 10년 후, 나는 '캔자스에서 몬테카를로까지에 이르는 한 여인의 오디세이'라는 특종 기사의 주인공으로 사람들에게 알려지게 되었다. 그 이후 줄곧 나는 〈캔자스시티 스타(Kansas City Star)〉지로부터 '주목받는 여자(Woman to watch)'로 불리고 있다.   - K. K.

이 이야기의 주인공에 대한 예언은 축배의 잔을 들어올리는 것과 함께 전해졌다. 상사는 자신이 본 부하직원의 위대한 점을 말했고 그녀는 그것을 듣게 된 것이다.

직장의 상사나 동료들은 종종 우리에게서 하나님께서 주신 위대한 능력을 발견해내곤 한다. 그들이 우리에게서 발견한 장점을 우리에게 말해줄 때 우리는 장점에 더욱 충실하려고 할 것이다. 이것이 축복이 아니면 무엇이겠는가?

Question

1. 당신에게 긍정적인 예언자가 되어준 선생님이 계십니까? 그분은 누구입니까?
2. 하나님께서 직장의 상사나 동료를 당신의 미래에 대한 예언이나 메시지를 전달하는 사람으로 쓰시는 이유는 무엇입니까?
3. 전문가들의 말은 어떻게 사람들에게 길잡이가 될 수 있습니까?
4. 많은 사람들이 일상 속에서, 다른 사람들에 의해 자신에게 주어지는 예언들을 알아채지 못하거나 이용하지 못하는 이유는 무엇일까요?

Meditation

사랑하는 주님,
주님께서는 직장 상사를 통해 느헤미야의 앞길이 쉽게 열릴 수 있도록 도우셨습니다. 예수님께서도 유대인의 전통에 따라 선생들로부터 읽기를 배우셨습니다. 저로 하여금 당신께서 제게 보내신, 저를 성숙하게 하고 굳세게 하는 전문적인 식견을 가진 자들을 알아보고 그들의 말에 귀를 기울이게 도와주옵소서. 그리고 반대로 저로 하여금 내가 알고 지내는 모든 사람들을 인도해주는 등대의 역할을 할 수 있게 하옵소서. 아멘.

기적은 어디에나 있다

창세기에서 처음 나타나 계시록에서까지 언급되고 있는 천사는
오랜 세월에 걸쳐 하나님께서 임명하신 사자(使者)의 역할을 해오
고 있다. 천사에 관련해서 내가 가장 좋아하는 이야기 가운데 하나
는《예루살렘 성경》의 토비트서에 기록되어 있는 사건이다.

토비트의 집을 찾아온 천사 라파엘이 먼저 인사했다.

"기쁨이 충만하시기를 빕니다."

그러자 토비트가 이렇게 말하였다.

"내가 이제 무엇을 가지고 기뻐하겠습니까? 나는 눈이 먼 사람
이라 하늘의 빛을 보지 못하고, 빛을 보지 못하는 죽은 자처럼 암흑
속에 잠겨 있습니다. 나는 살아 있지만 죽은 사람과 다름없습니다.

사람의 말소리는 들어도 그들의 얼굴은 보지 못합니다."

"기운을 내십시오. 머지않아 하느님께서 당신을 고쳐주실 것입니다. 어서 기운을 내십시오."

라파엘의 격려를 들은 토비트는 "내 아들 토비아가 메대로 가려고 하는데 당신이 함께 가며 그의 길을 인도해줄 수 있겠습니까? 보수는 드리겠습니다"하고 청하였다.

"예, 함께 갈 수 있습니다. 나는 모든 길을 잘 알고 있습니다. 메대에는 여러 번 가보았고 그곳의 들과 산을 두루 다녀보았기 때문에 어느 길이고 모르는 길이 없습니다."

라파엘은 이렇게 말하며 토비트의 청을 수락했다. 토비트가 라파엘에게 "당신은 어느 지파, 어느 가문에 속합니까? 나에게 말해 주시오"라며 그의 신상에 대해서 물었다. 처음에는 밝히지 않으려 하던 라파엘은 "나는 당신의 동족인 위대한 아나니아의 아들 아자리아입니다" 하고 대답하면서 자신이 천사라는 사실을 밝히지 않았다. 이 말을 듣고 토비트가 말하였다.

"참 잘 오셨습니다. 하느님의 축복을 받으시기 바랍니다. 내가 당신의 가문에 대해서 캐물은 것을 섭섭하게 생각하지 마십시오. 알고 보니 당신은 나의 동족일 뿐 아니라 훌륭하고 좋은 집안에서 태어나셨군요. 나는 스마야의 두 아들 아나니아와 나단을 전부터 알고 있습니다. 그들은 나와 함께 예루살렘으로 올라가서 같이 예배를 드리곤 했지요. 그들은 한 번도 탈선한 일이 없는 좋은 사람들입니다. 당신은 정말 훌륭한 집안에서 태어났군요. 이렇게 오셔서 반갑습니다."

그러면서 토비트는, "나는 당신에게 하루 1드라크마를 보수로 드리겠습니다. 그리고 내 아들에게 주는 여비와 같은 액수의 여비를 드리겠습니다. 내 아들을 데리고 갔다 오십시오. 그러면 정한 보수 외에도 좀 더 생각해드리겠습니다"라고 말하였다.

"내가 그를 데리고 함께 갔다 오겠습니다. 그 여행길은 안전하니 염려하지 마십시오. 잘 갔다가 무사히 돌아오겠습니다."

라파엘의 대답에 토비트는 "여행 중에 하느님의 축복이 있기를 바랍니다"라고 말하고서는, 자신의 아들인 토비아를 불러서 말했다.

"애야, 길 떠날 채비를 하고 네 동족인 이분과 함께 떠나거라. 하늘에 계신 하느님께서 여행길에 너희를 보호해주시고 무사히 돌아오게 해주시기를 빈다. 하느님의 천사가 너와 동행하며 지켜주시기를 빈다."

토비아와 라파엘은 길을 떠났다. 그 집의 개도 따라 나서서 그들과 동행하였다.

토비아는 무사히 메대에 당도하여 그곳에서 사라를 만난다. 사라는 천사 라파엘에게 도움을 받아, 남편을 죽인 무서운 귀신의 괴롭힘에서 해방되고 토비아와 사랑에 빠진다. 그렇게 해서 토비아는 돈뿐만 아니라 평생 재산인 신부와 함께 고향으로 안전하게 돌아온다.

토비아, 사라, 토비트 그리고 토비트의 부인인 안나는 성대한 혼인 잔치를 준비했다. 그리고 토비트는 자신의 아들의 여행에 동행해준 아자리아(라파엘)에게 약속한 대로 수고비를 주기 위해 그를 불렀다. 이때 라파엘이 말하였다.

"당신 토비트가 기도할 때와 사라가 기도할 때, 기도를 듣고 영광스런 주님께 그 기도를 전해드린 것이 바로 나였습니다. 그리고 당신의 멀었던 눈을 뜨게 하고 당신의 며느리 사라의 액운을 면케 해주려고 하느님께서 보낸 자도 바로 나입니다. 나는 영광스런 주님을 시중드는 일곱 천사 중의 하나인 라파엘입니다."

이 말을 들은 토비트와 그의 아들 토비아는 당황하다 못해 겁에 질려 그 천사 앞에 엎드렸다. 그러나 라파엘은 그들에게 말하였다.

"두려워하지 말고 안심하십시오. 영원토록 하느님을 찬양하십시오. 내가 당신들과 함께 있었지만 그것은 하느님께서 시키셔서 한 일이고, 나 자신의 호의에서 한 것은 아니었습니다. 그러니 언제나 당신들의 찬양과 찬미를 받으실 분은 하느님이십니다. 당신들은 내가 먹고 마시는 것을 보았지만 내가 정말 먹은 것은 아닙니다. 그저 그렇게 보였을 뿐입니다. 주 하느님을 찬양하고 감사를 드리십시오. 나는 나를 보내신 분에게로 올라갑니다. 당신들에게 일어난 일들을 낱낱이 기록하십시오."

이 말을 남기고 라파엘은 하늘로 올라갔다. 토비트와 토비아가 일어나 보니 라파엘의 모습은 보이지 않았다. 하느님께서 당신의 천사를 보내시어 그 놀라운 일들을 보여주신 데 대하여 그들은 찬양과 찬미와 감사를 드렸다(공동번역 성서 토비트 중에서 요약).

나는 몇 가지 이유에서 이 이야기를 좋아한다. 천사와 어린 아들 그리고 그들과 함께 여행을 떠난 개의 등장도 아주 마음에 들긴 하지만 그 때문만이 아니다. 내가 이 이야기를 좋아하는 진짜 이유는, 천사가 우리들의 기도에 대한 응답을 주고 스스로 어려운 문제를 극복할 수 있도록 도와주는 하나님의 예언자로 나타난다는 실례를 보여주고 있기 때문이다. 그런데 이 이야기에서 천사가 자신이 천사라는 것과 자신이 하나님의 뜻을 전달하고 있다는 것을 밝히지 않았다는 사실은 자못 흥미롭다. 천사 라파엘은 여행기간 동안에 가명을 쓰며, 자신을 토비트와 동족이라고 소개한다. 게다가 그는 보통 사람과 똑같이 먹고 마시는 것처럼 행동했고, 자기의 수고에 대한 보수를 받는 것도 마다하지 않았다. 여기에서 우리가 깨달아야 할 중요한 교훈은 천사는 가족뿐만 아니라 직장의 동료나 그 밖에 낯선 사람의 모습으로 나타날 수 있다는 사실이다. 그런 점에서 본다면, 우리는 아는 사람은 물론이고, 모르는 사람들의 작은 소리도 경청해야 하지 않을까?

이 이야기에 등장하는 사람들은 각자 천사 라파엘로부터 조언을 들었다. 그리고 그들은 라파엘의 지시를 따름으로써 자유와 행복을 얻을 수 있었다. 토비트는 보이지 않던 시력을 회복했으며, 사라는 그녀를 괴롭히던 귀신에게서 벗어났다.

라파엘은 또, 인간을 대신해서 하나님께 간구하는 모습도 보여주고 있다. 이는 예수님이 마태복음 18장 10절에서 "삼가 이 작은 자 중의 하나도 업신여기지 말라. 너희에게 말하노니 그들의 천사들이 하늘에서 하늘에 계신 내 아버지의 얼굴을 항상 뵈옵느니라"라고 말씀하시고 계신 것과 같은 맥락이다.

천사는 토비트에게 자기가 여행의 왕복 노정을 잘 알고 있기 때문에 토비트의 아들과 함께 안전하게 다녀오겠다고 말했다. 그리고 하나님께서 그의 기도를 들으시고 그의 선한 일을 보셨으며 그를 돕기 위해 라파엘을 보내셨다고 말하였다.

우리가 보통 천사의 모습을 연상할 때는, 둥근 후광(後光)과 길이가 3m쯤 되는 긴 날개 그리고 반짝이는 눈을 떠올린다. 하지만 때로는 천사가 등 뒤에 날개 대신 배낭을 메고 강아지와 함께 여행을 다니는 평범한 사람의 모습으로 나타날 수도 있다.

하나님께서 가장 좋아하시는 것 가운데 하나가 변장이다. 당신이 만나는 모든 사람을 존중하는 마음으로 대하라.

"손님 대접하기를 잊지 말라. 이로써 부지중에 천사들을 대접한 이들이 있었느니라(히브리서 13:2)."

1. 당신은 천사와 대화해본 적이 있습니까?
2. 당신이 아는 사람 가운데 하나님께서 당신에게 보낸 천사라고 생각되는 사람이 있습니까?
3. 천사는 어떤 모습으로 나타납니까?
4. 천사는 어떻게 행동합니까?
5. 하나님께서 천사를 우리에게 보내실 때 변장을 시키시는 이유는 무엇입니까?

사랑하는 주님,
당신께서는 라파엘을 토비트와 그의 가정에 평범한 인간의 모습으로 보내셨나이다. 그리고 라파엘의 말은 그것에 귀를 기울인 자들에게 온전한 지혜임이 판명되었습니다. 제게도 분별력 있고 열린 마음을 갖게 하셔서 당신을 대신하여 다른 사람들을 통해 제게 전달되는 지혜로운 말에 쉽게 응하도록 도와주옵소서. 아멘.

돼지를 믿어봐

하나님은 우리들에게 여러 가지 방법으로 말씀을 하신다. 그리고 성경에는 메시지를 전달하기 위하여 다양한 동물들이 등장하고 있다.

수수께끼를 하나 내보겠다. 성경에 나온 최초의 거짓 예언자는 누구일까? 답은 '뱀'이다. 아담이 각종 동물들에게 이름 지어주는 일을 막 마쳤을 때 한 짐승이 '거짓 예언'을 가지고 나타났다. "뱀이 여자에게 물어 이르되 하나님이 참으로 너희에게 동산 모든 나무의 열매를 먹지 말라 하시더냐? 여자가 뱀에게 말하되 동산 나무의 열매를 우리가 먹을 수 있으나, 동산 중앙에 있는 나무의 열매는 하나님의 말씀에 너희는 먹지도 말고 만지지도 말라. 너희가 죽을까

하노라 하셨느니라. 뱀이 여자에게 이르되 너희가 결코 죽지 아니하리라. 너희가 그것을 먹는 날에는 너희 눈이 밝아져 하나님과 같이 되어 선악을 알 줄 하나님이 아심이니라(창세기 3:1-5).”

예수님이 서기관과 바리새인을 가리켜, ‘독사의 자식들아(마태복음 12:34)’라고 부르셨다는 것은 매우 흥미로운 일이다. 예수님은 그들을 가장 사악한 거짓 예언자로 간주하셨다. 그것은 그들의 메시지가 하나님께로부터 온 것이라고 주장하면서도 자기들은 지키지 않는 율법으로 사람들을 얽매려 했기 때문이다.

실제로 동물들은 성경 전체에 걸쳐 선과 악의 상징으로 사용되고 있으며, 때로는 이 세상의 극적인 역사적 사건들 속에서도 중요한 역할을 한 것으로 묘사된다.

하나님께서는 까마귀로 하여금 예언자 엘리야가 음식을 먹을 수 있도록 하게 시켰으며(열왕기상 17:6), 불평하는 이스라엘의 민족들에게 메추라기 무리를 폭탄처럼 떨어지게 하셨다(민수기 11:31). 그리고 하나님께서는 노아의 방주에 비둘기를 보내셔서 축복의 의미로 삼으셨다(창세기 8:10). 또한 하나님께서는 잘못 인도되어 그릇된 길을 가고 있던 발람에게 경고를 하시기 위해 그의 나귀 입을 여셨다(민수기 22:28). 요나가 하나님의 말씀을 거역했을 때는 커다란 물고기로 하여금 그를 삼키게 하셔서 물고기의 뱃속이라는 회개의 장소와 기회를 만들어주셨다(요나 1:17). 그런가 하면, 나귀는 기쁨과 사랑으로 수태한 마리아를 예루살렘까지 태워다주었으며, 예수님이 예루살렘 성에 입성하실 때까지 인내심을 갖고 기다리고 있다가 마지막으로 그분을 태우고 들어가기도 했다.

뿐만 아니라, '계시록'에는 동물원 사육사의 머리가 돌 정도로 많은 동물들(각자가 하나님이나 악마의 모습을 상징하는)이 언급되고 있다.

우리가 이 장을 통해 상기하고자 하는 것은 하나님께서는 동물, 그러니까 우리에게 즐거움을 주고 양말을 가지고 장난을 치기도 하는 강아지, 밖에서는 폭풍우가 세차게 몰아치고 있는데도 몸을 웅크린 채 편하게 잠을 자는 새끼 고양이, 그리고 신문에 주식시장이 연일 하락세라는 기사가 실리는데도 쉬지 않고 노래 부르는 앵무새를 통해서도 우리에게 말씀하실 수 있다는 사실이다.

얼마 전까지만 해도 광부들은 갱도 안의 공기가 안전한가를 확인하기 위해 카나리아를 데리고 그 안으로 들어가곤 하였다. 북미산의 마멋(marmot)은 자신의 그림자를 보면서 봄이 오고 있음을 알려준다. 잘 훈련된 개는 간질병 환자의 발작 증세를 알아채기도 하고 동물들의 갑작스런 대규모 이동은 지진을 예고해주기도 한다.

통계자료에 의하면 애완동물을 기르는 사람은 그렇지 않는 사람보다 건강하고, 행복하며, 오래 산다고 한다.

일산화탄소에 중독되어 의식을 잃고 비틀거리는 주인을 깨우기 위해 계속 야옹거리며 울어댄 고양이에 관한 이야기를 나는 알고 있다. 그리고 이러한 일은 우리 주위에서 매일 일어나고 있다. 이렇게 동물은 위대한 전령사의 역할을 하고 있는 것이다.

당신은 동물들이 하나님의 전령사라고 생각해본 적이 있는가? 당신은 동물들이 전해주는 예언에 귀를 기울여왔는가?

한번은 내가 승마용 말인 벨벳을 목장에서 마음껏 뛰어놀 수 있도록 풀어준 적이 있다. 시간이 어느 정도 지난 후에 벨벳을 다시 축사에 넣으려고 풀어준 곳으로 가보았다. 껑충거리며 뛰어놀고 있을 거라는 생각과 달리, 벨벳은 한쪽 구석에서 고개를 숙이고 무엇인가에 집중하고 있었다. 다가가서 보니 일꾼들이 들판에다 버리고 간 라디오에서 흘러나오는 노래를 듣고 있었다. 벨벳은 마음껏 뛰어놀고 풀을 뜯어먹다가 바람을 타고 들려오는 라디오 소리를 따라 간 것이다. 동물들은 우리가 생각하는 것보다 훨씬 더 많이 음악을 필요로 하고 사랑한다.

최근에 나는 한 그림엽서에서 하나님의 모습을 보았다. 그 엽서에는 잠자고 있던 커다란 북극곰이 야생화가 피어 있는 들판에서 햇빛 때문에 막 깨어나고 있는 사진이 실려 있었다. 곰은 큰 앞발을 높이 들어 햇빛이 눈으로 들어오는 것을 막으려 하고 있었다. 나는 친구에게 이 곰을 보니 하나님이 생각난다고 했다. 친구가 그 이유를 묻기에 대답했다.

"자신의 강한 힘을 전혀 의식하지 않고 있잖아!"

동물들은 종종 자신의 '존재' 그 자체만으로 하나님을 보여주는 예언을 한다.

세상에 하나님께서 멍청하게 생긴 돼지를 사람의 생명을 구원하는 사자로 쓰실 것이라고 생각할 사람이 있을까?

하지만 에디트의 경우에는 그랬다. 주인의 목숨을 살린 돼지 한마리에 관한 기사가 몇 개의 주요 일간지에 보도된 적이 있었다. 그 기사의 주인공은 에디트가 애완동물로 키우는 돼지였다. 이 돼지는 뜰에 나가 노는 것을 무척이나 좋아해서, 툭하면 문을 박박 긁어대기 일쑤였다. 그래서 에디트는 돼지를 위해서 쉽게 뜰로 나갈 수 있도록 현관문 아래에 작은 문을 만들어주었다. 그런데 어느 날 갑자기 에디트가 심장마비로 쓰러졌다. 그녀는 119에 전화를 하려고 했지만 전화가 있는 옆방으로 기어갈 기력조차 없었다. 이때, 그녀의 돼지가 자신의 전용 문을 박차고 거리로 뛰어 나가서 다리를 공중으로 곧게 뻗은 채 길바닥에 벌렁 드러누웠다. 몇 대의 자동차는 그대로 지나갔지만, 돼지가 이상한 자세로 누워 있는 것이 심상치 않다고 생각한 한 청년이 무슨 일인가 해서 가던 길을 멈추고 돼지에게 다가갔다. 청년이 가까이 가자 돼지는 갑자기 벌떡 일어나더니 집으로 쏜살같이 달려갔다. 청년이 그 뒤를 따라가자 돼지는 집 앞에서 멈춰 섰다. 그때 갑작스런 돼지의 행동에 의아해하던 청년의 귀에 집 안에서 누군가 힘없이 도움을 청하는 소리가 들렸다. 그 청년은 곧장 119로 전화를 걸었으며, 에디트는 목숨을 구할 수 있었다.

이 돼지야말로 진정한 하나님의 사자가 아니었을까? 그리고 이 돼지의 행동은 에디트에게 있어 하나의 예언이나 다름이 없었다.

하나님의 사자는 어디에나 있다. 따라서 우리는 하나님의 전령사를 분별하는 법을 깨달아 그들의 예언에 귀를 잘 기울여야 한다.

1. 살아오면서 하나님께서 당신에게 동물을 통해 말씀하신 적이 있습니까?

2. 만약 있다면 메시지의 내용은 무엇이었습니까?

3. 메시지의 내용이 당신의 행동과 다르지는 않았습니까?

4. 동물의 행동이 나타내는 상징에 대해 연구해보십시오. 동물을 볼 때마다
   거기에 나타나 있는 하나님의 모습을 생각하도록 하십시오.

사랑하는 주님,

예언자란 우리를 격려하고, 우리에게 사실만을 말하기 원하는 자입니다. 저로 하여금 꾸밈이나 부끄러움 없이 살아가는 동물들의 정직성을 깊이 인식할 수 있게 도와주옵소서. 그리고 동물 역시 하나님과 교감하며, 그들이 당신께서 우리의 인생 여정에 기쁨을 주는 동반자이자 조력자로 주신 선물이라는 것을 깨닫게 도와주옵소서. 당신께서는 우리들이 동물들과 함께 기쁨을 나누기를 바라시고 계십니다. 그렇지 않았다면 동물을 창조하지 않으셨을 것입니다. 하나님, 제가 하늘나라에서 동물과 재회하게 되리라는 사실을 알고, 모든 살아 있는 생물을 소중히 대하도록 도와주옵소서. 아멘.

하늘에서와 같이
땅에서도 이루어지리라

언젠가 〈USA 투데이〉지에서, 미국 사람 가운데 49%가 성경에 나온 예언이 반드시 이루어질 것이라고 믿는다는 통계를 본 적이 있다.

성경을 사랑하고 즐겨 읽는 사람들에게도 성경 속의 어떤 예언을 어떻게 믿어야 할지를 아는 것은 굉장히 힘든 일임에 분명하다. 예수님도 세상 마지막 때에 나타날 징조와 표증을 말씀하시긴 했지만 그때가 언제인지에 대해서는 아무도 알 수 없다고 하셨다. 당신이 이 책을 읽고 있는 것을 보면, 지금까지 세상의 종말이 오지 않은 것이 분명하다.

일본의 어떤 교주가 1997년 10월의 어느 날, 세상의 종말이 올 것이라고 공표한 적이 있었다. 그러면서 그 종말의 날 오후 12시

정각에 신적 권위를 가진 자신이 텔레비전과 라디오를 통해 자신의 종교 신도들에게 해야 할 일들을 발표할 것이라고 했다. 그때 언론은 굉장한 기대를 가지고 그와 그의 종교에 촉각을 곤두세웠다. 하지만 그날 그 시각이 되었을 때, 그 교주가 메시지를 선포하리라던 그 방송 채널에서는 공룡 캐릭터 바니가 '나는 당신을 사랑해요. 당신은 나를 사랑하고요. 우리는 커다란 한 가족이죠'라는 노래를 부르는 프로그램이 방영되고 있었다. 그 교주의 공언을 기억하고 있었던 나는 속으로 웃지 않을 수 없었다. 그러나 그것이 반드시 나쁜 것이었다고 생각하지 않는다. 그 역시 하나님께서 우스꽝스러운 방법으로 우리에게 주신 하나의 경고라고 생각했기 때문이다.

우리가 사는 세상에는 미래에 대해 부정적이고 불행한 예언을 말하는 자들이 많이 있다. 추종세력을 얻기 위해서는, 사람들을 응집시킬 수 있는 격변적인 사건이나 공포심을 유발시키는 사건을 예언하는 것이 효과적이기 때문이다.

한번은 라디오 방송에 어떤 목사와 함께 출연한 적이 있는데, 그 목사는 3천 년 전에 살았다면 더 좋았을 거라고 아쉬워하는 사람이었다. 그의 주된 관심사는 죽음과 부활이었으며, 그는 자신과 의견을 달리하는 사람들을 비난했다.

나는 어떻게든 그의 말을 거스르지 않으려 노력했다. 하지만 그가 《킹제임스 성경(King James Bible)》만이 참되고 정확한 하나님의 말씀이라고 했을 때, 나는 그와의 논쟁을 피할 수 없었다.

"모든 역사가나 학자들이 모세나 예수님이 영어로 말하지 않았다는 것에 견해가 일치하고 있는데《킹제임스 성경》만이 정확한 하나님의 말씀이 될 수 있다고 말하는 근거가 무엇이지요?"

나는 그 목사에게 따지다시피 물었다. 그는 잠시 생각하더니, 대답했다.

"예수님은 두 나라 말을 쓰셨으니까요!"

나는 그에게 라틴어가 하나님의 참되고 진정한 말씀을 전달하는 유일한 언어로 여겨지던 때가 있었고, 따라서 그것이 선택된 몇 사람의 손에만 간직되었던 적이 있었다는 사실을 상기시켰다. 그러면서 덧붙여 말하였다.

"사실, 윌리엄 틴들은 라틴어 성경을 킹제임스 영역 성경으로 번역해서 하나님의 말씀을 땜질하는 무모한 행동을 했다는 죄목으로 사형을 당하지 않았습니까?"

내 말에 그 목사는 잠시 동안 말문이 막힌 듯 보였다. 그때 프로그램 진행자가 그를 도와주었다.

"글쎄요, 저는 지금 우리 집 아이들에게 라틴어를 가르치고 있습니다."

물론, 라틴어를 배우는 것이 하나님께 더 가까이 다가가기 위한 노력이라고 한다면 어쩔 수 없지만 말이다.

내가 여기에서 말하고자 하는 요점은 그것이 어떤 언어이든 간에, 인간의 말로는 하나님의 광대무변하신 성품을 온전히 모두 표현할 수 없다는 것이다. 그래서 예수님이 이 땅에 오셨으며, 우리는 예수님의 이름에 걸맞게 행동해야 한다. 예수님은 마태복음 15장 8절에서 "이 백성이 입술로는 나를 공경하되 마음은 내게서 멀도다"라고 말씀하셨다.

미국 사람의 85%가 집에 성경을 가지고 있으며, 69%가 매주 성경을 읽는다고 한다. 그럼에도 불구하고, 그들 가운데 40%나 되는 사람들이 잔다르크를 노아의 아내라고 믿고 있었다. 분명히 말하건대, 잔다르크는 노아의 아내가 아니었다. 혹시, 사람들은 성경을 순전히 건성으로 읽고 있는 것일까?

내가 강연하고 있던 세미나에서 이런 질문을 받은 적이 있다. 한 여성이 손을 들더니 나에게 어떻게 해서 성경에 대해 그렇게 많은 지식을 얻을 수 있었는지에 대한 비결을 물었다. 나는 그때 '성경을 읽는다'고 간단하게 대답하였다. 사람들을 웃기려는 의도가 전혀 없었는데, 내 대답은 참석자들을 한바탕 폭소의 도가니로 몰아넣었다. 사명선언 훈련 세미나 과정을 이수하고 지도자로 나서는 사람들 가운데는 종종 자신의 부족한 성경 지식을 걱정하는 사람들이 있다. 한번은 그러한 사람들 중 한 사람이 내게 그런 걱정을 해결할 수 있는 방법을 물었다. 그때도 나는 역시, "무조건 성경을 읽으세요"라고 답했다.

성경 속에 답이 있다. 성경을 하나님과 우리 사이의 연애 소설로 생각하고 읽어라. 성경을 읽되, 이야기 속에 숨겨져 있는 보다 심오한 의미를 생각하며 읽어라. 성경을 자신의 병을 치료하기 위한 수단으로 생각하며 읽어라. 성경을 자신을 위한 교훈서로 생각하며 읽어라. 당신의 무딘 마음을 버리기 위해 성경 말씀을 암송하라. 하나님의 뜻을 이해하기 위해 성경을 읽어라. 그러나 무엇보다도, 지혜와 분별력을 갖고 성경을 읽도록 하라.

미국 공영방송인 PBS에서 '창세기'에 관한 특집 프로그램을 방송한 적이 있는데 여기에 출연한 한 유대인 랍비의 말에 굉장히 놀랐다. 그 랍비는 세상에 처음으로 죄를 들여온 것이 여자였다는 사실이 딸의 마음에 박히지 않기를 원하기 때문에 딸이 '창세기'를 읽는 것을 허락하지 않겠다고 말했다.

나는 또 어떤 신학 토론회에서 한 목회자가 어느 교수에게 이런 질문을 하는 것을 들은 적이 있다.

"죄로 인해 소돔과 고모라가 멸망될 때 구출된 롯이 자기의 결혼하지 않은 두 딸을 강간하도록 기꺼이 내어준(자신의 집에 있는 두 천사를 내놓으라는 소돔 사람들을 무마하기 위해서) 사건이 우리에게 주는 교훈이 무엇이지요(창세기 19:8)?"

또 성경 중 어떤 부분에서는 신체에 장애가 있는 사람은 성전에 들어가 예배드리는 것을 허락하지 않는다고 나와 있다. "여호와께서 모세에게 말씀하여 이르시되 아론에게 말하여 이르라. 누구든지 너의 자손 중 대대로 육체에 흠이 있는 자는 그 하나님의 음식을 드리려고 가까이 오지 못할 것이니라. 누구든지 흠이 있는 자는 가까이 하지 못할지니. 곧 맹인이나 다리 저는 자나 코가 불완전한 자나 지체가 더한 자나 발 부러진 자나 손 부러진 자나 등 굽은 자나 키 못 자란 자나 눈에 백막이 있는 자나 습진이나 버짐이 있는 자나 고환 상한 자나 제사장 아론의 자손 중에 흠이 있는 자는 나와 여호와께 화제를 드리지 못할지니. 그는 흠이 있은 즉 나와서 그의 하나님께 음식을 드리지 못하느니라. 그는 그의 하나님의 음식이 지성물이든지 성물이든지 먹을 것이나 휘장 안에 들어가지 못할 것이요, 제단에 가까이 하지 못할지니 이는 그가 흠이 있음이니라. 이와 같이 그가 내 성소를 더럽히지 못할 것은(레위기 21:16-23)."

이것이 과연 하나님의 진정한 말씀이며 뜻일까? 아니면 그 당시의 어떤 문화적 신념과 편견일까? 예수님이 당시의 최고 종교지도자인 서기관과 바리새인들에게 전혀 인기가 없었다는 사실을 우리는 알고 있다. 당시, 그분을 추종하는 사람들 대부분은 질병에 걸려 치료를 받아야 하는 사람들이었다는 사실을 기억해야 한다.

성경에는 분명히 이중적인 메시지를 담고 있는 구절들이 있다. 한번은 예수님이 자신이 누군지에 대해 일절 말하지 말라고 말씀하신 적이 있다. 그런가 하면 다른 곳에서는 당신의 제자들에게 세상에 나가 그들이 보고 들은 것을 모든 사람에게 전하라고 말씀하신다. 그렇다면 어떤 것이 진리일까?

사람들 가운데는 성경의 아무 곳이나 마음 내키는 대로 펼쳐서 한 곳을 가리키며, 그것이 자기에게 주는 하나님의 뜻이라고 말하는 사람들도 있다. 그러나 하나님께서는, 마태복음을 펼쳐 "유다가 은을 성소에 던져넣고 물러가서 스스로 목매어 죽은지라(마태복음 27:5)"라는 성경 말씀을 읽고, 다시 누가복음을 펼쳐 "가서 너도 이와 같이 하라 하시니라(누가복음 10:37)"는 말씀을 펴서 읽을 줄 아는 사람들에게 진정 축복을 내리실 것이다.

내가 여기에서 이러한 관찰 결과를 말하는 것은, 기록된 하나님의 말씀을 사람들을 정죄하는 데 자의로 사용하지 말라고 경고하기 위해서이다. 사람들이 자기의 목적을 합리화하기 위한 수단으로(특별히 다른 사람보다 우월한 위치를 확보하거나 또는 우월감을 느껴야 할 상황에 처할 때) 성경책 속의 말씀을 인용하는 것을 볼 때마다 나는 자극을 받는다.

신구약 성경이 내게 주는 한 가지 분명한 메시지는 자신을 낮추어야만이 하늘나라의 문에 들어갈 수 있으며, 다른 사람을 판단하는 것은 자신에게 꼭 필요한 영적 은혜의 통로를 차단시킨다는 점이다. 그리고 우리는 다른 사람에게서 자기가 찾는 것(그것이 좋은 것이면 좋은 것을, 그것이 악한 것이면 악한 것을)을 보게 된다.

우리 주위에 가득 찬 악한 것들을 나는 알고 있다. 그리고 우리가 우리의 지식으로 이해할 수 없는 세력이나 힘과 싸우고 있고, 싸워야 한다는 사실도 알고 있다. 하지만 나는 또, 하나님께서 우리를 이 무대의 중요한 연기자로 택하시고 우리의 뜻과 방법과 말을 통해 미래를 이끌어가고 형성해 나가도록 도와주고 계시다는 사실을 알고 있다.

하나님의 가장 큰 소망은 그리스도의 사랑을 통해 우리를 축복하시는 것이다.

하나님께서는 다음과 같이 선포하고 계시다.

"너희를 향한 나의 생각을 내가 아나니 평안이요, 재앙이 아니니라. 너희에게 미래와 희망을 주는 것이니라(예레미야 29:11)."

"내가 확신하노니 사망이나 생명이나 천사들이나 권세자들이나 현재 일이나 장래 일이나 능력이나 높음이나 깊음이나 다른 어떤 피조물이라도 우리를 우리 주 그리스도 예수 안에 있는 하나님의 사랑에서 끊을 수 없느니라(로마서 8:38-39)."

나는 이 성경 구절을 믿는다.

성경은 또 "예수의 증언은 예언의 영이라(요한계시록 19:10)"고 말하고 있다.

나는 이 절의 의미에 대해 깊이 묵상했다. 그리고 다음 이야기가 바로 그에 대한 예가 된다고 생각한다. 우리는 거짓 예언자를 만나거나 극복할 수 없는 부정적인 예언을 듣기도 한다. 그럼에도 불구하고 우리 곁에는 늘 진정한 예언자가 계시지 않은가?

여성은 아름다워야 한다? 나는 뚱뚱하고 둔해서 가족과 친구들한테 항상 쓸모없는 사람이라는 놀림을 받았다. 그들은 내가 취직도 못 할 것이며, 남자들은 나 같은 여자는 절대 좋아하지 않기 때문에 데이트 한 번 못 하고 죽을 거라고 했다. 그런데 어느 날이었다. 나는 예수님이 분명한 목소리로 나에게 말씀하시는 것을 들었다.

"내게 오너라. 네가 원하는 모든 소원을 들어주마."

나는 그날 예수님께서 나의 아름다움과 거룩함과 순결함에 대해 말씀하시는 것을 들었다. 그리고 예수님이 교회를 사랑하시는 것처럼, 나를 사랑하는 남편이 나타날 것이라는 것을 알게 되었다. 지금 나는 내가 하늘나라의 영원한 생명을 누리고 있음을 확신한다. 예수님은 나에게 참다운 예언자이시다.

- D. P.

나는 성경의 모든 말씀은 궁극적으로는 한 가지 예언을 말하고 있다고 생각한다. 그것은 바로 우리가 예수님의 가르침을 믿을 때, 우리의 모든 삶과 운명이 바뀐다는 것이다.

1. 당신에게 예언이 된 성경 말씀은 무엇입니까?

2. 당신은 성경에 대해 어떻게 생각하고 있습니까? 당신은 성경을 얼마나 자주 읽습니까? 성경을 읽을 때 당신은 주로 어떤 내용을 읽습니까?

3. 성경에 대한 연구는 어떻게 사람들에게 하나님의 뜻을 보다 깊이 이해할 수 있도록 도와줍니까?

4. 성경이 사람을 정죄하는 데에 이용하는 것은 왜 위험합니까?

5. 많은 사람들이 성경을 다른 사람을 정죄하는 데 사용하는 것을 좋아하는 이유가 어디에 있다고 생각합니까?

Meditation

사랑하는 주님,

우리의 삶 속에 주시는 당신의 말씀과 우리에 대한 당신의 사랑을 상세히 보여주는 성경책을 주신 것에 대해 감사드립니다. 제가 사랑과 지혜와 분별력을 갖고 당신의 말씀을 읽을 수 있도록 도와주옵소서. 당신의 말씀을 저의 입술과 가슴과 혀에 놓으시고, 저로 하여금 모든 언행에 있어 당신의 지혜를 생각하게 하옵소서. 아멘.

성공은 바로 나의 꿈에 달려 있다

꿈은 우리가 하나님의 음성을 듣는 중요한 수단이다. 우리는 성경에서 꿈과 환상이 간혹 동일한 것으로 취급되는 것을 볼 수 있는데, 사실 기독교의 전체 역사가 꿈과 환상의 예언을 통해 결정되었다고 해도 과언이 아니다.

마리아는 환상에서 가브리엘 천사를 보았는데 그를 통해 자기가 아이를 낳게 되리라는 말을 들었다.

"은혜를 받은 자여, 평안할지어다. 주께서 너와 함께하시도다. 네가 잉태하여 아들을 낳으리니 그 이름을 예수라 하라(누가복음 1:28, 1:31)."

그리고 마리아에게서 태어난 그 어린아이의 운명은 자신들이 꿈과 환상을 믿고 천사의 말에 귀를 기울인 마리아와 요셉에게 전적으로 달려 있었다.

"그들이 떠난 후에 주의 사자가 요셉에게 현몽하여 이르되, 헤롯이 아기를 찾아 죽이려 하니 일어나 아기와 그의 어머니를 데리고 애굽으로 피하여 내가 네게 이르기까지 거기 있으라 하시니. 요셉이 일어나서 밤에 아기와 그의 어머니를 데리고 애굽으로 떠나가(마태복음 2:13-14)."

요셉은 자신의 꿈이 예언하는 것에 따라 즉각적으로 대처했다. 바로 자리에서 일어나 가족을 데리고 애굽으로 떠났다.

요셉의 이러한 순종은 예수님이 보다 큰 예언의 성취를 실현할 수 있는 계기가 되었다. 만약 요셉이 헤롯 부하들의 위협으로부터 갓 태어난 아들의 목숨을 구하기 위해 애굽으로 피신하라는 꿈속의 경고에 귀를 기울이지 않았다면 어떻게 되었을까?

유대인의 조상인 아브라함은 꿈과 환상을 통해 하나님께서 그에게 하시는 말씀을 들었다. 문자를 읽을 수 없던 유목민들에게 있어 꿈은 하나님의 뜻을 알고 따를 수 있는 중요한 방법 중 하나였다. 다행스럽게도 그들은 자기들에게 주어진 꿈을 믿고 그대로 행동에 옮겼다.

빌라도의 아내 역시 꿈을 꾸었다. 하지만 빌라도는 아내의 꿈을 무시했다.

예수님은 대제사장과 장로들에 의해 총독인 빌라도 앞에 서게 되었다. 명절이 되면 총독은 군중이 요구하는 대로 죄수 중 한 명을 사면해주는 전례가 있었다. 그 당시 바라바라는 하는 악명 높은 죄수가 예수님과 함께 섰다. 빌라도는 군중들에게 물었다.

"너희는 내가 누구를 놓아주기를 원하느냐? 바라바냐? 그리스도라 하는 예수냐?"

빌라도는 예수가 군중에게 끌려 잡혀온 것이 그들의 시기 때문임을 잘 알고 있었다. 그런데 그때 빌라도의 아내가 전갈을 보내왔다.

"저 옳은 사람에게 아무 상관도 하지 마옵소서. 오늘 꿈에 내가 그 사람으로 인하여 애를 많이 태웠나이다."

하지만 군중들은 바라바를 풀어주기를 소리치며 예수님을 십자가에 못 박으라고 외쳐댔다. 빌라도는 아무 성과도 없이 도리어 민란이 나려 하는 상황을 보고 물을 가져다가 손을 씻으면서 이렇게 말했다.

"이 사람의 피에 대하여 나는 무죄하니 너희가 당하라."

그 말을 듣고 군중들은 "그 피를 우리와 우리 자손에게 돌릴지어다"라고 했다. 그리하여 바라바는 풀려났고, 예수님은 채찍질 당하고 십자가에 못 박히게 되었다(마태복음 27:11-26 요약).

빌라도는 물로 자신의 손을 씻었다. 그러나 물로는 그가 손으로 지은 죄를 지울 수 없었다. 만약 빌라도가 '군중의 소동'에 귀를 기울이지 않고 자기 아내의 꿈에 따랐더라면 역사 속에서 그의 위치는 완전히 달라졌을 것이다.

꿈은 종종 우리에게 미래에 대한 환상을 제시해준다.

형제들 가운데 막내였던 요셉은 자신의 운명에 결정적인 영향을 준 꿈을 꾸었다. 요셉은 자신이 꾼 꿈을 형들에게 이야기했고, 그 꿈 이야기를 들은 형들은 요셉을 더욱 미워하게 되었다. 요셉은 형들에게 이렇게 말하였다.

"내가 꾼 꿈을 들으시오. 우리가 밭에서 곡식 단을 묶더니 내 단은 일어서고 당신들의 단은 내 단을 둘러서서 절하더이다."

그러자 형들이 물었다.

"네가 참으로 우리의 왕이 되겠느냐? 참으로 우리를 다스리게 되겠느냐?"

요셉은 또다시 꿈을 꾸었고, 그 이야기를 형들과 아버지에게 이야기했다.

"해와 달과 열한 개의 별이 내게 절하더이다."

이 이야기를 들은 아버지는 그에게 "네가 꾼 꿈이 무엇이냐? 나와 네 어머니와 네 형들이 참으로 가서 땅에 엎드려 네게 절하겠느냐?"라고 말하면서 꾸짖었지만 속으로는 요셉의 이 꿈 이야기를 깊이 새겼다. 하지만 그의 형들은 그를 더욱 시기하게 되었다. 그래서 요셉의 형들은 그를 죽이기로 작당하기에 이른다. 르우벤의 설득으로 요셉을 죽이지는 않았지만 결국 형들은 요셉을 지나가는 상인들에게 팔아넘긴다. 그의 형들은 요셉에게 '절하지' 않게 되어 기뻤을까? 요셉은 상인들에 의해 애굽(이집트)에 팔려간다. 하지만 그는 현몽을 꾸었을 뿐 아니라, 그것을 해석할 수 있는 능력이 있었다. 이러한 능력으로 요셉은 일개 노예의 신분에서 바로(파라오)의 최고행정수반의 자리에 오른다.

바로는 이상한 꿈을 꾸고서 점술가와 현인들에게 그 꿈을 해석하게 하지만 그 꿈을 해석할 줄 아는 이가 없었다. 당시 요셉은 어떤 사건으로 감옥에 갇혀 있었는데, 그곳에서 해몽을 잘하기로 소문이 나 있었다. 그 소문을 들은 바로는 요셉을 불렀다.

"내가 꿈에 나일 강가에 서서 보니 살지고 아름다운 일곱 암소가 나일 강가에 올라와 갈밭에서 뜯어먹고, 그 위에 또 약하고 심히 흉하고 파리한 일곱 암소가 올라오니 그같이 흉한 것들은 애굽 땅에서 내가 아직 보지 못한 것이라. 그 파리하고 흉한 소가 처음의 일곱 살진 소를 먹었으며, 먹었으나 먹은 듯하지 아니하고 여전히 흉하더라. 내가 곧 깨었다가 다시 꿈에 보니 한 줄기에 무성하고 충실한 일곱 이삭이 나오고 그 후에 또 가늘고 동풍에 마른 일곱 이삭이 나더니 그 가는 이삭이 좋은 일곱 이삭을 삼키더라…."

바로의 꿈 이야기를 듣고 요셉은 애굽 땅에 7년 동안 풍년이 있은 후 그다음 7년 동안은 흉년이 들것에 대한 하나님의 경고라고 해몽했다. 지혜로운 바로는 요셉의 해몽을 귀 기울여 들었고, 요셉에게 그것에 대비해서 밀을 비축할 수 있는 특권을 부여하였다.

마침내 요셉의 해몽대로, 흉년이 왔고 모든 백성들이 기근에 시달렸다. 이때 거의 굶어서 죽기 직전까지 간 요셉의 아버지인 야곱은 식량을 구해오라며 아들들을 애굽으로 보냈다. 동생을 노예로 판 이 형들은 곡물을 줄 수 있는 유일한 권한을 가진 요셉에게 곡물을 청하기 위해 절을 해야 했다(창세기 37장~42장 요약). 이 장면은 상상만 해도 너무 재미있다. 요셉의 꿈이 분명한 예언이었다는 것이 입증되는 순간이었다.

한번은 우리 직원 중 한 명이 "로리 여사님, 여사님의 영적 생활에 길잡이가 되어준 꿈이나 환상에 대한 이야기를 들려주시겠어요?"라고 물었다. 그 질문은 나에게 그것과 관련된 내 경험을 곰곰이 생각해볼 기회를 주었다. 그때 나는 그러한 꿈들이 지금까지 내가 하나님의 음성과 뜻을 표현하는 데 있어 얼마나 중요한 수단이 되었는가 하는 매우 새로운 사실을 깨닫게 되었다.

내가 영적인 문제와 글을 쓰고 싶다는 강한 욕구 때문에 일하고 있던 광고업계의 일에 만족을 느끼지 못하고 계속 갈등하고 있을 때였다. 우리 아버지가 나에게 기대하신 것은 세속적인(?) 성공이었다. 아버지는 내가 남들에게 인정받고, 최고의 연봉을 받고, 가장 높은 자리에 앉기를 바라셨다. 한때는 나도 그렇게 되기 위해 노력했지만, 이제는 그런 욕망으로부터 아주 멀리 떠나서 내가 진정으로 원하는 삶을 살고 싶었다. 그러다 하루는 내가 원하던 영적이고 정신적인 분야로 나의 길을 옮겨가는 것을 상징하는 꿈을 꾸었다.

그 특별한 꿈속에서, 나는 아라비아 동화에 나오는 요정 지니나 입을 법한 옷을 입고 야구장 마운드에 누워 있었다. 그리고 철조망으로 둘러친 울타리 밖에 대머리 노인이 서 있었는데, 그는 삐쩍 마른 손가락으로 나를 가리키며 "플레이 볼! 플레이 볼! 내가 플레이 볼이라고 말하는 게 안 들려!?"라고 목이 터져라 소리 지르고 있었다. 꿈속에서 나는 천천히 일어나 그 노인에게 걸어가 말했다.

"저는 이제 더 이상 공놀이를 하고 싶지 않아요. 저는 요정이니까요!"

그러고는 몸을 돌려 경기장을 빠져나왔다.

이 꿈은 내가 아버지를 즐겁게 하기 위해 '공놀이를 해오던 것'을 그만두고 내가 갈망하던 길을 걸어갈 수 있는 계기를 마련해주었다. 내가 요정 옷을 입고 있던 것은 하나님께서 내게 다른 종류의 일을 하도록 하기 위해 마련해주신 유니폼과 같다. 마술을 부릴 수 있는 요정의 옷이라니. 아주 중요한 상징이 아닌가? 만약 내가 그 옷을 입지 않았었다면, 나는 그동안 해온 직업에서 떠나자는 생각을 하지 못했을 것이다.

나는《기적의 사명선언문》을 집필하기 전에도 매우 의미심장한 꿈을 꾸었다. 그 꿈속에서 나는 물이 가득 차서 청록색으로 보이는 수영장 옆에 한 여자가 부동자세로 가만히 서 있는 것을 보았다. 그녀는 신을 신지 않은 채 길게 늘어진 흰색 옷을 입고 있었다. 그리고 주위는 맥스필드 패리시(Maxfield Parrish)의 그림처럼 핑크빛 석양에 지는 구름과 흰색의 구름들이 가득 차 있었다. 내가 그녀를 보았을 때, 그녀는 자신의 맨발 옆에서 입을 뻐끔거리며 팔딱 팔딱 몸부림치고 있는 물고기들을 바라보고 있었다.

그녀는 허리를 굽혀 물고기를 한 마리씩 잡아 다시 물속에 넣기 시작했다. 비늘이 상하지 않도록 매우 조심스럽게 물고기들을 한 마리 한 마리 물 속으로 돌려보내는 것을 보면서 나는 그녀가 매우 인정이 많고 사려 깊은 사람이라고 생각했다. 물고기들은 기분이 좋은 듯 지느러미로 차르르 물살을 가르면서 물속으로 들어가 사라졌다.

나는 그때 "주님, 저도 저런 사람이 되고 싶습니다!"라고 말했다. 그리고 그 순간 "네가 그렇게 되리라!"는 음성을 들으며 잠에서 깨어났다.

물 밖에서 숨을 헐떡거리고 있던 물고기는 삶을 마음대로 할 수 없어 숨을 헐떡거리다시피 살아가고 있는 수많은 사람들을 상징했다. 만약 그들이 하나님께서 자신을 창조하신 목적을 안다면, 의미 있고 행복한 삶을 회복할 수 있을 것이다. 나는 물고기가 다시 물 속으로 돌아갈 수 있도록 도와주는 일을 하기를, 그리고 그런 일을 통해서 만족을 얻기를 그렇게도 갈망했던 것이다. 그리고 기왕이면 나는 꿈속의 그 여자가 물고기를 발로 차서 물로 넣었더라면 좋았을 것이라 생각한다. 그랬다면 더 빠르게 많은 물고기를 구할 수 있지 않았을까? 게다가 맨발이었으므로 물고기들이 다칠 염려도 없었을 것이다.

나는 내 세미나를 통해 사람들이 삶의 의미와 목표를 발견하고

서 얼굴이 환하게 밝아지는 모습을 볼 때마다 이 꿈을 떠올리곤
한다. '내가 지금 정말 위대한 일을 하고 있구나' 하는 것을 실감
하면서….

꿈은 종종 우리에게 미래에 대한 환상을 제시한다.

한번은 나의 독자 가운데 한 분이 자신이 어린 시절 종종 꾸곤
했던 꿈 이야기를 상세하게 쓴 편지를 보내왔다. 그분은 어린 시절
자신이 성경에 나오는 이야기를 그림으로 그려가며 설명하면 앞
에 앉아 있는 사람들이 그가 말하는 것을 메모하는 꿈을 자주 꾸었
다고 한다. 그는 지금 목사가 되었는데, 하루는 설교하던 도중 갑
자기 자기 앞에 앉아 있는 사람이 20년 전 어린 시절 꿈속에서 본
바로 그 사람이라는 것을 깨달았다. 그는 앞에 앉아 있던 그 사람
에게 "우리는 초면이 아닙니다. 저는 오래전 꿈속에서 이미 당신을
보았죠"라고 말했다고 한다.

멕시코에서 고아들을 돌보고 있는 스티브의 이야기도 참으로
인상적이다. 어느 날 밤부터 스티브는 아이들이 울어대는 소리에
잠을 잘 수가 없었다. 그는 자기 아이 셋이 우는 소리인가 해서 졸
린 눈을 비비면서 아이들의 방으로 가보았지만 아이들은 매번 곤
히 잘 자고 있었다. 매일 밤잠을 이룰 수 없었던 스티브는 하나님
께 기도드리면서 결사적으로 도움을 청하기 시작했다. 그때 스티
브에게 음성이 들려 왔다.

"네게 들리는 소리는 멕시코에 있는 나의 아이들의 소리다. 자리

에서 일어나 그들에게로 가, 그들을 도와주거라. 가서 부모가 없는 그 아이들의 엄마와 아빠가 되어주거라."

그 후 스티브와 그의 아내는 미시간주에 있는 교회를 떠나 멕시코의 후아레스로 가 고아들을 위해 일하기 시작했다. 그들은 지금 250명의 아이들과 함께 지낼 수 있는 '보석의 집'이라는 고아원을 건축 중에 있다.

"내가 그들을 돕기 시작한 순간, 희한하게도 내 귀에 들리던 아이들의 울음소리가 그쳤습니다."

종종 사람들은 사도행전 10장에 기록되어 있는 고넬료와 베드로의 경우처럼 거의 같은 시간에 꿈과 환상을 보는 경우도 있다. 고넬료와 베드로, 이 둘은 아주 다른 성격의 사람이었지만 하루 사이에 각자가 서로 연관된 꿈을 꾸었다.

로마의 백부장이었던 고넬료는 경건한 성품으로 하나님을 경외하는 사람이었다. 하루는 그에게 천사가 나타나 "욥바로 사람들을 보내어 베드로라 하는 시몬을 청하라. 그는 무두장이 시몬의 집에 유숙하니 그 집은 해변에 있다"고 말하는 환상을 보았다. 천사가 떠나자 고넬료는 하인 둘과 자신의 부하 중에서 믿을 만한 병사를 하나 불렀다. 고넬료는 그들에게 이 환상을 설명한 다음 그들을 욥바로 보냈다.

이튿날 고넬료의 하인들과 병사가 욥바 근처에 이르렀을 때, 베드로는 기도를 하기 위해서 지붕에 올라가 있었다. 그때 베드로는 시장기를 느끼면서 무엇을 좀 먹었으면 하는 생각을 하다가 황홀경에 빠져들었다.

"하늘이 열리며 한 그릇이 내려오는 것을 보니 큰 보자기 같고 네 귀를 매어 땅에 드리웠더라. 그 안에는 땅에 있는 각종 네 발 가진 짐승과 기는 것과 공중에 나는 것들이 있더라(사도행전 10:11-12)."

그런데 베드로에게 그것들을 잡아먹으라고 명령하는 소리가 들렸다. 베드로는 두려워하면서 "주여, 그럴 수 없나이다. 속되고 깨끗하지 아니한 것을 내가 결코 먹지 아니하였나이다"라고 거절했다. 그러자 "하나님께서 깨끗하게 하신 것을 네가 속되다 하지 말라"는 소리가 들려 왔다. 이러한 소리가 세 번 있은 후 그 그릇은 곧 하늘로 올라갔다. 베드로는 자신이 겪은 이 환상이 무엇을 의미하는 것인지 의아했다. 그때 성령이 베드로에게 이렇게 말했다.

"세 사람이 너를 찾으니 일어나 내려가 의심하지 말고 함께 가라."

그리고 고넬료가 보낸 사람들이 베드로가 묵고 있는 집에 도착했다.

"베드로가 내려가 그 사람들을 보고 이르되, 내가 곧 너희가 찾는 사람인데 너희가 무슨 일로 왔느냐. 그들이 대답하되, 백부장 고넬료는 의인이요, 하나님을 경외하는 사람이라. 유대 온 족속이 칭찬하더니 그가 거룩한 천사의 지시를 받아 당신을 그 집으로 청하여 말을 들으려 하느니라. 한대 베드로가 불러들여 유숙하게 하니라(사도행전 10:21-23)."

베드로는 선뜻 그들과 동행했다.

당시 유대인들은 이방인과 어울리지 못하도록 되어 있었다. 하지만 하나님은 베드로에게 환상을 통해서 어떤 사람이라도 속되거나 불결하게 여기지 말라는 메시지를 보내셨다. 베드로와 고넬료, 이 두 사람의 꿈과 만남은 기독교 역사에 커다란 변화를 가져다주었다.

나는 우리가 당시의 모든 성서와 역사적인 전례를 무시하고 꿈을 믿기로 한 베드로의 용기를 다소 과소평가하는 것은 아닌가 하는 생각이 든다. 성경에는 베드로나 또는 그 밖의 다른 사람에게도 이방인들과 어울리거나 하나가 되어도 무방하다고 말하는 구절이 한 군데도 없었다. 좀 더 솔직히 말하면, 성경은 그와 정반대로 말하고 있었다. 그러나 나는 베드로에게 자기의 꿈을 믿을 만한 신앙이 있었던 것은, 그가 예수님과 함께 보낸 시간을 통해 그분의 뜻을 알았기 때문이라고 확신한다. 비유대인들에게 복음이 들어갈 수 있는 문을 열어놓을 수 있었던 것은 바로 그가 예수님과의 개인적인 교제를 통해 얻은 능력의 결과였다. 우리는 자기의 꿈을 믿은 베드로에게 감사하는 마음을 가져야 하지 않을까.

우리 회사의 관리자인 디 존스도 그녀의 4살짜리 아들과 동시에 꿈을 꾼 적이 있다고 한다. 그녀의 흥미로운 이야기를 들어보자.

"저는 깊은 잠에서 깨어나려고 버둥거리고 있었어요. 몽롱함이 사라지면서 끔찍하게 놀라운 사실이 불현듯 떠올랐죠. 제가 너무 피곤해서 기진맥진한 상태였기 때문에 4살짜리 아들을 욕조 안에 남겨둔 채 졸았던 거예요. 순간 온몸으로 공포감을 느끼면서 저는 침대에서 뛰쳐나와 황급히 욕실로 가려고 했죠. 그 거리가 너무도 멀게 느껴졌어요. 뒤에서 보이지 않는 어떤 힘이 저를 끌어당기기라도 하는 듯 발걸음이 떨어지지 않더라고요. 그리고 바닥이 모래밭으로 바뀌어 발이 바닥 속으로 빨려 들어가고 있는 것처럼 느껴졌어요. 제가 복도를 지나가고 있을 때 불길한 예감이 드는 거예요. 그리고 갑자기 벽이 사라지고 일렬로 늘어선 오래된 나무들의 모습이 드러났어요. 간신히 욕실 문에 도착했을 때 문이 없어지고 대신 잔디로 가득한 거대한 초원이 나타나더군요. 틀림없이 욕조가 놓여 있을 것이라고 생각했던 그곳에는 광활한 초원이 펼쳐져 있었고, 물로 가득 찬 깊고 어두운 구덩이가 하나 있었습니다. 그리고 구덩이 밑바닥에는 아들 브레트가 죽은 채 누워 있었지요. 저는 다이빙을 해 안으로 들어가 두 팔로 아이를 감싸 안고 거칠게 인공호흡을 한 다음 수영을 해 밖으로 나왔죠. 그 순간 잠에서 깼어요. 꿈이라는 것이 다행스러웠지만, 정말 끔찍한 악몽이었습니다.

꿈에서 헤어나와 호흡을 가다듬었어요. 시계를 보니 새벽 3시더군요. 집안은 조용했고 들리는 것이라고는 제 심장박동 소리뿐이었습니다. 저는 너무 혼란스러웠어요. 꿈을 꾼 것인데, 너무도 생생했죠. 저는 우선 아래층으로 먼저 내려가 욕실 문을 열어보았습니다. 다행히도 욕조 안은 비어 있었어요. 아들 방으로 가보니 브레트는 침대에서 평화롭게 자고 있더군요. 그 모습을 보고 안도하면서 다시 잠들었답니다.

그리고 평소와 다름없이 아침이 밝아왔어요. 저는 평상시 하던 대로 잠자리에서 일어나 옷을 갈아입고 아침 식사를 준비했어요. 그리고 유치원에 다니는 브레트의 점심 도시락을 쌌죠. 브레트는 제가 깨우자 웃으면서 저를 바라보았어요. 그러면서 '엄마, 나 꿈을 꾸었어요'라고 말하더군요. 그때까지 브레트와 꿈에 대해 이야기한 적이 없었기 때문에 그 애 말에 솔깃했지만, 바쁜 아침 시간에 꿈 이야기에 관심을 기울일 여유가 전혀 없었어요. 저는 '아, 그러니. 오늘 밤 엄마한테 꿈 얘기 좀 해주렴' 하고 말았죠. 아들은 그러겠다고 대답했고 우리는 각자의 하루를 시작했어요.

그날 오후 늦게, 유치원으로 브레트를 데리러 갔을 때, 브레트는 저를 보자마자 '엄마, 엄마한테 꿈 얘기를 꼭 해야 할 것 같아요'라고 하는 거예요. 저는 아들이 아침부터 그 꿈을 또렷하게 기억하고 있는 것으로 보아 그것이 매우 의미심장한 것임에 틀림없다고 생각했죠. 브레트는, '꿈속에서 내가 물이 가득 찬 깊고 어두운 구덩이 밑바닥에 빠져 있었는데요'라는 말로 꿈 이야기를 시작하는 거예요. 저는 깜짝 놀라서, 그래서 어떻게 됐냐고 이야기를 재촉했어요. 브레트는 '그런데 인어가 나를 구해주었어요, 인어가 헤엄쳐 내려오더니 두 팔로 나를 감싸 안고는 물 위로 올라갔어요'라고 대답하더라고요. 제가 계속 '그다음은 어떻게 됐지?' 하고 묻자 브레트는, '모르겠어요, 그러고는 잠에서 깨어났으니까요. 그런데 엄마, 나는 언어가 정말 좋아요'라고 말하더군요."

디 존스의 이 꿈 이야기는 시공을 초월하여 부모와 자식 사이에 공존하는 놀라운 관계를 보여주고 있지 않은가?

나도 이런 놀라운 경험을 한 적이 있다. 17살 때 일인데, 어머니들은 자식들이 있는 곳이라면 수천 미터 떨어진 곳이라도 볼 수 있는 놀라운 능력의 소유자라는 것을 보여주는 이야기이다.

나는 고등학교를 막 졸업하고 워싱턴 D.C.의 한 의회사무실에서 일할 수 있는 아주 좋은 기회를 얻었다. 부모님과 떨어져 지내게 된 나는 매주 금요일 밤 7시에 부모님께 전화를 드려 한 주 동안 일어난 일들에 대해 이야기했다.

그러던 어느 날 내가 더위를 식히려고 하숙집 현관 계단에 앉아 지나가는 사람들을 쳐다보고 있을 때였다. 프랑스 억양이 섞인 말투를 쓰는 잘생긴 남자 하나가 내게로 오더니 말을 걸었다. 프랑스 억양을 거의 들어보지 못하고 자랐던 나는 그 검정색 곱슬머리에 예리한 파란색 눈을 가진, 게다가 정중한 태도의 그 남자에게 한순간에 반해버렸다. 그 남자는 내게 함께 유적지 사진 전시회를 구경하러 가자고 제의했고, 나는 주저하지 않고 그를 따라갔다. 그러나 유감스럽게도 차를 타고 도착한 곳은 사진 전시회장이 아니라 그의 집이었다. 그 순간 의심이 생기기 시작했는데, 아니나 다를까 그의 거실은 실물 크기의 여자 나체 사진으로 가득했다. 내가 집 안으로 들어가자 그는 문을 걸어잠그더니 뒤뜰로 가 빨랫줄에 걸려 있던 깨끗한 흰색의 시트를 몇 장 걷어왔다. 그리고 나를 꼭 껴안으며 "거실의 그림들이 마음에 들어요?" 하고 물었다. 나는 "모르겠는데요"라고 작은 소리로 대답하면서 도망칠 방법을 필사적으로 찾았다. 바로 그때 전화벨이 울렸고, 그가 전화를 받기 위해 간 순간, 나는 열려 있던 뒷문을 통해 쏜살같이 그 집에서 나왔다. 그리곤 담장을 넘어서 힘껏 달리기 시작하였다. 도망치면서 시계를 보니 저녁 7시 19분이었다. 나는 정신없이 골목길을 달려 빠져나와서 버스를 타고 하숙집으로 돌아왔다.

도착해보니 관리실에서 보낸 '로리 양, 수요일 오후 7시 19분 어머니에게서 전화 옴'이라는 메모가 문에 붙어 있었다. 나는 마음을 진정시키고 어머니께 전화를 걸었다. 내 전화를 받자 어머니가 "애야, 별일 없니?" 하고 약간 흥분된 목소리로 물으셨다.

"그럼요, 엄마. 그런데 왜 그러세요?"

"글쎄, 엄마가 설거지를 하고 있는데 갑자기 네가 누군가에게 쫓겨서 골목길을 달려가고 있는 장면이 떠오르더구나."

나는 순간 흠칫하면서 기어들어가는 목소리로 "엄마, 저는 괜찮아요. 시내를 구경하고 온 것뿐이에요…. 그게 다예요"라고 대답했다. 그리고 몇 년 후, 나는 그 당시 어머니가 본 환영이 내가 당한 상황과 너무 똑같다는 것을 어머니의 이야기를 들으며 알게 되었다.

환상에는 우리가 알고 있는 것처럼 시간을 초월하는 능력이 있다. 간혹 그것을 우리는 기도나 묵상을 통해 체험하기도 한다.

어느 날 내가 세미나를 막 시작할 무렵, 한 젊은 여자가 내게 자신의 진로문제를 상담해왔다. 그녀는 샌디에이고에 계속 있어야할지, 아니면 워싱턴 D.C.로 가야 할지 그리고 자기의 남자친구와 결혼해야 할지, 변호사 사무실을 개업해야 할 것인지에 대한 문제 때문에 갈등을 겪고 있었다. 나는 그녀에게 해줄 수 있는 대답이나 다른 정보를 금방 떠올리지 못했다. 하지만 나는 스스로 답을 찾을 수 있는 방법을 그녀에게 알려주었다. 그것은 내가 사람들에게 비전개발훈련을 실시할 때 쓰는 방법으로, 눈을 감고 그때로부터 정확히 3년 후의 어느 월요일 아침 9시의 상황을 상상해보는 것이다. 그리고 '나는 지금 무엇을 하고 있는가? 나의 눈에는 무엇이 보이는가? 나는 지금 누구와 함께 점심을 먹고 있는가?'를 스스로에게 물어보면 된다. 눈을 감고 내가 유도하는 대로 따라오던 그 젊은 여자는 크게 숨을 몰아쉬면서 위의 질문들에 대한 답을 상상했다. 훈련이 끝나고 그녀에게 무슨 일이 있었는지를 물었다.

"제 모습이 너무도 또렷하게 보이는 거예요. 정장을 입고 서류가방을 들고 미국의 국회의사당 계단을 올라가고 있는 모습이요. 마치 제가 이미 그런 사람이라도 된 것처럼 말이지요."

그녀가 본 환상은 그녀가 풀어야 할 문제에 대한 해답이 되었다.

그날 이 훈련에 참석한 또 다른 여성도 환상을 통해 3년 후 어느날 남편과 아이들과 함께 자신이 어떤 휴양지에서 점심을 먹으면서 행복한 시간을 보내고 있는 모습을 보았다고 한다. 그리고 자신이 정장이 아닌 간편한 평상복 차림으로 아이들과 평소보다 일찍 귀가한 남편과 함께 저녁을 먹는 모습을 보았다고 한다. 놀랍게도 그녀가 이 환상을 노트에 적어놓은 지 3달 만에 그대로 실현되었다. 그 여성의 남편은 그녀가 환상 속에서 본 휴양지 근처로 전출되었으며, 게다가 남편의 업무량이 줄어들었기 때문에 가족들과 보내는 시간이 늘어났다는 것이다. 3년 후를 내다보았던 일이 90일 만에 이루어진 것이다.

때로는 강한 의지와 결단을 통해서 환상이 현실로 바뀌는 경우도 많다.

얼마 전까지만 해도 뉴욕은 꿈이 없는 도시처럼 보였다. 뉴욕은 미국에서 범죄 발생 빈도, 빈곤율, 부채율, 세금이 가장 높은 도시였고, 파산 직전의 위기에 처해 있었다. 게다가 뉴욕의 쓰레기를 받아주겠다는 곳이 아무 데도 없어서 쓰레기로 가득 찬 거룻배들이 뉴욕의 항구 주위를 떠다니고 있었다. 그런데 획기적인 사건이 일어났다. 뉴욕 시장(市長) 루돌프 줄리아니의 지도 아래 시가 하나의 새로운 비전을 갖게 된 것이다. 모든 시민이 하나로 뭉쳤다. 의회에서는 거리에 전보다 더 많은 경찰관을 배치할 것을 승인하는 법안을 통과시켰으며, 경찰들은 주민방범활동과 공조하여 사고 다발지역을 중심으로 효과적이고 강력한 범죄 예방활동을 폈다.

난국에 처한 시의 운명을 바꾸겠다는 루돌프 줄리아니 시장의 단호한 결단 중에 가장 감동적인 것은 아마도 '범죄와의 전쟁'을 선포한 점일 것이다. 그는 경찰은 물론이고, 시민들에게까지 언제든지, 어떤 상황에서든지 모든 살인사건을 신고해줄 것을 당부했다. 그리고 그 자신도 살인사건에 관한 보고가 들어오면 해당 치안담당관에게 "이번 살인사건을 어떻게 하면 예방할 수 있었을까요?"라고 반드시 물어보았다. 그의 의지와 시민들의 협조로 짧은 시간 내에 뉴욕의 범죄 발생률은 절반으로 줄어들었다. 범죄의 감소뿐 아니라 경제도 회생되었다. 심한 부채에 시달리던, 세계에서 가장 희망 없는 도시였던 뉴욕은 이제 12억 달러의 흑자를 기록하는 도시가 되었다. 그리고 휴가지로 가장 각광받는 도시 중 하나가 되었다. 이것은 우연이나 요행의 결과가 결코 아니다. 거기에는 도시의 미래를 설계하는 비전 있는 지도자와 그의 비전을 믿고 동참했던 시민들이 있었기 때문이다.

《더 높은 이상(Higher Creativity)》이라는 책에는, 위대한 수학자이자 인도인으로는 최초로 영국학사원의 회원이 된 스리니바사 라마누잔(Srinivasa Ramanujan)의 이야기가 소개되어 있다. 그의 천재성이 처음 케임브리지 대학교 교수들의 이목을 끌었을 때만 해도, 그의 어머니는 스리니바사가 인도를 떠나지 못하게 했다. 그런데 어느 날 밤, 그녀는 꿈에서 자기 아들이 넓은 홀 안에서 한 무리의 유럽인들 사이에 앉아 있는 것을 보았다. 그리고 동시에 어둠

속에서 '스리니바사가 목표를 실현하는 데 방해가 되지 말라!'는 음성이 들려 왔다. 이 꿈을 꾼 후 그녀는 아들이 런던으로 가는 것을 허락했고, 그녀가 어느 날 밤 꾼 이 꿈은 현실로 나타났다.

실제 사건이 발생하기도 전에, 먼저 영화와 책을 통해 사건이 예견되는 놀라운 '우연의 일치'가 있다. 어떤 영화사에서 소행성이 지구와 충돌하는 공상과학 영화를 제작하고 있을 때였는데, 갑자기 미국 항공우주국(NASA)에서 중대 발표를 했다. 넓이가 1마일이나 되는 소행성이 나타나 지구를 향해 돌진해오고 있다는 내용이었다. 다음 날, 미국 항공우주국이 다시 측정해본 결과 소행성이 지구와 충돌하지는 않을 것이라고 발표하긴 했지만 말이다. 어쨌든 나는 가끔 뉴스의 헤드라인을 장식하는 뉴스를 소설이나 영화에서 먼저 일어난다는 사실에 놀랄 때가 많다.

올더스 헉슬리(Aldous Huxley)는 《멋진 신세계(Brave New World)》라는 책에서, 비디오카메라가 곳곳에 숨겨져 있어 시민들의 일거수일투족을 감시하고 아기들이 시험관에서 태어나는 미래의 국가를 예견하고 있다. 이 책은 그것이 현실화되기 훨씬 전인 1932년에 쓰여 졌다.

진 로든버리(Gene Roddenberry)는 〈스타 트렉(Star Trek)〉시리즈에서 그 당시 개발되지도 않은 레이저광선을 이용한 사진을 비롯해서, 지금 우리가 누리고 있는 과학기술 중 많은 것들을 미리 내다보았다. 그런데 오늘날 우리는 엽서 가게만 가도 그것들을 볼 수가 있지 않은가!

우리는 소설이나 영화의 위력을 재평가하는 작업을 해야 하지 않을까? 작가들은 상상의 바다를 건너 여행을 떠나 미래의 세계에 도착한다. 그리고 그들이 기록한 내용들은 우리에게는 예언서와 같다. 그런 면에서 작가와 시인들은 '예언자'가 된다.

사실 우리 역시 모두 예언자이다. 자신의 꿈에 주의를 기울이고 그 안에 담겨 있는 메시지에 귀를 기울이기만 한다면 말이다.

1970년대 초, 내가 댈러스에 살 때였다. 나는 몇몇의 친구들과 함께 '무지개 꿈'이라는 기막힌 프로젝트를 계획하고 있었다. 프로젝트의 목적은 하나님의 사랑을 책과 노래와 영화를 통해 전하는 것이었다. 우리에게는 본부가 필요했는데, 친구 하나가 좋은 장소를 알아봐 두었다면서 함께 가보자고 했다. 그녀의 애완견인 스키퍼를 차에 태우고 20분 정도 달려서 그곳으로 갔다. 친구는 '러브 드라이브 앤드 로얄 랜'이라 쓰인 한 지방도로 근처에서 차를 세웠다. 그곳에는 완만한 경사의 푸른색 언덕이 넓게 펼쳐져 있었다. 토끼가 뛰어 다니며 놀고 있었고, 가끔씩 새가 날아오는 것이 전부인 조용한 곳이었다.

'그래 이곳이야! 여기에다 무지개 꿈 커뮤니케이션 센터를 세우는 거야. 그리고 저쪽에다는 호텔식 건물을 세우면 되겠다! 그리고 승마를 즐겨야 하니까 마구간도 갖추어 놓아야지. 그래, 멀리서 오는 사람들을 위해 비행장도 필요하겠네. 비행장은 저곳이 좋겠군.'

나는 속으로 이런 생각을 하면서 무척 설레었다. 친구와 나는 그런 계획들을 종이에다 적으면서 구체화시키기 위해 시내로 돌아왔다. 친구는 그 땅의 소유주가 누구인지 알아보러 등기소를 찾아 갔다. 하지만 등기소에 다녀온 친구는 체념하듯 말했다.

"거기 주인은 어떤 농부인데 그 땅을 팔지 않을 거래"

그 당시 나는 남의 아기를 돌봐주는 일을 하고 있었다. 린다와 빌리도 식당 종업원으로 각각 일하고 있었고, 레리 젠느는 점원으로 일하고 있었다. 그리고 에드윈은 항공사에서 근무하고 있었다. 이렇다 보니 '무지개 꿈'을 계획한 멤버 중에 작은 아파트 한 채라도 전세로 얻을 만한 경제적 능력이 있는 사람은 없었다. 하지만 우리는 종이에다 '무지개 꿈'의 구체적인 계획을 세웠으며, 나는 지금까지 그것의 사본을 갖고 있다. 그로부터 몇 년 후, 우리의 '무지개 꿈'은 점점 시들해졌고, 우리는 각자 제 살길에 바빴다. 하지만 댈러스에 계속 머물고 있었던 빌리와는 계속 연락을 하고 지냈는데, 하루는 그에게서 전화가 왔다. 우리가 '무지개 꿈'에 대한 계획을 포기한 지 약 10년이 지났을 때였다.

"로리! 이곳에 올 수 있어? 좀 만나야겠어."

나는 급히 비행기를 타고 갔다. 빌리는 나를 차에 태워 목적지인 '러브 드라이브 앤드 로얄 랜'을 향해 차를 몰았다. 그 지방은 우리가 처음 갔을 때와 비교되지 않을 만큼 개발이 되어 있었다. 그리고 '러브 드라이브 앤드 로얄 랜'에 도착했을 때 나는 깜짝 놀라지 않을 수 없었다. 거기에는 '댈러스 커뮤니케이션 센터'가 떡하니 들어서 있었다. 그곳은 작가와 만화영화 제작자, 녹음예술가 그리고 시나리오 작가를 위한 거대한 규모의 종합 시설이었다. 한쪽에는 냉방장치가 갖추어진 완벽한 시설의 승마 센터가 있었고, 그 건물의 뒤편으로는 호텔식 건물이 여러 채 보였다. 그 광경을 보는 순간 내게는 슬픔과 억울함과 안도감과 기쁨이 마구 교차되었다. 나는 빌리에게 "우리가 누군가에게 꿈을 도둑맞았군!"이라며 탄식했다. 그러자 빌리가 말했다.

"로리, 그렇게 생각하지 마. 하나님께서 능력 있는 사람에게 그것을 주신 거야."

애니 딜라드(Annie Dillard)는 《자연의 지혜(Pilgrim at Tinker Creek)》(민음사, 2007)라는 책에서 다음과 같이 기술하고 있다.

'나는 산책을 한다. 그러지 않았더라면 완전히 놓치고 잃어버렸을 어떤 일, 어떤 것을 나는 본다. 아니, 어떤 것이 날 본다. 어떤 거대한 힘이 정결한 날개로 나를 쓰다듬어준다. 그러면 나는 종처럼 울려 퍼진다.'

10년 전 그곳을 찾아 갔을 때 나 역시 탁 트인 들판에서 깨끗한 날개가 달린 그 어떤 거대한 힘이 스쳐 지나가는 것을 느낄 수 있었다. 그때 바로 내게는 장차 성취될 꿈이 주어졌던 것이다.

지금 이 책을 쓰고 있는 이 순간에도 반드시 실현될 것이라고 확신하는 또 하나의 꿈이 있다.

1972년이었다. 나는 뉴멕시코의 위드에 있는 교실이 하나밖에 없는 건물의 학교에서 임시교사로 근무한 적이 있는데, 하루는 소형 트럭을 타고 집으로 가고 있었다. 라디오에서 '전화만 하세요. 그 순간 기분이 좋아질 것입니다!'라는 마약중개상에 관한 노래가 흘러나왔다. 그것은 우리 반의 4학년 아이들이 가사를 하나도 틀리지 않고 부를 만큼 모두가 알고 있는 노래였다. 그 가사의 자극적인 내용은 내 머리에서 쉽게 떠나지 않았고, 나는 그 노래를 들으면서 라디오 위에 손을 얹고 기도했다.

"주님, 마약중개상에 관한 노래가 라디오에서 가장 인기 있는 곡이 되어야 하는 이유는 무엇인가요? 우리 어린이들의 입에서 당신의 말과 노래가 나와야 하는 것이 아닌가요? 그런데 그렇지가 않습니다. 저는 그 일을 위해 앞으로 최선을 다할 것을 약속드립니다. 저는 라디오가 당신의 빛과 사랑을 전하는 수단으로 쓰여야 하며, 어둠을 전파하는 도구로 사용되어서는 안 된다는 것을 굳게 믿습니다."

그때였다. 갑자기 어떠한 환상이 떠올랐다. 누더기를 입은 사람들로 둘러싸인 예루살렘 성문이 보였고, 사람들이 벽에다 음담패설적인 내용의 글을 마구 휘갈겨 쓰고 있었다. 그 순간 성의 문이 열리기 시작하고, 그때까지 내가 본 적 없는 강한 빛줄기가 밖으로 퍼져 나왔다. 그 빛을 보는 순간 나는 탄성을 지르지 않을 수 없었다. 나는 그 환상이 부도덕한 시대가 끝나고, 마침내 하나님께서 승리하시는 시대가 올 것임을 의미한다고 생각했기 때문이다.

내가 다니던 교회의 친구에게 그 환상에 대한 이야기를 말하자, 그는 내게 엘패소에서 기독교 텔레비전 방송국을 세우고 있는 사람들을 한번 만나보라고 했다. 그 친구의 주선으로 그들을 만났을 때, 찰리라는 분이 내게 말했다.

"이러한 만남이 있기 전에 저는 기도를 드렸어요. 그런데 하나님께서 제게 당신에게 이 말씀을 읽게 하라고 말씀하시더군요."

"그게 무엇이지요?"

그는 시편 24장의 한 부분을 가리켰다. 나는 전에 한 번도 본 적이 없던 이 말씀을 놀라워하면서 읽어나갔다.

문들아, 너희 머리를 들지어다!

영원한 문들아, 들릴지어다!

영광의 왕이 들어가시리로다!

영광의 왕이 누구시냐?

강하고 능한 여호와시요,

전쟁에 능한 여호와시로다.

문들아, 너희 머리를 들지어다!

영원한 문들아, 들릴지어다!

영광의 왕이 들어가시리로다.

영광의 왕이 누구시냐?

만군의 여호와께서

곧 영광의 왕이시로다.

내가 찰리에게 이 구절에 어떤 의미가 있느냐고 묻자, 그는 "저도 정확히는 모릅니다. 하나님께서 당신이 설명해줄 것이라고 말씀해주시더군요"라고 대답했다.

그러한 환상과 서로의 약속에 대한 모임이 있었던 것은 지금부터 약 30년 전이다. 그렇다면 그동안 어떠한 변화가 있었단 말인가? 사람들은 아직도 성문 담벽에 외설적인 말을 마구 써대고 있다. 그러나 내가 여기에 앉아 있는 지금, 라디오에서 인기순위 1위 곡은 어린 딸을 사랑하는 아버지에 관한 것이 되었다. 그리고 텔레비전의 최고 인기 드라마 중에는 〈천사의 방문〉이라는 프로그램이 있다.

최근에 참석한 한 모임에서 과학자들은 머지않아 인간의 모든 과학 기술이 빛에 의존하는 시대가 올 것이라고 예고했다. 섬유광학과 인공위성에 의한 송신은 빠른 속도로 지식과 정보를 제공하는 중요한 수단이 되어가고 있다.

하루 속히 모든 공중파에 빛으로 가득하여 영광의 왕께서 오시기를 나는 기도한다. 그리고 나는 이러한 기도가 반드시 이루어지리라고 믿는다. 그때까지 내가 할 일은 사람들이 눈과 귀와 마음을 통해 깨닫는 것들이 부도덕한 것이 되지 않도록 하는 데 있으며, 그것을 위해 열심히 노력하는 것이다.

콩과의 식물은 현미경으로 관찰해볼 때 1평방 인치 당 평균 40억 개의 뿌리털이 있다고 한다. 우리의 영혼이 바로 그와 같다. 우리가 모를 뿐, 우리의 영혼은 하나님의 마음에 뿌리 내리고 있는 수십억 개의 뿌리털을 갖고 있다. 그리고 예언자적인 기질을 그 어떤 생명체보다도 많이 가지고 있다.

우리가 어머니의 뱃속에 있을 때는 신경이 고막에 집중되어 있다. 그리고 우리의 신경조직은 어머니의 뱃속에서 모두 발달한다. 아마 우리가 느끼게 되는 놀라움이나 평화 같은 감정들은 모두 우리가 태아 때 얻은 정보와 관련이 있을 것이다. "내가 은밀한 데서 지음을 받고 땅의 깊은 곳에서 기이하게 지음을 받은 때에 나의 형체가 주의 앞에 숨겨지지 못하였나이다. 내 형질이 이루어지기 전에 주의 눈이 보셨으며 나를 위하여 정한 날이 하루도 되기 전에 주의 책에 다 기록이 되었나이다(시편 139:15-16)."

《네 안에 있는 잠재력을 개발하라(Developing the Power Within You)》의 저자인 존 C. 맥스웰(John C. Maxwell)은 그의 책에서 다음과 같이 기술하고 있다.

'성공은 대부분이 바로 자기 자신의 꿈에 달려 있다.'

월트 디즈니(Walt Disney)는 디즈니월드가 문을 열기 전에 세상을 떠났다. 그래서 그의 미망인이 대신 개장(開場) 연설을 해야 했다. 사회자가 "디즈니 여사님을 소개하겠습니다. 만약 월트 디즈니 씨께서 이 광경을 볼 수 있었다면…" 하고 말을 잇자, 그녀는 자리에서 일어나더니 웃으면서 말했다.

"그분은 이것을 이미 보았습니다."

꿈에는 무서운 능력이 있다. 하나님께서는 분명히 우리의 모든 가능성을 보고 계시다. 우리 역시 우리의 가능성들을 보는 법을 배워야 한다.

1. 당신에게는 나중에 실현된 꿈이나 환상이 있습니까? 있었다면 그것은 무엇입니까?
2. 반복해서 꾸는 꿈이 있습니까?
3. 하나님께서는 오늘날 어떤 방법으로 당신에게 말씀하고 계십니까?
4. 시간에 대한 당신의 개념을 그림으로 그려보십시오. 그것은 선입니까? 아니면 상자 모양이나 정방형, 원 또는 곡선이 됩니까?
5. 당신이 그린 시간의 개념 속에 당신을 그려 넣어 보십시오. 당신은 지금 '전체 시간' 가운데 어느 위치에 있습니까?
6. 이번에는 거기에다 하나님을 넣어보십시오.
7. 당신의 인생을 비행이라고 생각하고 '비행계획서'를 만드십시오. 그리고 당신이 직접 조종사가 되어서 목표점과 항로 그리고 예상도착시간을 기록해보십시오.

사랑하는 주님,
꿈과 환상을 통해 제 인생에 대한 당신의 뜻을 말씀해주시기 바랍니다. 제가 주위의 모든 것 속에 담긴 상징들을 알아볼 수 있도록, 항상 눈을 뜨고 있게 하옵소서. 저로 하여금 당신께서는 어떠한 방법을 통해서라도 저의 운명을 인도하실 수 있는 분이시라는 사실을 분명히 인식하게 하옵소서. 제가 자신의 꿈들을 기억하고 이해하도록 도와주시고, 그 꿈이 헛된 것이 되지 않도록 도와주옵소서. 제게 생각과 환상을 분별하고 해석하도록 도와줄 수 있는 사람을 보내주옵소서. 저에 대한 당신의 생각이, 당신과 함께 저의 운명을 다스리는 자가 되어 제 가운데 함께하도록 도와주옵소서. 아멘.

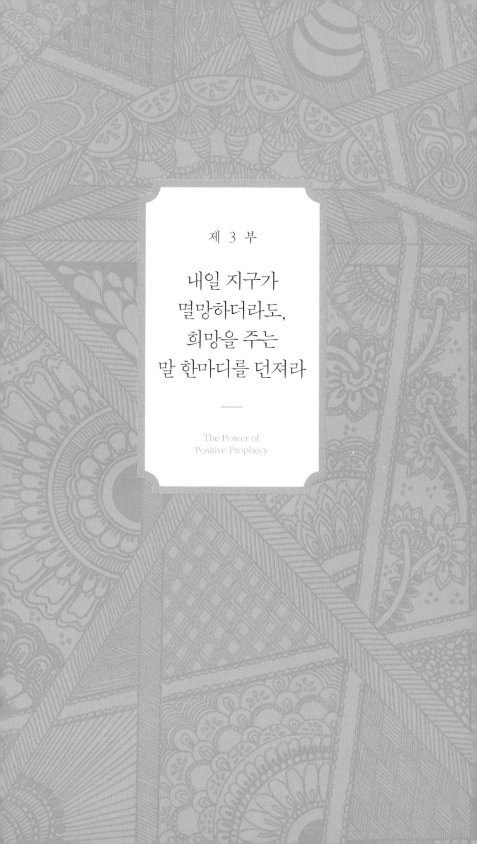

제 3 부

내일 지구가
멸망하더라도,
희망을 주는
말 한마디를 던져라

———

The Power of
Positive Prophecy

다른 사람을 축복하는
마법지팡이가 되려면

"특별히 예언을 하려고 하라."
고린도전서 14:1

어떤 종교에서든 예언자들의 임무는 신성한 것이다. 예언자들이 존경을 받는 것은 집단이나 개인이 그들의 운명을 알아볼 수 있도록 도와주기 때문이다. 나도 그런 예언자들과 마찬가지로 이 책을 통해서, 우리에게는 다른 사람들이 더 나은 삶을 살 수 있도록 격려하고 가르치고 의욕을 북돋아주는 말(예언)을 해주어야 할 책임이 있다는 것을 깨닫고, 그 책임을 잘 수행할 수 있도록 도움을 주고자 한다.

예언이란 하나님의 마음만 안다고 되는 것이 아니다. 우리의 마음도 알아야 올바른 예언을 얻을 수 있다. 그러므로 우리의 마음이 어떻게 작용하는지, 무엇을 믿고 있는지 또 우리의 마음이

의식적으로든 무의식적으로든 우리를 어디로 이끌어가고 있는지에 대해 알아야 한다. 그래서 나는 먼저 유대-기독교적인 관점으로 '예언'의 배경에 대해 간략하게 설명하고자 한다. 이 설명의 일부분은 《실례로 설명한 성경사전(Illustrated Bible Dictionary)》과 《제롬 성경주석(Jerome's Bible Commentary)》에서 수집한 내용을 참고했다.

고대의 많은 민족들은 여러 신을 모셨지만, 유대인들은 그들과 달리 유일신인 하나님을 섬겼다. 그리고 그들은 자신들의 역사를 지배한 예언적인 사건들은 모두 하나님의 뜻이라고 믿었다. 그 당시의 종교에서 신이란 변하지 않는 존재였다. 인간은 어떠한 방법으로도 신들의 화를 가라앉히거나, 그들의 생각을 바꿀 수 없었다. 그것은 유대인들도 마찬가지였다. 그들에게 있어 예언은 '하나님의 뜻'이었다. 그리고 예언은 사람들의 행복한 삶에 깊은 관심을 가지고 모든 것을 관장하시며 모든 것을 지켜보고 계신 하나님의 생각을 분별하는 수단이기도 했다. 예언자들은 하나님의 말씀(예언)을 다양한 방법으로 받고 다양한 방법으로 사람들에게 알렸다. 그 방법에는 계시, 꿈, 환상, 개인적 인식이나 감각, 집단 황홀경 등이 있었다.

어떤 예언자들은 예레미야처럼 서기(書記)를 거느리고 있었는가 하면(예레미야 36:4), 이사야처럼 제자들을 거느리고 있었다(이사야 8:16). 그리고 엘리사처럼 아주 멀리서 비밀리에 말해진 것들까지 아는 능력으로 명성이 자자한 예언자도 있었다(열왕기하 6:12).

또한, 예언자들은 그들의 예언을 통해 보여주듯이 각자 독특한 성격이나 기질이 있었다. 예레미야는 눈물의 예언자라고 불리었고, 이사야는 어떤 재난에서도 선(good)을 찾아낼 것 같은 선지자였다.

아모스나 예레미야처럼 자신에게는 예언자적 자질이 갖추어져 있지 않다고 생각하고 마지못해 그 역할을 수행하는 예언자도 있었다(아모스 3:7-8, 예레미야 1:7-8). 또, 발람(민수기 22:5-35)이나 여호사밧왕의 예언자들(열왕기상 22:5-12)처럼 대가가 있어야만 예언을 하고 기껏해야 잘못된 정보를 주는 예언자들도 상당수 있었다. 사무엘과 나단, 아모스는 예언자로서 자신들의 임무에 대한 대가를 누렸지만 다른 예언자들은 그렇지 못했다.

예수님은 자신을 부르는 다른 어떤 명칭보다도 선생님과 치유자, 그리고 예언자라는 명칭을 우선적으로 받아들이셨다.

때때로 음악이나 제식 때 추는 춤에도 예언이 따랐으며, 한때는 성전에서 노래하는 사람들도 예언자로 간주되었다.

거짓 예언자가 나타나서 사람들을 미혹시키기도 했다. 거짓 예언자들은 하나님의 이름이 아닌 자신들이 믿는 신의 이름을 부르고, 그에 따라 행동했다. 그것은 반드시 악마의 열매를 거두는 결과를 가져왔다. 하지만 간혹 거짓 예언자들의 예언이 실현되기도 했다. 그러나 그것은 자신의 백성에게 그들이 섬겨야 할 신이 누구인지를 깨닫게 하기 위해 하나님께서 주신 시험이었다.

그렇다고 하나님의 예언자들이 반드시 진리만을 말한 것은 아니었다. 베드로가 예수님께 예루살렘으로 올라가지 말라고 한 일이나 모세가 하나님의 허락을 구하지 않고서 바위에서 물이 솟아나게 한 것처럼, 그들은 때로 자신의 생각대로 말하고 행동했다.

예수님은 자신을 최후의 예언자로 보셨으며 성령을 대대로 믿는 자들에게 예언의 영을 부어주시리라 예언하셨다.

오늘날 우리가 사는 세상에는 다양한 수준과 다양한 종류의 예언이 행해지고 있다. 그러나 그렇다 할지라도 우리 개개인은 수준 높고 긍정적인 예언을 해야 한다. 그것이 바로 우리의 유업이며 책임이다. 그렇다면 우리가 그런 예언자가 되기 위해선 어떻게 해야 할까?

예언은 얼마든지 개발되고 활용할 수 있는 은혜로운 선물이다. 만약 당신이 예언을 하고 싶다면, 그리고 좋은 예언자가 되길 원한다면 그렇게 될 수 있도록 간절히 기도하라. 그렇게 기도하면서 다음의 '좋은 예언자가 되기 위한 12단계'를 실행하라.

좋은 예언자가 되기 위한 12단계

1. 좋은 사람과 교제하라

내가 만난 사람들 가운데 자신을 예언자라고 칭한 사람은 단 한 명 뿐이었다. 나는 그를 바하마에서 개최된 영적 지도자들의 모임에서 만났다. 그는 자신이 믿는 신에게 그 회의에 참석하라는 명을 받았다고 말했으며, 기조연설자 중 한 사람이 여행상의 문제로 참석하지 못하게 되었을 때 이미 그것을 알고 있었다고 했다.

그는 갑자기 연단에 뛰어올라가 예언을 하기 시작했다. 그의 예언은 바하마에 관한 것으로 시작했으나, 곧 회의에 참석한 청중에 대한 것으로 바뀌었다. 그는 나에게도 예언을 했다. 그가 큰 소리로 외친 나에 대한 정보를 근거로 판단해볼 때, 그의 예언 능력은 상당히 뛰어난 것이었다. 나는 그 전에 그를 한 번도 만난 적이 없었는데도 불구하고, 그는 내가 작가라는 사실을 알고 있었다. 그리고 정부의 관료들이 자문을 구하기 위해 나를 초청할 것이라고 말했다. 그의 예언은 실제로 이루어졌다. 그로부터 2달 후, 나는 장군들과 군 관계 지도자들을 상대로 연설과 기도를 부탁받았다. 그는 또 수년 동안 작업을 해온 나의 원고가 반드시 결실을 맺을 것이라 했는데, 그 또한 이루어졌다. 나는 나중에 그 회의에 참석한 다른 사람들과 그 예언자가 예언한 사람들에 대해 알아보았다. 그 결과 그의 예언이 굉장히 정확했다는 것을 알 수 있었다.

그 예언자의 일행 중에는 그와 마찬가지로 예언을 하는 젊은 여성이 있었다. 그 예언자처럼 자신감이 넘쳐 보이지는 않았지만, 그녀의 예언 역시 정확했다. 예언자는 자신이 그녀에게 예언하는 법을 훈련시키고 있다고 말하며, 나도 훈련을 시켜줄 수 있다고 했다. 내가 그 방법을 묻자 이렇게 대답했다.

"선지자 무리에 이르러서 스스로 예언을 시작한 사울의 이야기를 기억하시나요(사무엘상 10:5-8)? 똑같은 원리입니다. 만약에 당신이 예언자들과 어울리게 된다면 당신 안에 내재되어 있는 예언의 능력을 발견하게 될 겁니다."

왕이었던 다윗과 솔로몬도 훌륭한 조언자들의 무리를 곁에 두고 있었으며, 그것에 대한 중요성을 언급하곤 했다. 실제로 시편의 첫 장을 보면 다윗은 "복 있는 사람은 악인들의 꾀를 따르지 아니하며 죄인들의 길에 서지 아니하며 오만한 자들의 자리에 앉지 아니하고(시편 1:1)"라고 말하고 있다.

우리는 어떤 사람을 사귀느냐에 따라 복을 받을 수도 있고 저주를 받을 수도 있다. 그리고 주위에 함께 어울려 다니는 사람들을 봐서 그 사람이 장차 어떠한 인물이 될 것인지를 쉽게 예언할 수 있다.

2. 지혜를 구하라

바울은 젊은 사도 야고보에게 보내는 서신에 이렇게 적었다.

"너희 중에 누구든지 지혜가 부족하거든 모든 사람에게 후히 주시고 꾸짖지 아니하시는 하나님께 구하라(야고보서 1:5)."

그리고 솔로몬도 '지혜'를 여성에 빗대어 매우 아름답게 묘사하였다.

> 나는 젊어서부터 지혜를 그리워하고 찾았으며
> 지혜를 아내로 얻으려고 찾아다녔다.
> 그 아름다움에 매혹되어 나는 지혜를 사랑하였다.
> 지혜는 하느님과 함께 생활함으로써
> 그 고귀한 가문을 나타내었으며,
> 만물의 주님께서 그를 사랑하셨다.
> 지혜는 하느님의 지식을 배워서
> 하느님께서 하실 일을 함께 결정한다.
> 현세에서 재물이 탐낼 만한 것이라면,
> 모든 것을 움직이는 지혜보다 더 값진 재물이 있겠느냐?
> 일처리를 잘하는 것이 지능이라면
> 만물을 만들어낸 지혜보다 더 큰 지능이 있겠느냐?
> 만일 사람이 덕을 사랑한다면
> 온갖 덕은 곧 지혜의 노고의 산물이다.
> 지혜는 사람에게 절제와 현명과 정의와 용기를 가르쳐준다.
> 현세에서 사람에게 이러한 덕보다 더 유익한 것이 있겠느냐?

사람은 누구나 풍부한 지식을 원한다.

그런데 과거를 알고 미래를 예측하며

성현들의 말씀을 이해하고 수수께끼를 풀고,

징조와 놀라운 일들과

계절과 시대의 변천을 미리 아는 지혜가 바로 그와 같은 지식이다.

(지혜서 8:2-8)

하나님께서 솔로몬에게 세상에서 가장 갖기를 원하는 재주가 무엇이냐고 물으셨을 때, 그는 지혜를 구하였다. 또 시편에서는 지혜로운 자와 그 행동의 결과에 대해 다음과 같이 말하고 있다.

오직 여호와의 율법을 즐거워하여 그 율법을 주야로 묵상하는도다.

그는 시냇가에 심은 나무가 철을 따라 열매를 맺으며

그 잎사귀가 마르지 아니함 같으니

그가 하는 모든 일이 다 형통하리로다.   (시편 1:2-3)

이 구절에는 강한 긍정적인 예언의 힘이 있다. 하나님의 마음과 의중을 알려고 힘쓰며 그것에 대해 밤낮으로 명상하는 사람은 번성하고 형통한다 하니, 지혜란 이 얼마나 간단하게 얻을 수 있는 것인가?

리더십 기술 연구가들에 의하면, 인간의 행동을 예측하고 이해하는 사람은 대중을 따라가기만 하는 사람들보다 항상 앞서 간다고 한다. 지혜를 구하는 것은 곧 하나님의 마음과 인간의 생각을 연구하는 것이다. 어떤 분야의 연구가 이보다 더 유익하고 흥미진진하겠는가? 이제야 나는 다른 어떤 것보다도 하루 종일 율법서를 공부하기를 원했던 고대 유대인들을 이해할 수 있을 것 같다. 하나님의 말씀은 우리의 영혼을 위한 아주 달콤한 양식과 같다.

3. 결과를 예상하라

사건들을 예언하거나 예상하는 사람들은, 실제로 바로 예상되는 결과를 보고한다. 그들에게는 특별한 이변이 없는 한 예측 가능한 결과를 가져오게 될 사고나 행동 양식을 감지할 수 있는 능력이 있기 때문이다.

예측에 관련해서 내가 가장 좋아하는 이야기 가운데 하나는, 어느 동물구조단체 사람들에 관한 것이다. 그 단체 사람들은 '개 도둑'이 사용하는 무선주파수를 포착할 수 있는 장파수신기를 구입했다. 그리고 그 기계를 이용해서 개 도둑들끼리 주고받는 신호를 훔쳐 듣는다. 개 도둑들이 "해밀턴대로 부근에 길 잃은 개가 있다"라는 신호를 주고받으면, 도둑들보다 한발 앞서 해밀턴대로로 달려가서 개 도둑이 잡아가기 전에 개를 데리고 오는 것이다. 그 팀의 구성원들은 정보와 예상을 교환하는 정보망을 가지고 있는 셈이다. 그중 한 사람이 그 은밀한 운영방식을 나에게 설명해주면서 말했다.

"우리는 남의 신호를 훔쳐 듣는 것이 잘못된 일이라고 생각하지 않아요. 왜냐하면 그건 길 잃은 개를 살리기 위한 방법이니까요. 개 도둑이 개를 잡아가면 그 개는 포로가 되거나, 대개는 죽게 됩니다."

만약 우리에게 경찰이나 119구조대가 오기 훨씬 전에 아이에게 닥칠 위험을 미리 알 수 있는 고주파의 장치가 있다면 얼마나 좋겠는가? 예측과 예방이야말로 가장 효과적인 형태의 예언이다.

샌디에이고의 학교에 몸담고 있는 알렉산더 위어 3세는 자신과 마찬가지로 너무 어린 나이에 부모가 된 청소년들을 위해 봉사하는 데 20년 이상의 세월을 보냈다. 그는 '지역사회 건강을 위하여 책임감을 가지고 행동하는 남성들(MARCH)'라는 프로그램을 만들었다. 이는 폭력 조직에 들어가거나 어린 나이에 부모가 될 가능성이 있는 청소년들을 위한 것이다. 이 프로그램은 그런 청소년들에게 자기평가와 목표설정 그리고 부정적인 상황에서 대처해나가는 법 등을 가르친다. 그는 부정적인 미래를 미리 방지하기 위해 노력하는 또 다른 부류의 예언자인 것이다.

엘패소에서는 매년 설날 전야에 자원봉사자들이 참여하는 예언적인 프로그램을 운영하고 있다. 이 프로그램은 새해부터 만취한 사람들, 특히 음주운전 위험이 있는 사람들에게 무료로 택시를 보내주는 것이다. 지난 4년 동안 이 프로그램에서 자원봉사를 한 젊은이에게 자신의 설 전야를 포기하고 24시간 동안 전화기 옆에 앉아 봉사하는 이유를 물었다.

"제가 전화를 받으면 한 사람, 한 가족이라도 더 많은 목숨을 구할 수 있잖아요. 한 사람이라도 더 많은 사람에게 택시를 보내서 그들을 돕는 것이, 제가 스스로에게 줄 수 있는 가장 좋은 새해 선물이기 때문입니다."

엘패소에서 설 전야가 되면 늘 일어났던 치명적인 교통사고는, 이 프로그램을 실시한 후 5년 동안 한 건도 발생하지 않았다. 이것이 바로 긍정적인 기대에서 비롯되는 예언이다.

에릭 스클로서가 쓴 〈교도소 산업단지(The Prison Industrial Complex)〉라는 제목의 보고서는 전체 수감자의 약 70%가 문맹이라고 보고하고 있다. 글을 읽지 못하는 사람의 미래가 어떠할지 예상하는 것은 그리 어렵지 않다. 글을 읽지 못하는 아이들에게 다가올 부정적인 결과를 예상하고, 그들에게 읽는 법을 가르쳐서 그들이 범죄자가 되는 것을 방지해줄 예언자가 없다니, 말이나 되는 소리인가? 그런 아이들을 지도해줄 선생님이 좀 더 많이 있다면 그만큼 교도소의 숫자는 줄어들 것이 분명하다.

4. 예리한 관찰력을 길러라

우리 아버지는 사소한 일로 어머니를 화나게 만들곤 하셨다. 그중 한 가지는 어머니가 미장원에 들러 방금 머리 손질을 하고 돌아오셨는데도, "미장원에는 언제 갈 거지?" 하면서 어머니를 쳐다보시는 거였다. 그래서 "만약 아버지께서 한 번만 더 그 말씀을 하시면 나는 백 번째 듣는 것이 될걸!"이라는 말이 우리 식구들에겐 농담이 될 정도였다. 실제로 그 방법이야 어찌 되었던 간에 다른 사람에게 관심을 기울이지 않는 사람들이 많다는 것은 웃을 일만은 아니다. 〈결혼 이야기(Mad About You)〉라는 시트콤에서 한 등장인물은 그의 아내가 어떻게 살림을 하고 있는지는 고사하고 그날 무슨 옷을 입었는지조차 모르고 있었다. 좋은 예언자라면 분명히 드러나는 것뿐만 아니라 잘 드러나지 않는 것 또한 관찰할 줄 알아야 한다.

켄터키주의 한 소년 농구팀은 안타깝게도 몇 년 동안 한 번도 우승하지 못한 상태였다. 그러다 스토리라는 새 코치가 그곳으로 오게 되었다. 스토리 코치는 소년들에게 "오늘부터 연습이 끝난 후에 집으로 돌아갈 때, 돌멩이 두 개를 주워서 여러분 뒤에 있는 울타리 기둥에 던지세요. 고개를 돌리거나 그 기둥을 보아서는 안 됩니다. 기둥을 맞혔을 때만 돌아보세요"라는 독특한 훈련을 시켰다. 코치는 학생들에게 주위를 보는 능력을 훈련시키고자 한 것이다. 일부 학부모들은 그런 훈련이 얼마나 효과가 있을까 하고 회의적인 반응을 보였다. 그러나 그 팀의 '등 뒤로 하는 패스'는 얼마 지나지 않아 전설적인 것이 되었고, 그들은 마침내 그해 전국대회에서 우승을 차지했다.

부모로서, 예언자로서 주변에 대한 당신의 시각은 어떠한가? 주위에서, 등 뒤에서 무슨 일이 일어나는지 아는가? 아니면 앞에 있는 울타리 기둥만을 바라보고 있는가?

우리는 내내 거기에 존재하고 있었던 예언의 단서를 놓치는 경우가 많다. 조금만 주위를 기울였다면 볼 수 있었을 테지만, 예언의 단서를 깨달았을 땐 이미 늦은 경우가 대부분이다.

《몰입(Flow)》(한울림, 2004)의 저자인 미하이 칙센트미하이(Mihaly Csikszentmihalyi)는 그가 헝가리 부다페스트를 떠나던 때를 잊지 못한다고 한다. 1944년 가을이었다. 교육도 많이 받고 높은 지위에 있는 그의 친척 수십 명이 10살짜리 소년인 미하이와 그의 가족들을 배웅하러 기차역에 나왔다. 친척들은 그의 가족에게 '무엇 때문에 9월에 베니스로 가는가? 오페라 시즌도 끝나고 지금은 모기가 들끓는 철인데, 그냥 이곳에 우리와 함께 있자'면서 그의 가족들이 떠나는 것을 만류하였다. 그 당시 러시아군이 부다페스트를 에워싸고 있었던 것을 미하이는 알고 있었다. 그리고 그들이 탄 기차가 출발한 직후에 부다페스트에서 베니스로 가는 다리가 폭파되었고, 미하이가 탄 기차는 부다페스트를 떠난 마지막 기차가 되었다. 그로부터 몇 개월이 지나지 않아 모기를 걱정하던 지위 높은 친척들은 모두 사망했다. 교육을 많이 받은 그 친척들은 미하일의 가족이 심각하게 받아들이고 그에 따라 적절한 행동을 취했던 예언적 단서를 깨닫는 데는 실패한 것이었다.

1998년 2월호의 〈가이드포스트〉지에 실린 한 기사에서, 한 철도기관사가 예리한 관찰력을 통해, 어느 할머니에게 긍정적인 예언을 하게 된 이야기가 나온다.

데일 패프라는 이 철도기관사는 그날도 지난 6년 동안 일해왔던 것처럼 선로를 따라 기차를 몰고 있었다. 그때 무엇인가가 그의 눈에 슥 스쳐 지나갔다.

"선로 근처에는 이동식 주택가가 있는데, 그곳을 지나다니면서 보면 뜰의 잔디가 항상 잘 손질이 되어 있었어요. 그런데 이상하게도 눈이 온 지 한참 되었는데도, 그곳 뜰에는 아직도 눈이 쌓여 있었지요. 왠지 신경이 쓰이더군요. 마음속으로는 그 지역의 많은 사람들이 플로리다로 휴가를 가는 시기니까 저 뜰을 치울 사람도 휴가를 떠난 게 아닐까 생각했습니다. 하지만 그런 추측으로도 기분이 영 개운해지지 않더군요."

그래서 데일은 기차를 멈추고 뒤로 다시 가서 살펴보아야겠다고 생각했다. 기차를 멈추고 뒤로 되돌아간다는 것은 엄청난 연료와 귀중한 시간이 낭비되는 것이었다. 게다가 그가 운전하는 기차는 다이아몬드 교차로를 지나가야 하는데, 바로 가지 않으면 3시간을 기다려야 다시 교차로를 지나갈 수 있었다. 그리고 그의 아내가 시내에서 중요한 행사에 그와 함께 가기 위해 그를 기다리고 있는 상황이었다. 이런저런 마음의 갈등에도 돌아가 봐야 한다는 생각은 더욱 분명해졌다. 결국 데일은 요란한 소리를 내면서 브레이

크를 걸었고, 기차를 멈추었다가 다시 눈이 쌓인 곳으로 천천히 몰고 갔다. 데일은 눈 속에 쓰러져 있는 한 할머니를 발견했다. 그 할머니는 눈을 치우러 나왔다가 미끄러져서 눈 속에 3시간이나 누워 있었다고 한다. 의사들은 만일 데일이 할머니를 15분만 늦게 발견했더라도 할머니는 생사를 달리했을 것이라고 말했다. 할머니는 "내가 누워서 할 수 있는 것이라고는 제발 누군가가 와주기를 기도하는 것뿐이었지요"라고 말했다. 그 할머니의 기도와 더불어 데일의 관찰력은 귀중한 생명을 구할 수 있었다.

국제적인 협상가인 줄리안 그레서(Julian Gresser)는 '직관 네트워크(Intuition Network)'에 관한 회의에서 관찰력에 관한 논문을 발표하였다. 그는 이 논문에, 미국인들은 이기는 것에 너무 집착하는 나머지 '잠시 멈춰 서서 주위를 둘러보는 여유'가 없다고 적었다. 그리고 이기는 것에만 집중한 나머지 상대방의 의도를 보여주는 미묘한 단서를 놓치게 되고, 그로 인해 결과적으로는 지게 된다고 했다. 날카로운 관찰력이야말로 미래의 성공을 예언해주는 증표이다.

5. 신체를 단련하라

성경에 나타나는 예언자들 중에는 몸이 허약하거나 병약하다고 묘사되는 사람이 없다. 당시 그들이 했던 여행이나 행적을 살펴보면 그들은 활발하게 활동을 한 건강한 사람들이었다는 것을 알 수 있다.

예언자 다니엘은 친구 셋과 포로로 잡혀 있었는데, 훈련을 받기 위해 느부갓네살왕의 궁전으로 끌려간다. 왕의 환관장은 그 젊은 이들이 느부갓네살의 대학에 어울리도록, 살이 올라 건강하고 튼튼해 보이게 하는 일을 담당한다. 그러나 다니엘은 왕의 진미와 포도주를 거부한다. 이에 환관장은 다니엘에게 그와 친구들이 허약해 보이면 자신의 직책뿐만 아니라 목숨도 위태로울 것이라며 걱정을 한다. 그래서 다니엘은 10일 동안 물과 채소만 가져다 달라고 하면서, 그 이후에 느부갓네살 대학 입시를 준비하고 있는 다른 학생들과 자신들을 비교해보라고 말한다.

"열흘 후에 그들의 얼굴이 더욱 아름답고 살이 더욱 윤택하여 왕의 음식을 먹는 다른 소년들보다 더 좋아 보인지라. 하나님이 이 네 소년에게 학문을 주시고, 모든 서적을 깨닫게 하시고, 지혜를 주셨으니. 다니엘은 또 모든 환상과 꿈을 깨달아 알더라(다니엘 1:15, 17)."

뉴욕 바루크 대학의 조안 곤돌라(Joan Gondola) 박사의 연구에 따르면, 에어로빅이나 무용을 배우는 학생들은 규칙적인 운동을 하지 않는 학생들보다 연필 같은 일상용품의 사용에 더 익숙하다고 한다. 뿐만 아니라 다른 과학자들에 의해서도 발견되었듯이, 운동으로 단련된 신체는 운동을 하지 않아 심박수가 거의 증가하지 않는 신체와 달리, 더 효과적으로 산소를 운반하고 사용할 수 있다. 산소를 효과적으로 운반하면, 두뇌에 산소공급이 증가하고 기분도 좋아지며 기억력도 좋아진다.

6. 새로운 가능성을 상상하라

《웹스터 대학사전》은 '상상하다'라는 말을 '우리의 감각기관에 실제로 나타나지 않는 것에 대한 이미지를 머릿속에서 만드는 것'이라고 정의하고 있다.

캐나다의 환경전문가 대니얼 캡폰(Daniel Cappon)은 직관력을 측정하기 위한 'IQ2 테스트'를 개발했다. 이 테스트를 하는 방법은 다음과 같다. 예를 들어, 언덕 아래의 황폐한 골짜기 그림을 학생들에게 보여준다. 그리고 골짜기가 황폐해진 원인을 벌목, 산불, 질병, 화산폭발, 혹은 화학 약품 등 다양하게 상상해보라고 한다. 그다음에는 원인을 알 수 있는 단서들을 하나씩 보여준다. 그리고 마지막으로 골짜기가 황폐해진 원인이 화산폭발 때문이라고 알려주는 것이다. 여러 장의 그림을 보고 골짜기가 황폐해진 원인을 알아내는 사람보다 그림을 적게 보고 그 원인을 화산 폭발로 알아낸 사람이 더 높은 점수를 받는다.

애리조나주에 있는 한 연합교회의 담임목사인 월트 캘리스티드(Walt Kallistead)는 미국에서 가장 크고도 흥미로운 교회를 상상하고, 그것을 만들기 위해 많은 노력과 헌신을 했다. 월트는 300에이커의 공동체를 기획했는데, 거기에는 취학 전 어린이 보호시설부터 양로원에 이르기까지 갖가지 시설이 갖춰져 있다. 또, 오락시설과 올림픽 스포츠 시설, 국제 지도자 훈련센터, 그리고 젊은이들이 운영하는 마을 등의 시설도 포함되어 있다. 글랜데일의 시장은 최근에 월트에게 "항상 '만약 ~라면 어떨까?'라는 질문을 던지는 분께"라고 적힌 감사패를 증정하였다.

아인슈타인은 "상상력이야말로 가장 중요하다"라고 했다. 그는 자신의 사후에 그의 두뇌를 연구소에 기증하겠느냐는 인터뷰어의 질문에 그렇게 하겠다고 했다. 그러면서 그는 자기의 두뇌가 크기나 형태에 있어서 남들과 달리 특이한 점은 없을 것이라고 했다. 사실, 그의 뇌는 보통 남성의 그것에 비해 오히려 약간 작은 편이었다. 그러나 그의 상상력은 그 무게와 크기를 잴 수 없었다.

어떤 사람을 바라보고 그들의 미래가 어떨지를 긍정적인 측면에서 예언해보라. 이미 거기에 존재하는 것에 대한 어렴풋한 무엇인가를 포착할 수 있는 기회가 될 것이다.

윌리엄 워즈워스(William Wordsworth)는 '영광의 구름들을 쫓아서 우리는 간다'고 했다. 예언은 우리 주위를 맴돌면서 이미 거기에 존재하고 있는 영광을 알아보는 능력이기도 하다.

7. 관심사와 친구의 범위를 넓혀라

《믿을 수 없는 우연의 일치(Incredible Coincidence)》의 작자인 앨런 본(Alan Vaughan)은 '무엇인가에 대해 적극적인 관심을 갖는 것은 더 많은 우연을 더 많이 만들어낸다'고 했다. 어떤 면에서든 우리가 그것들에 대해 더 많은 주의를 기울이기 때문이다. 그는 또 낯선 사람이 우리 인생에 개입하면 '우연의 일치'가 더 많이 일어날 수 있다고 했다. 왜냐하면 당신이 사람들을 많이 알면 알수록 예상치 않게 당신을 도와줄 사람이 많아지기 때문이다. 우리가 알고 있는 것처럼, 눈에 보이는 위대한 업적을 이루어낸 발명가나 예술가 그리고 정치가들은 자기들의 주된 관심 분야 너머의 지식에 대해서까지 커다란 관심과 흥미를 갖고 있었다. 그들은 결코 '한 가지 재주밖에 갖지 못한 조랑말'이 아니었다.

벤저민 프랭클린(Benjamin Franklin)은 위대한 국가의 탄생을 예언했을 뿐 아니라 미국의 우편제도, 은행제도를 고안해내고 전기의 발명에도 기여했다. 또한 최초의 원·근시 겸용 안경도 발명했다. 그리고 흔들의자를 버터 제조기에 연결하여 농부의 아내들이 쉬면서 버터를 만들 수 있도록 하였다. 그는 불어도 유창하게 구사하여, 미국혁명군의 투쟁에 끝까지 반대의 입장을 취했던 프랑스와의 화해를 이끌어낸 훌륭한 외교관이기도 했다. 레오나르도 다빈치(Leonardo da Vinci) 역시 그림을 그리고 조각을 했을 뿐 아니라 예언을 하고 최초로 하늘을 나는 기계를 설계하기도 했다.

나는 젊은이들이 어린 나이에 한 분야의 전문가가 되어야 한다고 강요받고 있는 지금의 현실이 안타깝다. 그들은 전문가가 된답시고 더 넓은 세상과 거기로부터 지혜를 얻고 배울 기회를 잃어버린다. 나는 모든 사람이 르네상스적 교양인, 즉 다양한 분야에서 뛰어난 장인과 전문가가 될 수 있으며 또 반드시 그렇게 되어야 한다고 생각한다. 빌 게이츠(William H. Gates)의 부인인 멀린다 게이츠(Melinda Gates) 역시 나와 똑같은 생각을 갖고 있는 것 같다. 그녀는 학생들이 다양한 분야에서 연구할 수 있도록 2,000만 달러의 장학기금을 내놓았다. 내가 아는 한 교수가 한번은 고개를 절레절레 흔들면서 내게 이런 말을 했다.

"요즘은 학생들이 '문학이나 예술은 제쳐놓고 전공 공부만 집중적으로 해야겠어요'라는 말을 너무 쉽게 하지요. 그러면 나는 학생들에게 '뭐가 그리 급한가?'라고 묻습니다. 그러고는 창밖을 내다보고 한숨을 쉽니다. 인간의 엄청난 잠재력이 그대로 버려지고 있는 것이 안타까워서요."

최근에 참석한 세미나에서 한 연사가 초창기 미국의 위대한 지도자들은 2가지 공통점을 가지고 있다고 하였다. 그들 모두가 농촌 출신이라는 점과 학창 시절에 문학이나 고전에 능통했었다는 점이다. 그는 또 부와 사회적 지위를 갖고 태어나는 미국의 상류층은 그들의 자녀들에게 폭넓은 교육을 권장한다고 했다. 상류층의 자녀들은 그런 다양한 교육을 통해 지도자의 자질과 정신력을 기르고, 나아가서 사회에 기여하는 인물이 되는 것이다.

8. 자신의 직관을 신뢰하라

〈작용하고 있는 직관(Intuition at Work)〉이라는 연구논문에 다음과 같은 실험이 나온다. 경영학 석사들과 실무 경험이 있는 최고경영자에게 같은 문제를 풀라고 했을 때, 두 집단 모두 결국은 같은 답을 찾아냈지만 공부를 통해 배운 학생들보다 경험에 바탕을 두고 직관으로 그 해답을 예측한 최고경영자 집단이 훨씬 짧은 시간 내에 문제를 풀었다는 결과가 나왔다는 것이다. 인간은 나이가 들수록 행동 양식이나 결과에 대해 보다 많은 것을 이해하게 된다. 그러므로 이 귀중한 지식의 보고인 경험을 소홀히 하지 마라. 때로는 경험을 통해서만 얻을 수 있는 직관도 있는 법이다.

무엇인가가 사실이라는 것을 알았을 때는 그것을 의심하지 마라. 시험에서 처음에 정답이라고 생각한 것을 의심하여 답을 바꾸는 경우, 대개 처음에 생각한 것이 정답이라는 연구 결과가 있다.

한번은 내가 한 여성과 상담을 하고 있었는데, 갑자기 그녀가 벽을 향해 크리넥스통을 던졌다. 나는 순간 무척 당황했지만 곧 냉정을 되찾았다. 그녀가 그런 행동을 할 만한 확실한 내적 동기가 있었다고 판단했기 때문이다. 자신의 마음의 상처를 치료하기 위해서 그녀는 도움을 받을 수 있는 안전한 장소에서 그런 행동을 한 것이다. 나중에야 알게 되었는데, 그녀가 5살이 되었을 무렵 어머니가 그녀를 병원에다 버렸을 때, 어린 그녀는 클리넥스통을 벽에다 던졌다는 것이었다. 일반적인 마음 상태로는 그런 행동을 이해하거나 용납하지 못했을 것이다. 하지만 나는 그 행동에 이유가 있을 것이라는 나의 직관을 믿었으며 후에 내가 옳았다는 것이 판명되었다.

'직관'이라는 것은, 내가《나이 듦에 따라 무언가를 키워가라》에서 말한 것처럼, 지난날에 대한 회고를 통해 얻어지는 지혜이다.

9. 여유를 가져라

작가인 필립 골드버그(Philip Goldberg)에 의하면, 성공한 경영자들은 근거가 없어 보이는 정보, 즉 소문이나 사업과는 직접 관련이 없는 일에서 상당히 많은 정보를 얻는다고 한다. 큰 성공을 거둔 사람들은 중립적이며 주의력이 뛰어나다. 그리고 때로는 자신이 의도한 바를 드러내 보이기도 한다. 작가 러디어드 키플링(Rudyard Kipling)은 여유 속에서 많은 영감을 얻었다. 존 오도나휴는 자신의 명저《영혼의 동반자》에서, 위대한 지휘자인 세르주 첼리비다케(Sergiu Celibidache)의 '우리는 음악을 만들지 않는다. 음악이 탄생될 수 있는 환경을 만들 뿐이다'라는 말을 인용하고 있다. 우리의 마음을 고요히 할 때, 우리는 하나님의 마음을 보다 분명히 느낄 수 있다.

가고자 하는 곳에 이르기 위해서 계속 노를 저을 필요는 없다. 때로는 바람이, 때로는 물살이 우리를 그리로 이끌어주기 때문이다. 마찬가지로 누군가가 우리를 부를 때 반드시 대답할 필요는 없다.

나는 최근 신문의 분실신고란에서 매우 흥미로운 것을 보았다. 내용인즉 "잃어버린 흰색 앵무새를 찾고 있음. 암컷. 길들여져 있음. '이리 와'라고 말하면 그대로 따름"이었다. 그러나 나는 그 앵무새가 다시는 그대로 따르지 않을 것이라고 생각한다. 앵무새는 더 크고 멀리 떨어져 있는 나무를 향해 날아가지 않았을까. 우리들과 마찬가지로 새들도 구속하는 창살이 없는 곳에서 경치를 보는 것을 좋아할 것이다. 어쩌면 우리는 자기가 세상을 어떻게 바라보는가를 나타내주는 계획표에 수직으로 빼곡하게 줄을 긋는 일에만 너무 길들여진 것은 아닐까?

여유란, 예수님이 세상사에 매달려 수고하고 있는 우리에게 다가오시면서 웃음을 머금은 음성으로 다가올 큰 기쁨의 메아리를 들려주시는 것이라고 생각한다. "그물을 던져두고 나를 따르라. 여유를 갖고 하나님의 뜻을 찾아보자"라고 하시면서 말이다.

10. 끈기를 가져라

최근에 나는 라디오 방송에서 왕이 살고 있는 궁전의 계단을 올라간 달팽이에 관한 이야기를 들었다. 그런데 그것을 본 젊은 왕은 달팽이를 집어 들고는 화를 내며 바다에 던져 버렸다. 그로부터 7년 후 달팽이는 다시 궁전까지 기어왔다. 그리고 깜짝 놀라서 서 있는 왕에게 "왜 그랬어?!"라고 했다고 한다.

주변 환경 때문에 미래에 대한 당신의 꿈이 꺾이지 않게 하라.

〈USA투데이〉지는 어떤 결혼식에서 일어났던 흥미로운 기사를 실은 적이 있다. 결혼식 진행 도중 갑자기 결혼식장의 지붕이 무너져 버렸다. 이 사고로 참석한 하객 11명 전부가 성한 사람이 없이 모두 병원으로 실려 갔다. 하지만 결혼식은 중단되지 않았다. 신랑과 신부는 하객들이 누워 있는 응급실에서 결혼 서약을 한 것이다.

전화기의 발명가 알렉산더 그레이엄 벨(Alexander Graham Ball)은 "자신이 진정으로 원하는 것을 알고, 그것을 얻을 때까지 포기하지 않겠다는 확고한 결심이 설 때 깨우침이 찾아온다"고 말하였다.

11. 준비하라

다음은 〈리더스 다이제스트(Reader's Digest)〉지에서 본 이야기이다.

"내가 다니던 공립고등학교의 농구팀 코치가, 자신의 모교인 같은 지역 내의 가톨릭계 고등학교 팀과 우리 팀 간의 시즌 전 경기를 주선했다. 그런데 경기를 시작하자마자 상대편 주장이 자기네 선수들에게 '브이표 신호'를 보내는 것이 보였다. 벤치에 앉아 있던 우리 팀 선수 하나가 코치에게 '저게 무슨 사인일까요?' 하고 물었다. 그러자 코치는 '반드시 성공해야 된다는 신호이지'라고 대답하였다."

스키 선수인 피카부 스트리트(Peekaboo Street)는 자기가 올림

픽에 나가 금메달을 따는 것을 오랫동안 상상해왔다. 그녀의 그 꿈은 매우 강력했다. 그러나 올림픽 경기가 열리기 얼마 전에 그녀는 낙하하다가 실수로 무릎을 다쳐, 더 이상 연습을 할 수 없었다. 하지만 그녀는 포기하지 않고 코치를 설득했다. 그녀는 자신을 업어 슬로프에 데려다 달라고 했고, 코치는 어쩔 수 없이 그녀의 말을 따랐다. 이런 식으로 그녀는 올림픽 경기를 위해 만반의 준비를 했다. 그리고 그녀는 당연히 메달을 땄다. 그것은 자신의 예언을 이루기 위해 열심히 준비한 덕분이었다.

나는 사람들이 준비를 게을리하는 것을 자주 본다. 그리고 그런 모습을 볼 때마다 몹시 놀라곤 한다. 인도 속담 중에 '죽기에 딱 좋은 날'이란 말이 있다. 하지만 약 70%나 되는 사람들이 유언도 남기지 못한 채 죽는다. 누군가가 화재경보기를 설치하거나 화재경보기의 배터리 관리만 잘 했더라면 막을 수 있었던 화재로 해마다 수백 명이 목숨을 잃고 있다.

얼마 전 여러 곳에 지점을 두고 있는 한 큰 병원으로부터 관리자들을 대상으로 리더십개발교육을 해달라는 청을 받았다. 그것은 3일로 예정된 워크숍이었다. 그런데 내가 강의실에 들어갔을 때 참가자들 가운데 절반이 필기구 하나 없이 앉아 있는 것이 아닌가. 나는 분주하게 펜을 찾고 있는 그들의 당황한 얼굴을 바라보며 저들이 과연 리더가 될 수 있을까 하는 생각을 했다.

여러분은 마지막 순간에서야 지도를 찾는 탐험가나 화재경보가

울릴 때 신발을 찾지 못하는 소방대장을 상상할 수 있는가?

예수님은 우리에게 준비된 삶을 살 것을 항상 말씀하셨다. 신발을 신은 채 잠을 자는 절충주의파 선교사 친구가 있다.

"나는 심판의 날이 이르렀을 때 맨발로 천국에 가고 싶지는 않거든. 거기에 가는 길에 무엇을 밟고 지나가야 할지는 아무도 모르잖아."

그 친구의 말을 듣고 웃기는 했지만, 그날 밤은 나도 침대 곁에 신발을 두고 잠을 잤다.

나는 '예언은 곧 준비하는 것'이라고 생각을 하며 그렇게 행동한다.

"그때에 두 사람이 밭에 있으매 한 사람은 데려가고 한 사람은 버려둠을 당할 것이요. 두 여자가 맷돌질을 하고 있으매 한 사람은 데려가고 한 사람은 버려둠을 당할 것이니라. 그러므로 깨어 있으라. 어느 날에 너희 주가 임할는지 너희가 알지 못함이니라(마태복음 24:40-42)."

12. 기도하라

죽었다가 다시 살아난 경험이 있는 베티 제이 이다이(betty J. Eadie)는 《영광의 빛으로 둘러쌓이다(Embraced by the Light)》라는 자신의 베스트셀러에서, 죽어서 천국에 갔을 때 보았던 광경을 이야기해준다. 천국에서 보니 땅에서 수많은 빛줄기가 그곳으로 올라오고 있더란다. 그리고 그녀는 그 빛들은 땅에 사는 사람들의 기도를 나타낸다는 이야기를 천국 안내자로부터 들었다.

샌프란시스코에 있는 캘리포니아 퍼시픽 의료센터에 근무하는 엘리자베스 태그의 보고서를 본다면 기도의 힘을 다시 한 번 실감할 수 있을 것이다. 그녀의 보고에 따르면 비슷한 상태의 에이즈 환자들 중 전혀 기도하지 않는 사람보다 기도하는 환자들이 몇 달 후에 더 건강해졌다고 한다. 그녀는 거기에서 다음과 같이 기술하고 있다.

'인간 의식에 대해 우리는 완전히 이해할 수가 없다. 기도하는 사람들 사이에는 우리가 일반적으로 생각하는 것보다 훨씬 더 영적 교감이 많은 것 같다.'

요한계시록에는 다음과 같이 기록되어 있다. "또 다른 천사가 와서 제단 곁에 서서 금 향로를 가지고 많은 향을 받았으니, 이는 모든 성도의 기도와 합하여 보좌 앞 금 제단에 드리고자 함이라. 향연이 성도의 기도와 함께 천사의 손으로부터 하나님 앞으로 올라가는지라(요한계시록 8:3-4)."

그리고 다니엘의 환상은 그가 기도하고 있는 동안 현실로 바뀌었다.

"곧 내가 기도할 때에 이전에 환상 중에 본 그 사람 가브리엘이 빨리 날아서 저녁 제사를 드릴 때 즈음에 내게 이르더니(다니엘 9:21)."

한 교회의 기도사역 담당자인 앨린 스캐프는 '기도 산책'이라는 아이디어를 생각해냈다.

기도 산책은 이렇게 한다. 우선 사람들은 매일 오전 9시에 모여 각자 함께 산책하며 기도할 파트너를 정한다. 그리고 산책을 하면서 마음에 떠오르는 어떤 것이나 사람을 위해 큰 소리로 기도를 한다. 또 한 방에 모여 미리 준비한 기도의 주제로 큰 소리로 기도하기도 한다. 앨린과 그녀의 기도 산책 팀은 이런 방법들을 통해 보다 활기찬 기도를 할 수 있게 되었다. 흥미롭지 않은가? 그녀는 "이런 식으로 기도해보지 않은 사람들은 우리들이 이 기도 방법을 통해 얻고 있는 결과들을 아마 믿을 수 없을 것입니다"라고 말했다. 하지만 나는 그것을 믿는다.

"그러므로 내가 너희에게 말하노니 무엇이든지 기도하고 구하는 것은 받은 줄로 믿으라. 그리하면 너희에게 그대로 되리라(마가복음 11:24)."

기도는 하나의 예언이다.

좋은 예언자가 되기 위한 자기 점검

다음 항목을 보고 당신 자신에게 점수를 주십시오. 1점에서 10점까지의 범위 내에서 자신을 평가해보십시오. 그리고 왜 그런 점수를 냈는지 이유를 적어보십시오.

1. 좋은 사람과 교제하라

당신은 대부분의 시간을 누구와 함께 보내고 있습니까? 그들의 중요한 목표와 관심사는 무엇입니까? 그들과 주로 나누는 대화의 주제는 무엇입니까? 서로가 어떠한 예언을 주고받습니까? 그 결과는 어떻습니까?

나의 점수는 ＿＿점이다. ＿＿＿＿＿＿＿＿＿＿＿＿＿＿＿

＿＿＿＿＿＿＿＿＿＿＿＿때문이다. 나는 점수를 높이기 위해서

＿＿＿＿＿＿＿＿＿＿＿＿＿＿＿＿＿＿＿＿＿＿ 하겠다.

2. 지혜를 구하라

성경에 있는 지혜의 글들 중, 주로 어떤 것을 공부합니까? 얼마나 자주 공부합니까? 매주 성경을 읽습니까, 아니면 거의 읽지 않습니까? 지혜에 관련해 암송할 수 있는 성경 구절은 몇 개나 됩니까?

나의 점수는 ___점이다. _____

_____때문이다. 나는 점수를 높이기 위해서

_____ 하겠다.

3. 결과를 예상하라

당신은 상황을 보고 결과를 예측하는 편입니까? 문제에 직면했을 때, 현재 나타나는 사실만 봅니까? 미래를 생각하면서 다양한 결과를 상상합니까? 근시안적으로 생각하는 편입니까, 아니면 길게 내다보고 생각하는 편입니까?

나의 점수는 ___점이다. _____

_____때문이다. 나는 점수를 높이기 위해서

_____ 하겠다.

4. 예리한 관찰력을 길러라

경찰관은 도시 전경을 그냥 바라보지 않습니다. 그곳에 있는 사람들과 교통의 흐름을 살피고 어두운 곳에 잠복해 있는 수상쩍은 인물은 없는지, 빈집털이들을 불러들일 만한 열린 문이나 잠기지 않은 창문은 없는지 예리하게 주시합니다. 화가는 똑같은 전경을 보아도, 햇빛이 나무의 잎사귀에 닿아 반사되는지 그림자를 만드는지를 관찰합니다. 그들은 그냥 길을 걷는 것이 아니라 스쳐가는 사람들의 옷차림이나 옷 색깔이 어떤지도 눈여겨봅니다. 당신은 어떤 장면을 보고 무엇에 주목합니까? 대부분의 사람들과 마찬가지로 자신이 해야 할 것에 대한 생각에만 깊이 빠져 주위를 보지 못하지는 않습니까?

나의 점수는 ___점이다. _____
_____때문이다. 나는 점수를 높이기 위해서
_____ 하겠다.

5. 신체를 단련하라

의사가 현재 당신이 먹는 음식과 지난 5일간의 운동 여부를 기록한 표를 본다면, 5년 후 당신의 건강에 대해 어떻게 예측할 것 같습니까? 10년 후 그리고 20년 후에 대해서는 어떻게 예측하리라고 생각합니까? 당신의 하루 운동량은 얼마나 됩니까? 당신은 혈관이 막혀서 산소 공급이 제대로 이루어지지 않는 것에는 신경 쓰지 않고, 직장이나 집에서 하는 일이 왜 그렇게도 힘들까 하고 짜증내고 있지는 않습니까?

나의 점수는 ___점이다. _____
_____때문이다. 나는 점수를 높이기 위해서
_____ 하겠다.

6. 새로운 가능성을 상상하라

당신은 어떤 방법으로 상상력을 발휘합니까? 자신이 직접 상상합니까, 아니면 다른 사람에게 전부를 맡기고 의존합니까? 가장 최근에 당신이나 다른 사람에 대한 새로운 상상을 해본 것은 언제입니까? 당신은 고무줄이 가지고 있는 17가지 사용 용도를 상상할 수 있습니까? 클립의 용도에 대해서도 똑같이 상상할 수 있습니까?

나의 점수는 ___점이다. _____
_____때문이다. 나는 점수를 높이기 위해서
_____ 하겠다.

7. 관심사와 친구의 범위를 넓혀라

당신은 최근 새로운 사람이나 재미있는 사람을 만난 적이 있습니까? 당신은 한 달에 새로운 사람을 몇 명이나 만나고 대화했습니까? 당신이 파티를 연다면 누구를 초대할 것이며, 그들과 무엇에 대해 이야기를 나누겠습니까? 최근에 했던 활동 가운데 당신이 흥미를 느낀 것은 무엇입니까? 당신이 지금 배우고 있는 새로운 것이 있다면 무엇입니까?

나의 점수는 ___점이다. _____
_____때문이다. 나는 점수를 높이기 위해서

_____ 하겠다.

8. 자신의 직관을 신뢰하라

당신은 스스로를 얼마나 신뢰하고 있습니까? 친구들이 당신에게 조언을 구하는 분야는 어떤 것입니까? 당신은 얼마나 자주 내면의 명령에 귀를 기울입니까?

　나의 점수는 ＿＿점이다. _____
_____때문이다. 나는 점수를 높이기 위해서
_____ 하겠다.

9. 여유를 가져라

하루 중에서 당신이 자유롭게 보낼 수 있는 시간은 얼마나 됩니까? 최근에 아무 생각도 하지 않고 햇볕 속에 누워 있었던 적은 언제입니까? 당신은 언제 마음의 휴식을 즐기며 또 어떻게 즐깁니까? 당신은 여유로운 시간을 만들기 위해 어떤 노력을 하고 있습니까?

　나의 점수는 ＿＿점이다. _____
_____때문이다. 나는 점수를 높이기 위해서
_____ 하겠다.

10. 끈기를 가져라

바로가 이스라엘 백성이 떠나는 것을 허락할 때까지, 모세가 얼마나 많이 그를 찾아갔는지 생각해보십시오. 사람들은 '끈기'가 당신의 장점 중 하나라고 말합니까? 만약 그렇다면, 당신의 그러한 면을 보여줄 수 있는 예를 생각나는 대로 말해보십시오.

나의 점수는 ___점이다. _____

_____때문이다. 나는 점수를 높이기 위해서

_____ 하겠다.

11. 준비하라

당신은 자신이 가장 관심을 갖고 있는 분야에서 남보다 앞서 나가기 위해 어떤 준비를 어떻게 했습니까? 당신은 매주 또는 매월 얼마나 미래를 위해 공부합니까? 사람들이 던지는 질문에 언제든지 대답할 준비가 되어 있습니까?

나의 점수는 ___점이다. _____

_____때문이다. 나는 점수를 높이기 위해서

_____ 하겠다.

12. 기도하라

만약에 어떤 사람이 당신의 기도 생활을 검사한다면, 그가 당신이 기도에 쏟는 시간이 하루에 몇 분(혹은 몇 시간)이라고 할 것 같습니까? 만약에 하나님께서 당신의 기도 생활을 저울로 달아보신다면 당신은 저울의 눈금이 얼마나 움직이리라 생각합니까? 당신은 자신의 기도가 중요하다고 생각합니까? 만약 그렇게 믿는다면 얼마나 중요하다고 생각합니까?

　　나의 점수는 ＿＿점이다. ＿＿＿＿＿＿＿＿＿＿＿＿＿＿＿＿

＿＿＿＿＿＿＿＿＿＿＿＿때문이다. 나는 점수를 높이기 위해서

＿＿＿＿＿＿＿＿＿＿＿＿＿＿＿＿＿＿＿＿＿＿＿ 하겠다.

결과에 대한 채점과 평가

앞에서 한 12가지 항목의 질문에 대한 당신의 점수를 모두 합하십시오. 몇 점입니까? ____점

90~120점: 축하합니다! 당신은 진정한 예언자처럼 말하고 생각하는 사람입니다. 당신이 아는 것을 부지런히 행하십시오.

75~89점: 당신은 예언자에 조금 미치지 못하는 상태입니다. 조금만 더 노력하십시오. 그러면 당신과 다른 사람들의 삶이 풍성해질 것입니다.

60~75점: 당신은 지금 머뭇거리고 있군요. 무엇을 그렇게도 두려워하고 있습니까? 확신을 가지고 계속 나아가십시오. 지금보다 훨씬 나아질 가능성이 있습니다.

45~59점: 당신은 삶의 모든 부분에서 열의가 부족합니다. 열정을 가지십시오. 인생은 모험과 같다는 것을 잊지 마십시오.

30~44점: 우선 당신이 정말로 잘할 수 있는 항목을 고르십시오. 그리고 다른 분야에 있어서도 점수가 오를 수 있도록 주의를 기울이십시오.

0~29점: 삶이 힘들다고 생각합니까? 우리 모두 마찬가지입니다. 일어나십시오. 세상은 지금 당신을 기다리고 있습니다!

성문으로 나아가라, 나아가라.

백성이 올 길을 닦으라.

큰 길을 수축하고 수축하라.

돌을 제하라.

만민을 위하여 기치를 들라.

(이사야 62:10)

예언의 악용을 방지하기 위한 제언

예수님은 하나님의 말씀이나 뜻에 기초하지 않고, 자신의 이기적인 발상에서 나온 예측과 예언으로 사람들을 미혹시키는 거짓 예언자들에 대해 경고를 하셨다. 우리는 역사 속에서도 지금 우리 주위에서도 수없이 많은 거짓 예언자들을 찾아볼 수 있다. 아돌프 히틀러(Adolf Hitler)는 '위대한 독일인'을 위한 더 나은 삶을 예언했다. 그 당시 많은 사람들이 히틀러의 거짓 예언을 믿고 그것을 실현하기 위해 폭력과 약탈, 고문 그리고 살인 등의 믿을 수 없는 짓을 자행하였다.

이렇게 역사를 뒤흔든 예언자들이 있는 반면, 사람들에게 이익을 볼 수 있다고 사업을 함께 하자며 접근하는 사기꾼들도 있다.

'거짓말을 하지 않고 장사한다는 것은 순전히 거짓말이다'라는 속담이 있다. 하지만 장사꾼이 거래할 때 당신에게 있을 미래의 어떠한 이득에 대해 예언한다는 사실을 기억하라. 그렇다면 당신은 그들의 예언이 실제로 그대로 이루어지도록 해야 할 것이다.

영적인 부분에 있어서 거짓 예언을 분별하기란 쉽지 않은 일이다.

나는 자신들이 교회를 건축하기 위해 하나님이 보내신 사람이라는 해괴망측한 예언을 하며 돈을 버는 순회 설교자들을 본 적이 있다. 또 뉴에이지 운동을 주도한 한 종교지도자가 신도들을 자신의 개인 농장에 투자하도록 유도한다면서 자랑삼아 이야기하는 것을 들은 적이 있다. 타락한 중세의 교황들은 면죄부나 천국으로 갈 수 있는 직행열차표를 판매하여 부를 축적하였다.

나는 자칭 하나님의 거룩한 사람들이라고 주장하는 자들을 수없이 만난다. 내가 그들에 대해 할 수 있는 말은 '그들은 하나님을 사랑하지만 사람은 사랑하지 않는다'는 것밖에 없다.

나에게 찾아와서 하나님이 내가 자기와 함께 책을 쓰기 원하신다거나, 한술 더 떠 하나님이 내가 자기와 결혼하길 원하신다는 '예언'을 말하는 자들이 가끔씩 있다. 심지어 하나님의 거룩한 백성조차도 이러한 면에서 약점을 드러낼 때가 있다. 때문에 우리는 가장 거룩한 하나님의 예언자들의 입에서 나오는 메시지조차도 가리고 걸러야 할 필요가 있다.

작가에게 있어 가장 중요한 도구 가운데 하나는 쓰레기통이다. 참되지 않은 것은 버려야 한다.

하나님이 주신 예언을 알아내는 비결

우리는 잠자리에 들면서, 잠에서 깨면서, 기도하면서, 정원을 손질하면서, 조깅하면서, 그리고 휴식을 취하다가, 샤워하다가, 춤을 추다가, 노래하다가, 일하다가, 책을 읽다가, 혼자 있을 때, 어린아이들과 놀 때, 들판을 산책할 때, 그 밖에 하나님께 우리를 드리는 모든 활동을 할 때 예언을 받는다. 하나님께서는 우리가 예언을 말하고 서로 독려하길 원하신다.

당신이 예언을 전할 때나, 받을 때 도움이 될 만한 성경 구절들을 모아보았다.

두려움을 느낄 때

한 꿈을 꾸고 그로 말미암아 두려워하였으니(다니엘 4:5).

그가 내가 선 곳으로 나왔는데 그가 나올 때에는 내가 두려워서(다니엘8:17).

그들(제자들)이 심히 두려워하여 서로 말하되(마가복음 4:41).

의심이 들 때

사가랴가 천사에게 이르되 내가 이것을 어떻게 알리요(누가복음 1:18).

놀랐을 때

처녀(마리아)가 그 말을 듣고 놀라 이런 인사가 어찌함인가 생각하매(누가복음 1:29).

회한의 느낌이 들 때

나(이사야)는 입술이 부정한 사람이요…, 그때에 그 스랍 중의 하나가 부젓가락으로 제단에서 집은 바 핀 숯을 손에 가지고 내게로 날아와서(이사야 6:5-6).

용기가 필요할 때

나(모세)는 본래 말을 잘하지 못하는 자니이다…, 나는 입이 뻣뻣하고 혀가 둔한 자니이다(출애굽기 4:10).

스스로 약하다는 것을 깨달았을 때

내(느헤미야)가 어찌 얼굴에 수심이 없사오리이까 하니(느헤미야 2:3).

그들이 다니엘을 굴에서 올린즉(다니엘 6:23).

극도의 고요함과 내적인 깨달음을 느꼈을 때

마리아가 이르되 내 영혼이 주를 찬양하며(누가복음1:46).

황홀한 느낌에 젖었을 때

시므온이 아기를 안고 하나님을 찬송하여 이르되(누가복음2:28).

선지자의 무리가 산당에서부터 비파와 소고와 저의 수금을 앞세우고…, 네게는 여호와의 영이 크게 임하리니 너도 그들과 함께 예언을 하고(사무엘 상 10:5-6).

경외감을 느꼈을 때

주의 영광이 그들(목자들)을 두루 비추매 크게 무서워하는지라 (누가복음 2:9).

기쁠 때

내(엘리사벳) 복중에서 기쁨으로 뛰놀았도다(누가복음 1:44).

다른 곳으로 이동되는 느낌이 들었을 때

엘리야가 회오리바람으로 하늘로 올라가더라(열왕기하 2:11).

하나님의 이상 중에 나(에스겔)를 데리고 이스라엘 땅에 이르러 나를 매우 높은 산 위에 내려놓으시는데(에스겔 40:2).

통찰력이 갑자기 떠오를 때

베드로가 대답하여 이르되, 주는 그리스도시니이다(마가복음 8:29).

점진적으로 깨달아가고 있음을 느꼈을 때

그들의 눈이 밝아져 그인 줄 알아보더니…, 이에 그들의 마음을 열어 성경을 깨닫게 하시고(누가복음 24:31-45).

당신의 예언이 성취되는 것을 보았을 때

또 여호와께서 여호수아에게 명령하사, 백성에게 말하게 하신 일 곧 모세가 여호수아에게 명령한 일이 다 마치기까지…, 요단 물이 본 곳으로 도로 흘러서 전과 같이 언덕에 넘쳤더라(여호수아 4:10-18).

이와 같이 여호수아가 여호와께서 모세에게 말씀하신 대로 그 온 땅을 점령하여(여호수아 11:23).

노아가 여호와께서 자기에게 명하신 대로 다 준행하였더라…, 사십 주야를 비가 땅에 쏟아졌더라(창세기 7:5-12).

이르시되 이사야가 너희 외식하는 자에 대하여 잘 예언하였도다(마가복음 7:6).

당신의 예언이 성취되지 않는 것을 보았을 때

요나가 매우 싫어하고 성내며(요나 4:1).

총독(빌라도)이 재판석에 앉았을 때에 그의 아내가 사람을 보내어 이르되, 저 옳은 사람에게 아무 상관도 하지 마옵소서(마태복음 27:19).

사무엘이 자라매 여호와께서 그와 함께 계셔서 그의 말이 하나도 땅에 떨어지지 않게 하시니…, 온 이스라엘이 사무엘은 여호와의 선지자로 세우심을 입은 줄을 알았더라(사무엘상 3:19-20).

내 형 요나단이여, 내가 그대를 애통함은 그대는 내게 심히 아름다움이라. 그대가 나를 사랑함이 기이하여 여인의 사랑보다 더하였도다(사무엘하 1:26).

그의 여종(마리아)의 비천함을 돌보셨음이라. 보라, 이제 후로는 만세에 나를 복이 있다 일컬으리로다(누가복음 1:48).

이에 빌라도가 예수를 데려다가 채찍질하더라…, 앞에 가서 이르되 유대인의 왕이여 평안할지어다 하며 손으로 때리더라…, 다 이루었다 하시고 머리를 숙이니 영혼이 떠나가시니라(요한복음 19:1-30).

모세가 여호와께 아뢰되 오 주여, 나는 본래 말을 잘하지 못하는 자니이다. 주께서 주의 종에게 명령하신 후에도 역시 그러하니 나는 입이 뻣뻣하고 혀가 둔한 자니이다. …이제 가라 내가 네 입과 함께 있어서 할 말을 가르치리라(출애굽기 4:10-12).

예언자로서 지시된 명령대로 행할 것

노아가 그와 같이 하여 하나님이 자기에게 명하신 대로 다 준행하였더라(창세기 6:22).

예언자로서 하나님을 의지할 것

엘리야가 백성에게 이르되 여호와의 선지자는 나만 홀로 남았으나…, 너희는 너희 신의 이름을 부르라. 나는 여호와의 이름을 부르리니…, 모든 백성이 보고 엎드려 말하되 여호와 그는 하나님이시로다. 여호와 그는 하나님이시로다(열왕기상 18:22-39).

예언자로서 항상 사랑으로 예언할 것

사랑하는 자들아 우리가 서로 사랑하자(요한1서 4:7).
내가 예언하는 능력이 있어 모든 비밀과 모든 지식을 알고 또 산을 옮길 만한 모든 믿음이 있을지라도 사랑이 없으면 내가 아무것도 아니요(고린도전서 13:2).

예언이 없을 때 어떤 일이 일어나는가?

"나의 희망이 어디 있으며."

욥기 17:15

우리 지방에서 갓 태어난 여자아이가 강둑에 버려져서 죽은 사건
이 있었다. 아기는 메추라기 사냥을 나왔던 두 남자에 의해서 처음
발견이 되었는데, 그들은 아기를 병원으로 옮기기 위해 차 안에 있
던 음료수나 사냥도구들을 한쪽으로 치우느라 법석을 떨어야 했
다. 어떤 상황이었는지 상상이 간다. 하지만 그 갓난아이는 결국 죽
고 말았다. 그리고 이 사건은 일간지 한 면을 요란하게 장식했다.
많은 사람들이 이 갓난아이의 엄마가 누구인지, 어디에 사는지를
알아내기 위해 애썼다. 하지만 그 엄마에 대해 그 어떤 것도 알 길
이 없었다. 방 안에서 홀로 두려움에 떨고 있는지, 아니면 이미 아
기를 버린 장소에서 멀리 달아나 버렸는지 말이다.

아기를 처음 발견한 남자는 자신의 성을 따 아기의 이름을 모니카 안젤리크라고 지어 주었다. 그리고 모니카에게 작은 무덤이라도 만들어주고자 다시 그 강둑으로 갔다. 아기의 죽음을 애도하기 위해 그곳에 나왔던 사람들과 취재하러 왔던 기자들 모두 이상하리만큼 침묵에 빠져들었다. 그 현장이 텔레비전으로 방송되었는데, 방송에서 들리는 소리라고는 십자가를 박는 망치소리뿐이었다. 쿵. 쿵. 쿵. '모니카 안젤리크 이곳에 잠들다'라고 새겨진 십자가를 다 세운 남자는 고개를 숙이고 조용히 그가 발견한 아기(이미 체온을 잃어버린)에게로 다가갔다. 그는 모니카를 공중으로 높이 들어올렸다. 그러면서 비통한 표정으로 눈물을 흘리며 아기를 바라보았다. 그는 아기를 차마 차가운 흙 속에 내려놓지 못하겠던지 다시 한 번 아기를 꼭 끌어안았다. 모니카의 아버지가 된 그의 모습은 안쓰러울 만큼 슬픔으로 가득 차 있었다. 모니카를 키우겠다고 나섰던 수백 명의 사람들 중 어느 누구도 모니카의 따뜻한 촉감을 느끼지 못하게 되었다. 그리고 모니카 또한 그들의 촉감을 절대 알지 못할 것이다.

모니카의 엄마는 자신의 아기에게 최소한의 예언도 해주지 않았다. 만약에 그 강둑에 아기를 눕힐 수 있는 구유나, 모세의 어머니가 만들었던 것 같은 갈대나무 배가 있었다면 모니카는 그렇게 어처구니없는 죽음을 맞지 않았을 것이다. 만약 모니카가 살았다면, 어떤 사람이 되었을까? 자신의 아기를 구해줄 구유 같은 안전

장치가 이 세상에는 얼마든지 있다는 사실을, 이름 모를 모니카의 친모가 알지 못했다는 사실이 심히 안타까울 뿐이다.

어린 모니카는 성취되지 못한 하나의 예언이 되었다. 왜냐하면 엄마에게서 들어 마땅한, 그 어떤 예언도 듣지 못했기 때문이다. 아마도 그것은 모니카의 엄마도 마찬가지일 것이다.

예언에 대한 마지막 점검

어머니는 나와 우리 형제들을 위해 옷가지를 얻어 오시곤 했다. 경제공황으로 어쩔 수 없이 도서관에서 사서로 일하기 전까지, 어머니는 패션디자이너였다. 그래서 어머니는 우리에게 잘 어울리는 옷을 골라 수선해서 입혀주시곤 했다. 우리가 집에 돌아왔을 때 침대 위에 헌 옷가지가 놓여 있는 것은 조금도 생소한 일이 아니었다. 우리는 그 옷들을 한 번씩 다 입어보고는 어떤 것을 만들어 입을지를 정하곤 하였다.

하나님께서는 분명히 우리 개개인에게 침대 위에 놓여 있던 옷과 같은, 놀라운 꿈을 준비해두고 계신다. 그러나 최종적으로 어떤 옷을 입을 것인지를 선택하는 것은 바로 당신 자신이다.

내 책상 위에는 은색의 별이 수놓아진 아름다운 옷을 입고 있는 귀여운 개구리 인형이 놓여 있다. 머리에는 금색의 반짝이는 줄을 두르고 있고 손에는 왕권을 상징하는 금색 리본이 묶인 지팡이를 쥐고 있다. 이 개구리는 웃는 입술 모양을 하고 졸리는 듯한 반쯤

감긴 눈으로 나를 쳐다보고 있다.

이 개구리 인형은 예언자로서 활동을 게을리하는 내 자신의 모습을 생각하게 해준다. 그리고 내게 우리가 서로의 꿈을 이루는 데에 도움을 줄 수 있다는 사실을 상기시켜 주곤 한다.

우리에게 있어 필요한 것은 아침이 아니라, 아침이 밝아왔다는 사실을 깨닫는 것이다. 그리고 우리의 '혀'도 아침을 맞이해야 한다. 그때 우리는 사람들에게 예언을 해줄 수 있다.

서약 – 나는 어떤 씨앗을 뿌릴 것인가?

"네 속에 있는 은사… 예언을 통해 받은 것을 가볍게 여기지 말며."
디모데전서 4:14

나의 예언 비망록

나는 사람들로부터 다음과 같은 예언과 긍정적인 말을 들었습니다.

_____

_____

_____

나는 다음과 같은 예언들을 선택했으며 그대로 믿고 받아들입니다.

_____

_____

나의 예언 서약

- 나는 하루에 최소한 3가지 이상의 긍정적인 예언을 말할 것을 서약합니다.

- 나는 하나님께서 사람들을 보시는 것처럼 보고, 사랑과 신실한 방법으로 그들에게 예언을 말할 것을 서약합니다.

- 나는 모든 언행에서 내가 예언자라는 사실을 잊지 않을 것을 서약합니다.

이름 _____

날짜 _____

증인 _____

옮긴 이의 글

"입과 혀를 지키는 자는 자기의 영혼을 환난에서 보전하느니라."
잠언 21:23

책 안에서 지은이가 이야기했듯이, 우리는 지금 말의 홍수 속에 살고 있다. 그리고 그 말들은 모두 예언이 될 수 있다. 각종 광고문구들, 연예인들의 유행어, 하루에도 수십 권씩 쏟아져 나오는 책들, 가요, 드라마, 기타 등등의 각종 정보들…. 그 모든 것들은 말들로 가득 차 있다.

하지만 홍수가 났을 때 오히려 마실 물이 부족한 것처럼, 우리 마음의 갈증을 해소해줄 수 있는 생수 같은 말은 갈수록 듣기 어려워지는 것 같다.

누구에게나 남이 던진 말에 좌절하고 상처받고 기뻐하고 슬퍼한 기억이 있을 것이다. 반대로 내가 던진 말 한마디로 남들을 좌절시키거나 상처 주거나 기쁘게 하거나 기운을 북돋아준 적도 있을 것이다.

우리는 과연 말을 어떻게 쓰고 있는 것일까?

만약에 우리가 '하는 말'들과 '듣는 말'들을 일주일 동안 빠짐없이 기록을 하고 나서, 그 말들을 아름답고 긍정적인 말들과 그렇지 않은 말들로 나누어본다면 아름답고 긍정적인 말들은 과연 얼마나 될까? 또 그렇지 않은 말들은 얼마나 될까?

예수님은 "내가 너희에게 이르노니, 사람이 무슨 무익한 말을 하든지 이에 대하여 심판을 받으리니. 네 말로 의롭다 함을 받고 네 말로 정죄함을 받으리라(마태복음 12:36-37)"라고 말씀하셨다. 우리가 매일 이 말씀을 묵상하면서 우리 삶에 적용하며 살아간다면 아마도 서로에게 쏟아내는 흙탕물 같은 말들은 현저하게 줄어들 것이다.

이 책의 지은이는 전문 카운슬러로 활동하고, 기업 컨설팅을 한 전력이 있어서인지 굉장히 재미있고 요령 있게 우리들을 자신의 이야기 속으로 끌어들인다. 이 책 속에 나온 이야기들 즉, 말(예언)이 어떤 것인지, 그 위력이 어떤지, 어떻게 말(예언)해야 하는지를 듣고 있다 보면 우리는 저절로 스스로를 되돌아보게 된다. '내가 지금까지 한 말들 중 아름답고 긍정적인 말들은 얼마나 되는가? 내가 지금까지 한 말들 중 상대방에게 위로와 격려를 주는 말들은 얼마나 되는가? 내가 지금까지 한 말들 중 상대방이 소망을 이루는 데 도움을 준 말은 얼마나 되는가?' 이렇게 자문하면 할수록 두려운 마음이 들었다. 나 또한 그랬다. 하지만 한편으론 남은 생애 동안만이라도 내가 하는 말들에 대해 경각심을 가져야겠다는 생각을 다지는 계기가 되었다.

이 책을 읽고 나면 우리가 머리를 통해, 입과 혀를 통해, 행동을 통해 하는 말이 어떤 것인지 알게 될 것이다.

번역자로서 여러분들이 이 책의 이야기들을 통해 지금까지 살아오면서 들었던 말 그리고 했던 말(예언)들을 성찰해보고 앞으로 어떤 말을 어떻게 하는 것이 자신과 자신이 속한 조직 그리고 이 세상을 보다 아름답고 긍정적으로 만들 수 있을 것인가에 대하여 진지하게 생각해볼 수 있는 계기를 마련하길 바란다. 그러면서 우리는 좀 더 좋은 예언자가 되어가지 않을까 싶다.

송경근 · 조용만

로리 베스 존스(Laurie Beth Jones)

로리 베스 존스는 각종 세미나와 자신의 베스트셀러 작품들을 통해, 전 세계 수많은 사람들이 생활 속에서 영성을 고취시키고 자아를 개발할 수 있도록 도움을 주고 있다.

교파를 초월한 기독교인으로 20년 이상 성경을 연구해온 그녀는, 한때 불행한 결혼생활과 억압적이었던 종교적 환경에서 벗어나 하나님께 이르는 자신의 길을 찾기 위해 뉴멕시코 주의 깊은 산속에 칩거하기도 했다. 그녀가 그곳에서 구상한《최고경영자 예수》는 그녀를 일약 세계적인 베스트셀러 작가로 부상시켰다.

그녀는《최고경영자 예수》에서 예수님의 지혜를 통해 성공적인 삶을 살아가도록, 새롭고 명쾌한 방법을 제시하고 있다. 그리고 영감이 넘치는 작품인《기적의 사명선언문》에서는 우리들이 보다 더의미 있게 살 수 있는 실질적인 방법을 안내하고 있다.

자신의 사명을 '하나님께서 주신 탁월함을 인정하고, 촉진하고, 고양시키는 것'이라고 밝힌 바 있듯이, 이 책에서도 그녀는 우리들이 행복한 삶을 찾고 영적인 세계로 도약하도록 도와준다.

또한, 그녀는 우리 내면에 잠재되어 있는 하나님과의 관계성을 인식할 수 있도록 도와주기 위해 설립한 비영리 단체인 'Jesus CEO Foundation'을 설립했다. 또한 광고, 마케팅, 비즈니스 개발사인 'The Jones Group'의 설립자이다. 기업경영 컨설팅, 기업 PR, 건강보호 마케팅 등 다양한 분야에서 왕성한 활동을 하고 있는 그녀는 그 능력을 인정받아 국제인명사전(Who's Who)에 오르기도 했다. 또한, 미국 여성방송인협회 엘패소 지부장을 역임했으며, 텍사스주 지역의 걸출한 학자로 지명되기도 했다.

그녀는 여전히 영적 탐색에 몰두하고 있으며, 캘리포니아의 사무실과 텍사스의 말 농장을 오가며 자신의 사명을 완수하고자 바쁜 일상을 보내고 있다. 이메일 주소는 'Laurie at laurie@lauriebethjones.com'이다.

옮긴 이 소개

송경근

송경근은 한국 기업에 맞는 경영전략(비전, 핵심역량) 수립과 경영
혁신, 지식경영, 통합경영성과지표, 고객관계관리(CRM), 정보시
스템(ERP) 구축 등 기업 컨설팅 프로젝트를 전문적으로 수행하
고 있다. 한국능률협회, (주)제일기획 경영자문위원, (주)금강기
획 경영혁신 자문위원을 역임했으며, 현재 서울중앙병원(미션, 비
전, BSC), (주)화천기계의 고문으로 활동하고 있다.

역서로는《최고경영자 예수》,《기적의 사명선언문》,《가치실현
을 위한 통합경영지표 BSC》,《바보들은 항상 남의 탓만 한다》,《먼
데이 모닝 멘토링》,《성경에서 배우는 크리스천 리더십》,《5가지 칭
찬의 언어》등 다수가 있다.

조용만

조용만은 침례신학대학교와 한국방송통신대 영어영문학과를 졸업하였고, 국제번역가연맹(FIT/UNESCO) 한국대표기관인 한국번역가협회(KST)의 정회원이자 한국번역학회(KATRANS)의 번역회원으로 활발한 번역활동을 하고 있다. 대전시 통역협회(TIA)이사를 역임하기도 한 그는 전문적인 지식을 바탕으로 기독교 관련 중심의 서적을 번역해왔다.

역서로는《극복의 힘》,《인간관계의 원칙》,《사랑하기 어려울 때 사랑을 배우기》,《네 자녀에게 기도를 가르치라》,《집보다 소중한 것을 지어라》외에 다수가 있다.

긍정적인 예언의 힘

2012년 10월 31일 1판 1쇄 박음
2012년 11월 5일 1판 1쇄 펴냄

지은이 로리 베스 존스
옮긴이 송경근 조용만
펴낸이 김철종

편집장 이선애
책임편집 서슬기
디자인 한언 디자인팀
마케팅 최단비 오영일 유은정

펴낸곳 (주)한언
주소 121-854 서울시 마포구 신수동 63-14 구프라자 6층
전화번호 02)701-6616 **팩스번호** 02)701-4449
전자우편 haneon@haneon.com **홈페이지** www.haneon.com
출판등록 1983년 9월 30일 제1-128호
ISBN 978-89-5596-646-6 03040

한언의 사명선언문

Since 3rd day of January, 1998

Our Mission – 우리는 새로운 지식을 창출, 전파하여 전 인류가 이를 공유케 함으로써 인류 문화의 발전과 행복에 이바지한다.

– 우리는 끊임없이 학습하는 조직으로서 자신과 조직의 발전을 위해 쉼 없이 노력하며, 궁극적으로는 세계적 콘텐츠 그룹을 지향한다.

– 우리는 정신적·물질적으로 최고 수준의 복지를 실현하기 위해 노력 하며, 명실공히 초일류 사원들의 집합체로서 부끄럼 없이 행동한다.

Our Vision 한언은 콘텐츠 기업의 선도적 성공 모델이 된다.

저희 한언인들은 위와 같은 사명을 항상 가슴속에 간직하고
좋은 책을 만들기 위해 최선을 다하고 있습니다.
독자 여러분의 아낌없는 충고와 격려를 부탁 드립니다.
• 한언 가족 •

HanEon´s Mission statement

Our Mission – We create and broadcast new knowledge for the advancement and happiness of the whole human race.

– We do our best to improve ourselves and the organization, with the ultimate goal of striving to be the best content group in the world.

– We try to realize the highest quality of welfare system in both mental and physical ways and we behave in a manner that reflects our mission as proud members of HanEon Community.

Our Vision HanEon will be the leading Success Model of the content group.